中国产业园区研究新论
2020

礼森（中国）产业园区智库 ◎ 编著

中国文史出版社

图书在版编目（CIP）数据

中国产业园区研究新论.2020／礼森（中国）产业园区智库编著.－－北京：中国文史出版社，2020.12
ISBN 978－7－5205－2644－9

Ⅰ.①中… Ⅱ.①礼… Ⅲ.①工业园区－经济发展－研究－中国 Ⅳ.①F424

中国版本图书馆CIP数据核字（2020）第242149号

责任编辑：李军政

出版发行：	中国文史出版社
社　　址：	北京市海淀区西八里庄路69号　　邮编：100142
电　　话：	010－81136606　81136602　81136603　81136605（发行部）
传　　真：	010－81136655
印　　装：	廊坊市海涛印刷有限公司
经　　销：	全国新华书店
开　　本：	787×1092　1/16
印　　张：	17.25
字　　数：	248千字
版　　次：	2021年1月北京第1版
印　　次：	2021年1月第1次印刷
定　　价：	58.00元

文史版图书，版权所有，侵权必究。
文史版图书，印装错误可与发行部联系退换。

编委会

编委会名誉主任：刘家平
编 委 会 主 任：袁国华
编委会常务副主任：赵　海
编 委 会 副 主 任：
　　　　王润亮　钱水凤　吴贻敬　刘　宏　张黎明　张志雄
　　　　蒋建忠　彭喜军　李　军　雷文龙　黄　平　蔡丹丹
　　　　邱伟成　刘　敏　陈　军　陈　钢　葛霞芳　邹文元
　　　　杨　飞　刘晓松　保德林　李兆海　董明明　张宁晖
　　　　王　牟　胥亚伟　王立新　崔吉胜　田醒民　王永芳
　　　　蒋叶华　沈才林　杨　勇　潘帅轶　金　山　卜国强
　　　　张激文　王良华　颜跃华　金国龙　伊益亮　叶建宏
　　　　蒋金祥　瞿咬根　王正军　张　露　钱大兴　姚正东
　　　　李华文　陆登峰　廖　俊　李国庆　杨华峰　彭　华
主　编：杜玉虎
副主编：郑宁海　卢宏世　冯培林　段后芹　赵丽娜　周文静
　　　　亓书理　汪　洋　管锡清　张腾飞　周思勰
成　员：龙　涛　胡　晨　蒲雅丽　马彤晖　范媛媛　卢瑞轩

序言
preface

不忘来时路 眺望新征程

2020年，世界面临百年未有的大变局，突如其来的百年未有的大疫情，加剧了大变局的演变。国际环境日趋复杂，我们的国家将在一个更加不稳定、不确定的世界中谋划自身的发展。在加快形成以国内大循环为主体、国内国际双循环相互促进的新发展格局过程中，作为经济增长极和发动机的开发区，如何履行使命？如何增强信心？改革开放的巨轮乘风破浪历经四十多年，今天，作为思想解放先行者、制度创新试验田的开发区，如何延续辉煌，于变局中开新局、于危机中育新机？解决这些问题，亟须我们这一代开发区人当好答卷人、迈上新征程。

经过三十五年的砥砺前行，开发区已经成为我们国家发展的经济增长极、创新集聚地、管理示范区和开放先导区，在国家经济建设中至关重要、无可替代。但随着改革开放进入深水区，开发区的创新发展面临一系列新问题，比如，开发区内外发展政策趋于一致，"制度优势"不再是开发区的特有禀赋；开发区内外土地基础设施建设水平相同，"硬件设施"不再是招商引资的无敌法宝；产业链、创新链、价值链布局更加灵活，改革开放前沿地区和内陆地区开发区产业结构日益趋同，园区发展特色不再。要解决这些问题，我们必须加强经验总结，不忘来时路，眺望新征程，加快推动园区开发认识论、方法论升级，形成符合发展大势和自身特点的价值体系和战略判断，增强园区开发企业的业务能力。

一是唯有坚持服从服务国家战略，才能保证事业顺势而为、常干常新。习近平总书记在近期的企业家座谈会上明确指出,优秀企业家必须对国家、对民族怀有崇高使命感和强烈责任感,把企业发展同国家繁荣、民族兴盛、人民幸福紧密结合在一起。同样,园区开发企业必须顺应发展大势,坚决服从服务国家战略,秉持家国情怀,把园区所在地党委、政府的任务扛在肩上,切实增强推动产业发展、创新转型和增进人民福祉的能力。只有服从服务国家战略,把自身发展融入全局发展,才能广泛聚力借力,整合政产学研用优质资源,在园区产业定位和培育中抢占制高点,为未来发展赢得广阔空间。

二是唯有坚持"开创性、坚韧性、操作性"有机统一,才能为创新转型开辟新境界。开创性就是立足新的实践大胆探索创新,争取脱开一步、领先一步,坚韧性就是碰到任何困难都要坚定一步,认准的事情绝不退缩,走小步、不停步,坚决不走回头路;操作性就是提出措施办法要切实可行,能落地、可操作。开创新是基础,坚韧性是保障,操作性是路径,把握和坚持"三性"的有机统一,才能在国内外在风云变幻之际,保持积极进取的精神、坚忍不拔的意志和求真务实的作风,不畏"浮云遮望眼,任尔东西南北风",立于不败之地。

三是唯有坚持"高与新"的追求和卓越服务意识,才能将园区建设推向新高度。既要重视产业的高质量发展,坚持产业高端化、技术高新化、项目高质化发展,加大龙头型、基地型项目引进和产业链招商,突破"卡脖子"关键技术、关键部件和关键材料,带动上下游企业集群集聚,培育世界级产业集群;也要重视自身的高质量发展,以优质的园区服务、完善的生活配套、良好的产业生态,打造一流营商环境,为企业发展和创新创业提供阳光雨露,吸引和培育优质项目落地发展,承担起产业发展的重要职责使命。同时,要把园区作为平台经济的重要端口,积极引入战略合作伙伴,导入市场化资源,借助社会化力量,与园区专业服务优势互补,共同打造多层次、立体化、全覆盖的园区服务体系,提升园区服务产业、服务企业、服务员工的能力,塑造园区服务品牌和差异化竞争能力。

四是唯有秉持十年磨一剑的细心、耐心和卓越心,才能保持园区开发的初心和信心。园区开发是长周期、重资产开发，需要牢固树立"一张蓝图干到底""功成不必在我""功成必定有我"、久久为功的理念。当地政府要有"十年磨一剑"的耐心，不能指望"一下子抱个金娃娃"，要充分尊重园区发展和产业发展的客观规律，循序渐进，厚积薄发。入区企业要有信心，园区发展难免存在一些不确定因素，要信任品牌园区的能力和实力，在产业布局中与园区共同发展，与当地政府合作共赢。园区开发公司要有卓越心，坚持拥抱创新的宽阔气度，以明天眼光来办今天的事，要想深想细想长远，坚持最高标准、最好水平，谋定思动，培育高质量产业，建设高品质物业，集聚高素质人才，形成高活力生态，打造卓越的产业园区。

五是唯有坚持把改革作为创新发展动力，才能推动经营管理迈上新台阶。坚持问题导向、需求导向和效果导向，结合财务盈利模型，加强顶层设计和制度安排，努力打破"资本结构单一、融资渠道单一、经营结构单一、激励方式单一"的发展桎梏，促进产业的优化布局和要素的市场化配置，形成统筹当前和长远的制度改革举措，提升核心竞争力，成为卓越的园区开发企业。统筹平衡"找市长"和"找市场"的辩证关系，在满足属地政府对于城市形态、经济产出要求基础上，通过"找市长"获取土地、财税和扶持政策等非市场性资源支持，帮助政府提高开发建设的效率、效益和效能，形成良好政企关系；通过"找市场"遵循市场规律、获取市场资源、捕捉商业机遇，加大市场化奖惩力度，增强通过市场竞争手段完成功能保障类任务的本领，锤炼可持续发展能力，实现政府的任务用市场化手段来完成，市场化的业务按照政府的规矩来落实，推动两者相得益彰、相互促进。

六是唯有处理好硬件和软件的关系，才能推动以产建城、以城兴业、产城融合。园区既是产业社区，也是生活社区；既需要形成高标准"硬件"环境，也需要完善配套服务，打造一流"软件"配套。要始终坚持高起点规划、高品质建设，把满足人的需求放在首位，充分运用国内外先进理念和顶尖技术，融入前沿科技元素和信息化手段，打造智能楼宇、智慧园区，形成一流的建筑品质和硬件设施；要强化园区城市功能，完善社区配套，加强与品牌商业资源、教育、医疗等社会事业资源合作，导入优质餐饮、购物、教育、医疗、居住、娱乐等配套服务，不断提升产业社区的"软环境"，推动园区向商业社区、生活社区转变，打造有温度、有活力的产业社区。

2020年是一个极为特殊的年份，全球范围内新冠疫情绵绵不绝，中美贸易摩擦层层升级，新一轮科技和产业革命孕育新机。促进经济增长，吸引创新集聚，落实规范化管理，推动高水平开放，奋战在经济战线桥头堡的开发区责任重大、使命艰巨、前景广阔。我们坚信，开发区将在我国国内大循环为主体、国际国内双循环的发展格局中扮演更加重要的角色，在推进产业基础高级化、产业结构现代化的新征程中发挥更加关键的作用，阳光终将穿透阴霾，我们必将迎来更加美好灿烂的明天！

是为序。

刘家平

2020年9月于沪上

目录

疫情下的"危"与"机"

新冠疫情后对我国重点产业如何发展,怎么招商? ……… 张宪涛(003)
开发区如何应对新冠疫情的经济冲击
　　——开发区完善营商环境措施建议 ………… 周思飏(008)
疫情当前,复工在即
　　——"八字防控法"助力园区规避卫生安全风险 …… 蒲雅丽(014)
长三角三省一市疫情大考成绩亮眼 ………… 周思飏　范媛媛(018)
新冠疫情对上海市开发区经济发展的影响分析 ……… 管锡清(025)
疫情新发展下的上海市开发区重点产业复产之路对经济发展的影响分析
　　……………………………………………………… 管锡清(033)

对标国际

自贸区新征程 ………………………………………… 周思飏(045)
新加坡产业用地政策研究 ………………… 周思飏　范媛媛(051)
法国南特智慧城市建设对我国城市发展的启示 ……… 张腾飞(058)
对标国际,赶超一流
　　——巴拿马科隆自由贸易区案例研究 ………… 范媛媛(064)
建设世界一流化工园区
　　——以新加坡裕廊岛为例 ……………………… 范媛媛(069)

沪上来风

上海开发区2020年社会经济发展趋势分析 …………… 管锡清（077）
2019年上海市出让工业用地经济效益分析 …………… 黄玉杰（083）
上海新增供应工业用地全生命周期管理基本情况与瓶颈分析 ……………
………………………………………………………… 马彤晖（094）
上海新材料产业高质量发展的机遇与挑战 ………………… 卢瑞轩（105）
临港新片区探索实现混合用地，有效推动"产业上楼"，促进产城融合 …
………………………………………………………… 张腾飞（112）
中国（上海）自贸试验区临港新片区金融政策对长三角地区的经验借鉴
………………………………………………………… 范媛媛（116）

聚焦产业

加强园区新型基础建设，筑牢产业安全之基 …………… 管荣辉（121）
把握对外贸易结构特征，精准谋划园区产业发展 ……… 管荣辉（128）
"链长制"：浙江省保产业链供应链稳定的制度创新 …… 周思飏（135）
产业链视角下生物医药园区"治链之道" ………………… 胡　晨（141）
我国人工智能产业发展的几个特点
　　——基于招聘市场大数据的分析 ……………………… 郑数言（149）

园区管理

"1+3+7+1+6"自贸区新格局研究及未来展望 ………… 卢瑞轩（157）
"三十而立"，高质量发展再出发
　　——解读《关于促进国家高新技术产业开发区高质量发展的若干意见》
………………………………………………………… 胡　晨（165）

关于开发区以评价促发展几种模式的探索 …………… 管锡清（172）
早期开发区的"分开—合力"党政关系 …………… 金　刚（178）
开发区人力资源改革的路径探析 ………………… 田　平（184）
开发区REITs先行先试 ……………………………… 周思勰（190）
基于PDCA循环法探索园区应急管理体系新思路 …… 蒲雅丽（197）
产业园区土地调查图形更新方法及常见问题解决方案 …… 龙　涛（204）
长三角地区历年出让工业用地规模及价格特征分析 …… 龙　涛（211）

创新园区

第四次工业革命浪潮下的科创园区：颠覆OR重塑？ …… 张腾飞（219）
我国孵化器发展现状分析 …………………………… 马彤晖（234）
浅论孵化器行业发展 ………………………………… 胡　晨（242）
企业创新生态系统的演变机制 ……………………… 张腾飞（257）

疫情下的"危"与"机"

新冠疫情后对我国重点产业如何发展，怎么招商？

张宪涛

一场突如其来的新冠肺炎疫情，成为国际国内关注的突发公共卫生事件，在世界范围内形成极强的"蝴蝶效应"，对国内外经济产生了重要影响。为及时研判疫情对我国产业发展和招商引资的影响程度，礼森智库通过学习相关产业研究报告、行业分析报告、资本市场走势，认为虽疫情将严重影响上半年的经济增长，但疫情危机的背后也将孕育新的产业发展机遇。

一、汽车产业发展分析

2020年2月16日，《求是》杂志发表习近平总书记的重要文章《在中央政治局常委会会议研究应对新型冠状病毒肺炎疫情工作时的讲话》。文章指出，扩大消费是对冲疫情影响的重要着力点之一……要积极稳定汽车等传统大宗消费，鼓励汽车限购地区适当增加汽车号牌配额，带动汽车及相关产品消费。汽车成为疫情过后我国重点产业中的重点产业。礼森智库特别就汽车产业发展进行分析。

（一）国际汽车零部件行业整合加速

一是疫情加剧了国际车市"寒冷"程度。未来五年全球乘用车和轻型商用车产量不会有实质性增长。对于汽车零部件企业来说，汽车行业高增长福利不再，转型成为其实现逆势突围的重要途径。二是并购整合、减员增效将改变全球汽车零部件市场格局。2019年11月，奥地利半导体公司艾迈斯（AWS）以46亿欧元收购德国照明集团欧司朗；2020年1月，博格华纳斥资33亿美元收购德尔福科技，意味着国际汽车零部件行业正由自由竞争逐渐趋向寡头竞争，行业整合加速。

（二）汽车零售新模式即将建立

疫情暴露了实体汽车经销体系的弊端，车企将积极拥抱融合大数据、虚拟现实、人工智能等技术的汽车电商平台、综合电商平台的汽车新零售模式，改造现有4S经销体系。今后的新车研发中，应更加注重对车内空间的舒适性和空气净化等功能的开发，满足人们日益提升的健康出行需求，提升新推出车型的健康属性。

（三）汽车产业黏性得到普遍重视

国内汽车及零部件企业将不断提升自身供应链的竞争力，通过加强与上下游企业的研发合作、共享需求预测信息、合作库存管理或者卖方管理库存等举措，提升对产业链上下游的黏性，降低被东南亚、墨西哥等国家和地区汽车制造及零部件供应商替代的风险。

（四）湖北汽车产业布局或将调整

根据相关统计数据，截至2018年底，湖北省汽车制造业规上企业1482家，汽车产业主营业务收入6663亿元人民币，汽车产量241.93万辆，占国内汽车总产量的比重为8.70%。武汉市、随州市、黄冈市、黄石市、襄阳市、宜昌市、十堰市等均是重要的汽车制造基地。据了解，目前湖北正打造"一廊一江"汽车产业版图。"一廊"指武汉—随州—襄阳—十堰的千里汽车走廊；"一江"指黄石—荆州—宜昌的汽车产业带。作为疫情重灾区，密集的汽车产业链分布势必会受到严重冲击，预计整个湖北整车生产在疫情期会有40%以上的下滑。同时，由于湖北汽车零部件断供已导致日本日产、德国博世和韩国现代的全球范围内整车产能减产，外企可能会重新评估湖北营商环境，有可能重新选址。为规避风险和满足市场需求，湖北汽车产业布局或将发生重大调整。

二、其他重点产业发展分析

除汽车产业之外，礼森智库认为制造业、医疗健康产业、"在线"产业、线下超市及冷链物流产业是其中受影响较大的产业，将会发生大的变革。

（一）制造业新变革

一是企业将更加注重对HSE（健康、安全与环境）的管理。二是企业将更加务实推动智能制造，推进少人化和柔性生产，构建智能工厂。三是企业将更加主动拥抱数字化转型，更加重视对BI、大数据分析和AI等技术的实际应用。四是企业将积极推进基于工业互联网的远程智能服务，通过AR技术进行远程指导，对设备运行状态监控进行故障预警，实现无人工厂的高效运作。五是智慧城市、智能家居和智慧交通的理念将全面更新并带动相关产业发展。尤其是智慧城市方面，本次疫情过后，将加强公共卫生健康和市民服务功能；增强智慧城市与城市空间规划整体协调；加强信息资源整合、共享，各个部门组织协调。这将为未来智慧制造和智能制造提供新的发展机遇。

（二）医疗健康产业快速发展

一是医疗设备的小型化、便携化可能成为"大健康"领域的一大新趋势。二是生命科学领域将迎来重大发展机遇。预防领域（HPV疫苗创新）、检验领域（体液细胞智能化检验设备）、治疗领域（细胞治疗）、康复领域（机器人技术）的医疗科技创新将得以迅速发展，预计2020年数字治疗市场价值可达1100亿美元。三是中医药产业迎来宝贵发展机遇，中医药制剂业、中医药装备制造业将得到快速发展。四是未来城市医疗规划面临从"空间专项规划"向"医疗服务管理"的转变。五是网上医药电商发展前景可期。在线问诊推动分级诊疗体系建立，有限的医疗资源分配日趋合理。六是医药流通行业格局已发生实质性变化。小企业逐渐被淘汰退出，中型企业被收购兼并，全国性、区域性龙头企业将迎来新机遇。

（三）"在线"行业蓬勃发展

一是手游、电子竞技、娱乐休闲视频、在线网课等将得以快速发展，且呈现跨领域发展态势。疫情结束后，行业头部企业将继续享有行业发展红利。二是协同办公成为热点，能够快速攻克软件系统稳定性、新技术融合和满足中小企业个性化需求的办公软件企业，有望成为行业头部企业或寡头企业。

（四）线下超市及冷链物流面临重大机遇

线下生鲜超市连锁和果蔬便利店加速分化。超市便利店直供社区模式有望改变市民生活方式。疫情期间，社区帮助小区居民团购果蔬生鲜，有望疫情结束后在全国进一步催生新业态和新的应用新场景。

冷链物流迎来重大发展机遇。一是冷链物流将深受重视，农业、零售业和医疗行业将与其深度捆绑。二是随着宇通汽车、希迪智驾等知名企业相继跨界进入冷链行业，冷链行业跨界态势更加明显。三是国外冷链企业加速进入中国市场，冷链物流市场竞争将更加激烈。

三、重点产业招商机遇

重点产业在产生大变革的情况下，也会迎来新的机遇。礼森智库从以下三个方面指出产业园区在招商过程需要关注的方向。

（一）第二产业

一是要高度关注国内外车企整合和产业重新布局，湖北"一廊一江"汽车产业版图调整，特别关注襄阳、十堰的东风系整车有可能对外调迁的项目及其引致的产业转移。二是要关注智能制造，特别是柔性产能生产线的技术研发和在不同应急事件中灵活应用的新场景。三是要重点关注氢能产业、氢能社区的发展态势。因氢能产业市场需求尚未井喷，疫情对氢能产业的影响相对轻微，需重点关注氢能产业生态链的打造，主要包括氢能汽车整车及"三电"等核心零部件的研发态势；需特别关注集氢能生活能源、5G、AI、物联网、大数据等高新技术应用为一体的氢能社区的打造，氢能在开发区、交运、家庭、碳金融等领域示范应用，及其应用过程中涌现的明星企业和前沿科技。四是要特别关注大数据产业细分领域的行业发展态势，尤其是大数据在国家公共卫生应急管理体系等15个体系中的广泛应用，疫情结束后以"数"治"疫"的城市大数据平台建设，及其行业头部企业的全国布局。五是高度重视中医药装备制造业智能化、数字化发展态势，以及全国道地中药交易市场培育情况。六是要尤其关注分级诊疗体系和"十四五"国家医疗规划，注意资本市场对医疗科技创新领域的投资情况。七是基于当前肉价上涨，市民实地采购存有感染病毒的风险，可以重点关注附加值高的人造肉（大豆蛋白肉）行业。

（二）第三产业

一是要长期关注"在线"产业、冷链物流的跨界融合发展趋势。二是要关注超市便利店直供社区模式下可能会催生新的网络技术和科技公司。三是需要从生产、生活、生态三方面关注智慧城市的功能内涵拓展，及其在新场景中的实际应用效果。四是疫情结束后，需特别关注数字科技在食品安全监管和企业运营管理中的运用，尤其是区块链可能给整个食品行业带来的技术颠覆，包括提高食品业务体系的效率、透明度与协作水平。

（三）其他

一是中日经贸合作有望持续升温。由于日本国内人口减少、市场萎缩，连续3年（2017—2019年）日企在华投资利润增加（主要集中在汽车、新能源、机械、医药等领域），投资件数攀升，基于疫情期日本给予我国医疗物资方面重大援助的人文考量，2020年中日经贸合作有望持续升温，孕育更多合作机会。我国将有机会在一二三产业领域与日资企业、日本科研院所开展更多合作。二是军民融合向纵深拓展。疫情将加速我国出台"生物安全法"，应对生物威胁、确保生物安全将成为军民融合未来纵深拓展的重要领域。可以关注生物安全引领下的军民融合科技发展趋势，聚焦知识产权保护、技术孵化和市场培育。

开发区如何应对新冠疫情的经济冲击
——开发区完善营商环境措施建议

周思鳃

日内瓦当地时间 2020 年 1 月 30 日晚,世界卫生组织(WHO)把本次发生在中国的新型冠状病毒感染的肺炎疫情列为国际关注的突发公共卫生事件(PHEIC),并为中国和国际社会提出了几条建议。

在随后的记者发布会上,世卫组织的相关官员介绍说本次突发事件委员会委员和顾问"近乎一致"(Nearly Unanimously)同意将本次疫情列为PHEIC。世卫组织的这一决定,已经引起了一定的市场恐慌情绪,市场机构分析了本次疫情可能对经济产生的各类负面影响。

在当前情况下,礼森智库认为,各个开发区和产业园区应当从短期着手,放眼中长远应对疫情的经济冲击。

一、疫情对开发区的整体经济冲击分析

虽然本次疫情来势凶猛,各地对本次疫情纷纷采取了重大突发公共卫生事件一级响应,但是疫情总体而言在开发区扩散不多。由于开发区内企业在春节期间大多处于停产停工状态,人员聚集不多,疫情未在开发区内传播蔓延。与城市其他功能区的干部相比,开发区的干部和工作人员的防疫任务不是最重的,工作重心大多集中在保障防疫物资的生产、流通和供

应上。这些都为开发区认真做好疫情的经济冲击评估和开展之后的恢复生产工作提供了有利条件。

目前，已经有众多经济学家如任泽平等发表了疫情对于宏观经济冲击的评估。礼森智库综合各渠道消息和各个经济学家的分析，认为疫情对开发区而言经济冲击从**宏观经济面上冲击较大，中观行业面上影响有限，微观企业层面上负面影响很大**。

（一）宏观经济层面

尽管本次疫情被列为PHEIC，但是世界卫生组织"不建议任何旅行或贸易限制"，同时要求"采取明显干扰国际交通的额外卫生措施"需要上报。结合WHO总干事谭德塞前不久与我国最高领导人的会面情况来看，我国已经与世卫组织达成默契，将本次疫情对中国外资外贸的影响降到最低。相信通过我国政府和国际组织的努力，本次疫情对外贸出口的影响将得到有效控制。同时随着央行及银保监会针对特殊时期的货币及信贷政策的逐步落实，宏观经济上的流动性风险将降低。

然而，尽管决策层和国际组织正在努力降低影响，但是本次疫情，对我国稳外贸、稳外资工作可能有较大的影响。北京时间2月1日凌晨，美国宣布停发中国公民入美签证，停飞中美之间的所有航班。意大利宣布进入紧急状态。这些都将为中国拓展与这些国家的经济往来造成困难。同时当前世界各国右翼保守思潮占据主流，中国的疫情可能同各国国内的右翼社会思潮相结合，形成一定的反华情绪。这将对中国稳定与这些国家的外贸产生强烈的负面作用。

另外，我们主要需要面对的是国际投资者的投资信心下降。在同被列为PHEIC的埃博拉疫情中，国际投资者对西非的投资信心大减，导致西非多国的铜铁矿投资锐减。尽管我国经济结构同西非国家不同，但是由于疫情带来的投资者信心的降低，将成为主要的市场负面情绪。

（二）中观行业层面

受到本次疫情影响的影视、旅游、教育培训等行业大多不集中在开发区。而集中在开发区内的生物医药行业，在本次疫情中发挥了重要作用，获得了一定的发展机遇。

（三）微观企业层面

中小企业普遍应对风险能力不足。中小企业资金面紧张，抗压能力弱。在无法保证已有合同完工交货和取得新合同的当下，它们还面临着厂房租金和工人工资的压力。众多中小企业为避免破产，极有可能选择减薪裁员，进而导致短期失业率上升。

二、疫情对开发区的具体冲击分析

综合以上信息，在未来开发区将面临十分具体的冲击。主要体现在开发区运营管理、产业定位和招商引资等方面。

（一）开发区运营管理

如何解决复工后大人流聚集的防疫问题成为主要面对的问题。需要做好之后几个月的防疫工作，用"润物细无声"的公共卫生管理来控制疫情，同时做好复工复产、稳经济、稳增长的工作。

（二）开发区产业定位

在开发区产业定位上，本次疫情要求众多开发区重新评估产业定位。当前情况下，众多开发区可能会加紧上马生物医药项目，赶上"风口"。然而，实际上本次疫情对生物医药行业的考验最大，众多"伪"生物医药产业园区将会面临重新洗牌。本次疫情实质上是对各个生物医药园区内企业的"实战"监测，考验了众多企业究竟是"骗补"还是有真材实料。

时至2月1日，已有7家企业生产的新型冠状病毒核酸检测产品获得国家药品监督管理局应急审批通过。它们分别是捷诺生物（位于上海徐汇区）、之江生物（位于上海漕河泾开发区）、华大基因（位于武汉东湖高新区）、华大智造（位于武汉东湖高新区）、达安基因（位于广州高新区）和圣湘生物（位于长沙高新区）（第七家企业名称尚待公开信息确认）。这些都反映了高端生物医药产业往重点地区和重点开发区集中的趋势。疫情扯下了笼罩在当下遍地开花的生物医药园区脸上光鲜亮丽的面纱，让园区真正的产业现状公之于众。在本次疫情中发现没有能够集聚起有竞争力的企业的生物医药园区，将面临市场对开发区产业定位和产业孵化能力的强烈质疑。

而针对目前众多开发区出现的"二转三"的趋势，本次疫情对于第三产业伤害较大，为脱离实体产业和技术研发的"三产"开发区敲响了警钟。二产和三产的管理要求不同，行业发展路径不同，开发区在大规模产城融合、进行商办建设时，应当考虑到由于二三产定位不同和融合带来的一系列管理、扶持、运行等问题。

（三）开发区招商引资

本次疫情将为部分地区的招商引资工作带来更大的困难，同时将让园区的传统招商模式面临挑战。本次疫情暴露出的我国部分地区的行政效能问题、领导素质问题，将为这些地区下一步吸引资本（尤其是国际资本）带来前所未有的挑战。这些地区多年来耗费财力、物力和人力打造的城市形象在本次疫情中毁于一旦，失去信心的资本将会更多流向在本次疫情中管理得当、领导干部能力超群的地区（如长三角地区）。

同时，由于疫情，传统的四处拜访招商、宣讲会推介等线下招商活动无法进行，尤其是"酒桌招商"在今后一段时间将无法进行。在当前严峻的招商形势下，开发区如何用新手段吸引国际国内资本成了重要的问题。

三、以提升营商环境应对疫情的中长期经济冲击

在面临的疫情大环境考验之下，开发区更应当做好自身营商环境建设，以应对疫情带来的中长期经济冲击。

礼森智库分别从人员服务、企业服务和产业服务方面，提出几条具体的措施建议。

（一）人员服务

一是加强同医疗卫生服务机构对接工作，逐步引入"驻区医生制度"。

可以打造"家庭医生"制度的开发区版本,作为联结开发区日常运行和医疗服务的通道。为开发区及时就区内的公共卫生问题同医院相联系,有条件的开发区,应当加快开发区诊所的建设,作为疫情暴发时的临时隔离场所,日后也可以作为服务开发区内工作人员的医疗服务点。

二是加快建设开发区内特有公共交通服务。节后复工,急需将返程人员及时引导到开发区内企业复工,并减少他们同社会其他人员接触暴露的风险。有条件的开发区可以开通专门的线路,点对点接送相关人员。

(二)企业服务

一是要尽快建立现代化和标准化的物业管理服务体系。物业管理将直接负责复工后的楼宇消毒、门禁管理、食堂餐饮等服务,是防止疫情在开发区内传播的关键。只有现代化和标准化的物业管理体系,才能有效地建立起责任到人到点、线上线下结合的管理模式,让应急式的疫情管理走向常态化的环境卫生管理。

二是要加紧落实企业生产和经营场所的免租优惠。建议有条件的开发区运营主体,开展2月份场地租金的减租措施,以缓解中小企业的资金压力。也可以设立专项的减租基金,特别针对向园区内"二房东"租用场地的中小企业发放减租优惠,同时还可以通过这一措施做好园区内"二房东"和房客的摸排工作。

三是要加紧对接金融机构服务园区内中小企业。央行和银保监会已经出台多种措施支持中小企业渡过难关。开发区可以积极同银行等金融机构对接,做好前期调查摸排工作,将统计了解到的实际困难企业的情况主动通报给金融机构,把金融服务送到中小企业中。

四是切实做好税收减免和返税工作。有条件的开发区,可以通过自设基金,于大规模减税工作之前,先行预借企业流动资金,以支持企业生存,并加大产业基金在今年对企业的扶持力度。有财政账户的开发区,可以在本年上半年加大返税力度,对企业上缴税金的地方留存部分全额返还。

（三）产业服务

一是加强产业统计工作。本次疫情暴发后，众多开发区基于原有良好的统计工作基础，及时调动相关医疗器械企业加紧生产，这说明产业统计工作是开发区工作的重中之重。在下一阶段，需要进一步做好统计工作，利用统计工作深入企业，做好经济冲击的摸底和预防工作。

二是重新评估开发区内产业结构。疫情对产业的冲击值得开发区再次审视产业发展方向。之前"一拥而上"的生物医药产业是否经过几年的发展取得了实效，是否还需要继续进行补贴投入，需要重新审视。园区内产业结构如何搭配，以使得开发区可以穿越周期，在各种情况面前获得较为平顺和稳定的发展，值得认真思索。园区内二三产之间的比例如何划定，二三产管理所带来的各类问题，值得仔细研究。

三是创新招商引资模式。疫情冲击过后，开发区需要创新招商模式，赢得投资者的信心。开发区招商应当逐渐从线下招商的"到处跑"模式，转变为线上线下立体化的园区"营销"模式。同时开发区应当主动通过自身品牌建设，形成与所在城市有联系但又有差别的自身特色品牌，走出赢得投资者信心的新路子。

疫情当前，复工在即
——"八字防控法"助力园区规避卫生安全风险

蒲雅丽

自新型冠状病毒疫情发现以来，疫情的发展和防控一直牵动着14亿中国人的心。随着疫情逐渐进入暴发期，一场没有硝烟的抗击疫情战争在全国范围内打响。为堵截疫情扩散，中央果断实施严厉举措，"疫情就是命令，防控就是责任"，湖北全省实施"封城"，上海、北京、浙江、广东等全国31个省区市全部宣布启动重大突发公共卫生事件一级应急响应，29个省（市、区）发布延迟复工和学校开学相关通知。但随着疫情防控进入重要窗口期和关键期，人员返程高峰和企业复工在即，园区作为企业集聚的重要场所，如何有效规避此次公共卫生安全事件所带来的风险，打赢这场关乎人身健康、企业生存、园区发展的疫情防控攻坚战，是所有开发区人需要思考的重要问题。

有备无患，无备则乱。礼森智库认为，从安全风险防控的角度看，各园区应提前谋划和准备，深化落实"组、制、储、联、查、封、宣、管"八字防控法，织紧织密防控网络，加快促进全园区上下意识更加坚定、措施更加精准、防控更加严密、服务更加精细、监管更加到位，确保疫情防控和经济发展同步推进，为以后应对类似安全风险奠定良好管控基础。

组——组建新冠肺炎疫情防控工作领导小组

根据各园区实际情况，组建园区层面疫情防控工作领导小组，并抽调相关部门人员成立指挥、协调、防控、处置、宣传、督查等工作专班，深化落实领导，全面细化压实疫情处置各项工作责任，按照市、区疫情防控工作领导小组的统一指挥、统一部署，确保园区疫情防控工作扎实推进。在领导小组的基础上进一步强化组织领导能力，结合园区企业复工情况和返程人数，科学调度、整合资源，各成员部门各司其职，分工明确。同时，督促和辅助园区内复产、复工企业建立疫情防控体系，定点跟进，定点服务，形成准备工作自上而下，落实工作自下而上的推进机制。

制——制定园区疫情防范工作方案和应急预案

根据国家、市局发布重要文件和指示，结合园区内企业复产情况、复工人员数量、园区配套设施使用情况等，由工作领导小组制定园区疫情防范工作方案，明确包括工作目标、组织领导、重点分组、具体措施、工作要求、工作流程等在内的各项内容，切实提高园区综合防控能力，做好疫情防控工作。同时针对可能发生的疫情扩散、疑似病例等情况，制定具体化、可操作的防控应急预案，充分考虑可能产生的疫情变化和困难，把没有发生的问题想得再复杂一些，把可能产生的后果想得再充分一些，把园区防控工作做得再实一些。

储——储备疫情防控重要物资

提前储备园区疫情防控所需重要物资，包括体温测量仪器、个人防护用品（一次性医用口罩、医用外科口罩等）、消毒剂（75%乙醇消毒液、免洗专用手消毒液、过氧乙酸、双氧水、含氯消毒剂等）、消毒器具（喷雾器及环境消毒佩戴的帽子、靴子、橡胶手套、工作服等）以及其他物资，宁可备而不用，不可用而无备，切实保障复工后园区整体防控工作有序开展。

联——紧抓协同联动多元共治

建立形成以"园区管委会—主要责任部门—在园企业—街道办事处"为主的联防联控机制，围绕防控工作重点领域、关键环节，厘清工作流程。各责任主体聚焦主责，种好自家"责任田"，同时协同配合，唱好园区防控"大合唱"，通过信息共享、数据互联、明确分工，努力形成疫情防控合力，以最快速度、最大力度构建起疫情防护网，实现群策群力、群防群治。

查——排查入园人员

严控园区入口数量，排查入园人员健康状况，加强流动人口监测，密切关注武汉来园区人员等重点人群。要求、督促各企业在厂区设立查验点，凡是进入企业的人员，要逐个进行专业检查，充分利用大数据＋互联网，加强多源数据的分析和应用，让信息的汇集、推送、核查、反馈形成闭环。

封——严格执行封闭式管理

对园区实行封闭式管理，每日对可能产生人员集聚的宿舍、人才公寓、公共食堂、厕所、便利商店等重点区域进行消毒、通风、保洁。对出入园区的所有人员、车辆进行疫情检查登记。园内企业落实好封闭管理要求，合理安排工作，尝试居家办公隔离。企业内部做好日常消毒和上班人员疫情检查，保证人员流动情况和健康状况监控可知。

宣——加强园区疫情防控宣传教育

采取线上线下多种形式，通过公众号、微信群等途径发布权威信息和防疫指南，并在园区进出口、LED宣传栏、电梯间等区域以悬挂横幅、标语，张贴倡议书等方式，在园区管理人员、企业、职工群众中广泛开展新型冠状病毒感染宣传教育、健康提示和防护指导，提高防疫意识，正确科普，防止恐慌情绪蔓延造成生产事故。加强防控正面引导，对提前复工的企业进行耐心宣传科普，尽可能减少企业职工集聚。以片区为单位，加强专人负责、上门宣传，指导企业、值班人员、保洁人员落实好消毒、通风、佩戴口罩、分餐制等措施。

管——加强园区内环境卫生监督管理

充分落实园区精细化管理，以网格化责任制加强园区日常卫生管理，对重点部位、重点地带、重点场所进行消杀工作，清除病媒滋生地。可以结合园区日常管理工作内容，进一步从加强垃圾收运处置、规范处置废弃口罩、公共厕所规范管理、公共环境加强卫生管理、重点区域加强监管执法等角度强化疫情防控工作。同时，园区应做好企业卫生环境监督工作，督促各单位做好环境清洁、通风和预防性消毒。

积力之所举，则无不胜也；众智之所为，则无不成也。中国开发区已经走过三十多年风雨，挑战只会让我们愈加坚强和自信。唯有各方携手，增强风险意识和底线思维，全面落实防控举措，构筑群防共治严密防线，织密织牢防控之网，方可筑起"战疫"的铜墙铁壁。

疫情终会过去，而我们将更加强大，未来将更加辉煌！

长三角三省一市疫情大考成绩亮眼

周思勰　范媛媛

新型冠状病毒感染的肺炎疫情袭来，各地都面临着疫情防控和经济发展两项重大任务。疫情袭来，中小企业抗风险能力弱，长三角三省一市面临着大考。面对同一张考卷，这些城市考得怎么样？礼森智库从各地出台的"应对疫情，帮助企业渡过难关"的文件入手，从政策的作答上，看看各地在扶助企业上有什么做法，在营商环境的试卷上考得怎么样。

一、56 市（区）尚余 2 城未交卷

长三角地区，一共涵盖三省一市，其中上海市下辖 16 个行政区，江苏省下辖 13 个地市，浙江省下辖 11 个地市，安徽省下辖 16 个地市，这构成了 56 个市（区）。截至 2020 年 2 月 17 日，三省一市均以省级人民政府或省级应对新冠肺炎疫情工作领导小组名义发布了为应对疫情帮扶（中小）企业渡过难关的政策。同时，56 市（区）中有 54 市（区）以市（区）人民政府名义或应对疫情领导小组名义制定并发布了相关文件，上海市嘉定区分别针对规上企业和中小企业发布了相关文件，故此全长三角省级行政区和地市级行政区共发布了 59 **份政策文件**以帮扶企业渡过难关。

从各省和各城市发布的政策对象来看，多数文件针对的是中小微企业。其中，18 地文件的政策主要针对"中小企业"，11 地文件的政策主要

针对"中小微企业"，2地文件的政策主要针对"小微企业"，另有1地（浙江省台州市）文件政策针对"民营企业"，上海市嘉定区除制定了针对中小企业的政策外，还另外制定了针对"规上企业"的文件，上海市松江区则是制定了针对"G60科创走廊企业"的政策。其余的文件并未在文件名中明确帮扶对象，属于针对各类企业普惠制的政策。

二、交卷时间有早有晚，江苏省交得最早

各地出台政策时间有早有晚。省级行政区中，浙江省行动最早，于2月5日出台了针对小微企业的17条意见。上海尽管于2月4日就出台了"沪4条"，但其于2月7日才正式以上海市人民政府名义发布了"沪28条"。安徽省于2月9日出台了帮扶中小微企业的20条意见。江苏省则于2月12日发布了针对全省中小企业的22条政策大礼包。在地级市中，苏州市交卷最早，于2月2日就发布了"苏惠十条"，有46市（区）在2月3日至2月9日这周及时发布了扶持企业渡过难关的政策。

按省来看，江苏省行动最快，安徽省各地仍需提高响应速度。江苏省各地是长三角最快响应的省。江苏省行动迅速，各地纷纷在省级政府文件未出台之际制定了具有地方特色的企业扶助文件。上海各区统一行动，听从指挥，发布政策文件的时间是四省（市）中最为集中的。浙江省内也有"抢跑"城市领先于省级政府发布政策，为帮扶企业抢出时间来。

及时响应是营商环境的重要部分，疫情袭来，各地交卷时间不同，展示了不同的行政效率，值得各地向班级中的"优等生"学习。

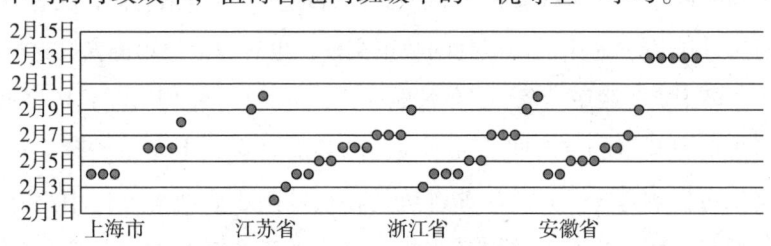

图一　各省下属市（区）政策发布时间散点图

表1　各地出台扶持企业政策的时间

上海市 2月7日发布省级政策		江苏省 2月12日发布省级政策		浙江省 2月5日发布省级政策		安徽省 2月9日发布省级政策	
市（区）	日期	市（区）	日期	市（区）	日期	市（区）	日期
杨浦区	2月4日	苏州市	2月2日	湖州市	2月3日	马鞍山市	2月4日
静安区	2月4日	盐城市	2月3日	宁波市	2月4日	铜陵市	2月4日
嘉定区	2月4日	泰州市	2月4日	嘉兴市	2月4日	合肥市	2月5日
黄浦区	2月5日	徐州市	2月4日	衢州市	2月4日	芜湖市	2月5日
宝山区	2月5日	无锡市	2月5日	台州市	2月5日	宣城市	2月5日
长宁区	2月6日	宿迁市	2月5日	丽水市	2月5日	淮北市	2月6日
奉贤区	2月6日	镇江市	2月6日	绍兴市	2月7日	滁州市	2月6日
青浦区	2月6日	南通市	2月6日	金华市	2月7日	蚌埠市	2月7日
虹口区	2月8日	扬州市	2月6日	舟山市	2月7日	淮南市	2月9日
浦东新区	2月8日	南京市	2月7日	杭州市	2月9日	阜阳市	2月13日
闵行区	2月8日	连云港市	2月7日	温州市	2月10日	黄山市	2月13日
金山区	2月8日	淮安市	2月7日			六安市	2月13日
崇明区	2月8日	常州市	2月9日			池州市	2月13日
普陀区	2月8日					亳州市	2月13日
松江区	2月9日					安庆市	—
徐汇区	2月10日					宿州市	—

三、答题内容有繁有简，有效时间有长有短

为了应对疫情，各地发布的政策内容有繁有简。从省级行政区来看，上海市前后共发布了28条相关政策，江苏省发布了22条干货内容，浙江省和安徽省则分别制定了17条政策和20条政策。各地的政策有繁有简，既有像上海市政府前后制定的28条面面俱到的政策文件，也有像上海市静安区这样出台的3条"硬干货"政策。全长三角各地相关的文件中，平均出台了16条政策。

各地应对政策的有效期长短不一。从各省来看，上海市的政策有效期在疫情结束后顺延3个月。江苏省虽然在扶持中小企业的文件中没有定明时效，但是在同时出台的《江苏省人民政府关于应对新型冠状病毒肺炎疫情影响　推动经济循环畅通和稳定持续发展的若干政策措施》中包含了众

多扶持企业的政策，并时效定至 2020 年 12 月 31 日，涵盖全年。浙江省将政策有效期定为 2020 年 4 月 30 日。安徽省将有效期为文件发布之后的三个月。从目前的疫情来看，**各省（市）政策覆盖时间由短到长的排序为，浙江省、安徽省、上海市、江苏省**。从这点上看，江苏省"慢工出细活"，尽管政策发布时间最晚，但是涵盖时间最长、文件内容广，可见是做了全局性的通盘考虑的。从长三角各城市来看，多地将政策有效期定为疫情结束后的三个月或是在 4 月 30 日及 6 月 30 日两个重要时间节点。另外，**上海市长宁区，江苏省南京市、常州市，浙江省嘉兴市和宁波市等**均将扶持政策有效期制定为 2020 年 12 月 31 日。

有效时间的长短展示了各地促进成长的决心，展现了提升营商环境的统筹性安排。

四、必答题涵盖内容广，政策红包有所区别

为了应对本次疫情，国务院及国家多个部委发布了相关的政策文件，指明了需要各地落实的政策红利。同时长三角地区根据自身地区特色，不约而同地为企业发展制定了一些办法。这两个部分的内容，构成了本次试卷中的"必答题"部分。

长三角各省（市）和各市（区）的必答题主要是：**减免企业租金、减免企业税费、降低生产要素（水电）价格、企业技改补贴、降低企业融资成本、延迟企业缴纳社保时间、返还企业失业保险金、加强一网通办、补贴员工职业培训等**。

其中，降低企业融资成本、延迟企业缴纳社保时间、返还企业失业保险金等均是中央部委布置下的"必做题"，其余的为长三角地区长期以来服务企业过程中一同总结出的"必答题"。

从"必答题"的答案来看，各地给出的政策红包有所区别。以减免租金为例，上海市要求至少减免 2 个月中小企业租金，江苏省要求免收 2 月份租金，减半收取 3—4 月份租金，浙江省要求针对小微企业减免 1 个月租

金并减半征收2个月租金，安徽省要求减免3个月的租金。从各市（区）的减租力度来看，芜湖市免租力度最大，减免了6个月的租金，**各地普遍以2—3个月为免租的力度**。安徽省各市普遍关注到了非国有园区平台、孵化器和楼宇的免租问题，出台了相关补充措施补贴这些物业平台，以此更好带动全面的减免租金工作。

表2 各地免租力度

上海市 至少减免2个月租金		江苏省 减免1个月租金，减半征收2个月租金		浙江省 减免1个月租金并减半征收2个月租金		安徽省 减免3个月的租金	
市（区）	免租期限	市（区）	免租期限	市（区）	免租期限	市（区）	免租期限
杨浦区	免2个月租金	苏州市	免1个月，减半2个月	湖州市	免3个月	马鞍山市	免1个月，减半1个月
静安区	免至少1个月	盐城市	减免2个月；减免租金限额10万元以内	宁波市	免2个月	铜陵市	免3个月
嘉定区	免1个月，减半2个月，到期后视情况延长	泰州市	2020年一季度可减半或全免房租	嘉兴市	免2个月	合肥市	免2个月，减半2个月
黄浦区	免1个月	徐州市	免2个月	衢州市	免3个月	芜湖市	免6个月
宝山区	减免至少1个月，到期后视情况延长。	无锡市	免1—3个月	台州市	免3个月	宣城市	免3个月
长宁区	实行3个月租金减半	宿迁市	免3个月	丽水市	—	淮北市	免3个月
奉贤区	免1个月，减半2个月，到期后视情况延长。	镇江市	免1个月，减半2个月	绍兴市	免2个月	滁州市	免1个月，减半2个月
青浦区	免1个月，减半2个月	南通市	免2个月	金华市	免1个月，减半2个月	蚌埠市	免3个月，后期减半
虹口区	免2个月	扬州市	免2个月或增加2个月免租期	舟山市	免2个月，减半2个月	淮南市	—
浦东新区	免2个月	南京市	免1个月，减半2个月	杭州市	免2个月	阜阳市	免3个月

续表

上海市 至少减免2个月租金		江苏省 减免1个月租金, 减半征收2个月租金		浙江省 减免1个月租金 并减半征收2个月租金		安徽省 减免3个月的租金	
市（区）	免租期限	市（区）	免租期限	市（区）	免租期限	市（区）	免租期限
闵行区	先免2个月	连云港市	免1—3个月	温州市	免3个月	黄山市	免3个月
金山区	免2个月	淮安市	免1个月, 减半2个月			六安市	免3个月
崇明区	免3个月	常州市	免3个月			池州市	免3个月
普陀区	免2个月, 免租期满后 可视情况再 给予一定租 金优惠					亳州市	免3个月
松江区	减免2—3 个月					安庆市	—
徐汇区	免2个月					宿州市	—

*黄浦区、松江区、南通市、湖州市、绍兴市、铜陵市、芜湖市、宣城市、淮北市、滁州市、蚌埠市、黄山市、六安市、池州市、亳州市等对园区及楼宇运营方另有补贴。
**苏浙沪皖的地市（区）出台的政策可能领先于省级政策，可能减免期限和其后发布的省级政策有出入。

另外，各地针对减免税收、延迟缴纳社保等"必答题"也均从中央要求和地方的实际情况出发，给出了不同的实际政策。这些"必答题"长三角各地答得都很出色，其中做得比较有特色的还有加大力度给予企业技改补贴（一般在20%左右）、下调企业及居民用水用电价格（一般为10%）、更大力度给予融资补贴、免征城镇土地使用税、延期纳税（一般为3个月）、延期缴纳社保、加强一网通办，等等。这些"必答题"的答案不仅仅远远超出了中央的要求，超出了原本各地招商引资的优惠，更是答出了长三角优质营商环境的特色，形成了具有长三角特色的"答卷"。

五、自选题各有特色，有的做法具有全国借鉴意义

长三角地区营商环境好，还体现在各地答卷的"自选题"部分。长三角各地除了上述的"必答题"外，还出台了各具特色的地方政策，有的政

23

策考虑细致，具有全国性意义。礼森智库以下选取部分值得借鉴的特色做法，供各地参考。

1. **下调医保费率**。上海市、江苏省以及浙江省杭州市、宁波市等地均出台了下调医保缴纳费率及大病互助补充医疗保险的意见。这一做法在长三角以外地区，如四川省成都市，也有所尝试，值得全国各地借鉴。

2. **直补企业，促进复工复产**。浙江省金华市和湖州市就直接补贴企业接送员工返程复工复产的路费。江苏省镇江市和安徽省蚌埠市也给出了企业招工200元/人的招工补贴。安徽省合肥市更是对疫情期间增聘员工的小微企业给出了1000元/人的补贴。这些能对企业复工复产产生重要的正向作用，值得借鉴。

3. **直接给予个人各类补贴**。目前各种政策可能集中于让利给企业，其实各地政府也可以参照上海市普陀区和闵行区的相关做法，直接给予人才相关的租房补贴等，以促进各地人才回流。

4. **精细化管理，从财务和法务管理两方面帮助企业**。现代企业体系中，财务和法务是运行的基础，也是企业规范化运行的关键。上海市精细化管理，从两大方面下手，帮助企业。上海市提出允许企业亏损结转期限从5年转为8年，并为企业提供法律咨询修复信用。这两方面的精细化做法可以为企业在更长时间内消除疫情带来的不良影响提供支持。各地可以充分借鉴，从现代企业管理角度出发帮助企业。

疫情是对我国现代化治理体系的大考，是对各地营商环境的大考。长三角三省一市、56市（区）在这张考卷上答出了具有自身特色的答案。具体得分多少，各地将直面内外资企业，各中小企业和成长型企业的检验。各地的经济社会发展目标不能变，这是中央给长三角功下的及格线。我们相信，凭借长三角现在答出的试卷，我们能考出"优秀"的成绩。

新冠疫情对上海市开发区经济发展的影响分析

管锡清

从 2020 年 1 月开始的新冠肺炎疫情,到 2 月 14 日左右达到高峰,现在湖北省以外其他地区有较大程度的缓和,但疫情对经济的影响正逐渐呈现出来。总体上相对 17 年前的"非典"疫情,中国经济比 2003 年时更有弹性,我国拥有更有效的政策杠杆、更丰富的资源、更强的生产能力和技术,最重要的是经济总量和人均财富与 2003 年时存在巨大的差异。因此,本次疫情对经济的影响并不会对我国经济基本面产生根本性变化,但短期的巨大冲击是不可避免的。各地在控制疫情、加快病情救治、保障人民生活的同时,要减少短期内地方经济剧烈波动,同时要兼顾中长期内推动经济结构的调整优化。

一、新冠疫情对三产的影响远大于二产

疫情对第三产业的冲击是最为直接和严重的,批发零售、住宿餐饮、物流运输、文化旅游等行业是受影响最大的产业,这些产业今年上半年都将面临业务萎缩、固定成本占比高带来的现金流压力,而且季节性消费时机也难以在疫情结束后弥补。但由于我国现在第三产业的 GDP 占比为 54%,已成为我国经济结构中占比最高、最具活力的组成部分,第三产业也具有较"非典"疫情时期更强的抵御冲击能力和更快的自我恢复能力。

同时，线上业务占比高的消费品行业，尤其是生活必需品，则容易在消费环境正常化之后得以快速恢复。同时各行各业对于通信基础设施的要求持续升级，人工智能、大数据和云计算等提升行业效率的技术应用服务受到更多关注，未来成长可期。

对生产制造业的影响进行分析，疫情对生产制造业短期（3—4个月）影响巨大，中长期（6—12个月）影响非常有限。短期主要由于延迟复工、人员流动限制和交通受限，导致供应链受阻和生产经营难恢复，限制企业的生产恢复。长期受疫情抑制的部分需求可能在疫情解除后报复性释放，从而促进生产制造业增长。具体到行业分析，本次疫情为生命科学和医药生产与服务行业带来逆势增长机会，科技产业也是受益行业，在线教育、娱乐和办公系统大受追捧，相关产品的制造业未来有大幅增长的态势。作为基础设施的通信设备、仪器等，叠加5G发展可能持续增长。

二、新冠疫情对上海市开发区经济发展的影响分析

（一）国家和上海市出台支持政策，减少疫情对经济的冲击

从2月1日，人民银行、财政部、银保监会、证监会、外汇局联合出台《关于进一步强化金融支持防控新型冠状病毒感染肺炎疫情的通知》对产业的支持政策后，苏州、上海、北京三地相继出台一系列重磅政策，"营救"中小微企业。上海市发布的28条政策措施，从支持企业抗击疫情、为企业减轻负担、加大金融纾困力度、做好援企稳岗工作、促进企业复工复产、优化服务营商环境等六个方面予以支持；工业和信息化部也出台了20条支持中小企业渡过难关的政策，全市各区已全面贯彻落实并出台相关具体政策，各开发区也都陆续出台聚焦支持企业渡难关的举措。政策的出台、落实到产生效果具有一定的滞后效果，其短期效果是稳定心理预期，增强信心。

（二）人员流动困难限制企业复工速度

笔者做了一个简单的调查，截至2月13日，松江区累计复工企业

4374家，按实体企业数复工率为33.65%；累计复岗员工121847人，按产业工人数复岗率为40.62%。重点园区张江高科技园区的企业和员工到岗率都在40%以下。金桥经济技术开发区复工率不超过30%。外高桥综合保税区，工业企业复工率在70%，加上贸易类企业总体在50%，园区大型企业复工率高，而中小企业复工率低。金山工业区400多家企业里，有85家企业复工投产，约20%的企业投产，还有企业在陆续要求生产中，达产率不到三分之一，园区员工上岗同样不足三分之一。临港新片区也持续开展预案制订和现场督查等相关工作，并为复工企业做好物资调配等保障。截至目前，新片区复工企业330家，预计复工人数22426人。目前特斯拉已有1000名员工复工，占总员工数的三分之一，复工后产能可恢复50%—60%，预计一个月后产能将全部恢复。青浦工业区第一天复工的只有161家企业，不到总体的10%。总体上上海市开发区自2月10日复工后，各开发区复工情况不容乐观。

影响企业复工最重要的原因：一是口罩等防护用品的不足或紧缺；二是员工存在一定程度的恐慌心理；三是劳动力流动受阻，人员的管控、交通的限制导致人员流动短期内无法恢复；四是密切接触者的回沪可能造成重复隔离的现象，增加人员无法上岗的时间。

（三）产业链对企业复产影响持续时间长

企业复产（生产产能恢复）受三方面的影响：一是人员到位；二是生产工作物资充足，即上下游行业复工复产传导；三是短期终端需求。人员的恢复主要受疫情限制，初步估计除湖北外其他地区2月底可以基本恢复。而生产物资恢复需要更长的时间，各地开工时间不一、生产配套、交通运输、上下游产业生产情况等都将影响部分企业的正常生产，从而造成产能减少，不可能短时间恢复。产业链对企业复产的影响持续时间更长，如果湖北疫情在3月底得到有效控制，预计今年4月底生产可能基本恢复。而产业的恢复将根据市场需求呈现分化，部分产品的市场可能一年内难以恢复，例如餐饮中的中餐、街边餐饮等（受共餐进食的饮食方式影响，顾客在一定时间内不愿意再聚集在一起），而部分产品市场将持续扩大，例如在线产品、机器人等产品。市场的不同需求将影响企业的复产进程。

（四）疫情可能对外贸产生不利影响

上海市开发区外资企业较多，截至2019年，三资企业（港澳台商控股和外商控股）完成规上产值占上海市开发区的45.42%，三资企业对上海市的生产具有重要的影响。2019年上海市开发区生产对外依存度为24.62%，接近四分之一，对各类企业对外依存度进行分析，国有控股和集体控制的企业对外依存分别是6.55%和5.10%，三资企业达到43.8%，具体见表1。

表1 上海市开发区不同类型企业对个依存度情况表　单位：亿元、%

企业类型	产值	出口交货值	占比
国有控股	10144.53	664.63	6.55
集体控股	181.12	9.24	5.10
私人控股	4420.26	590.10	13.35
港澳台商控股	3031.06	1931.58	63.73
外商控股	9526.57	3568.14	37.45
其他控股	347.21	44.06	12.69

此次疫情对进出口的影响可以参照最近一次2016年巴西寨卡疫情。当年巴西出口降幅为15.1%，完全是由于疫情无法控制导致的出口下降，同时处于经济衰退期。但我国对此次新冠疫情进行严格控制，有效减轻疫情的传播，因此我国进出口全年应该能实现正增长。对上海市开发区而言，短期是因生产受限，订单无法满足；如果疫情持续时间长，生产较长时间得不到恢复，不排除部分国家和地区会减少或暂停一些订单、国际业务往来，从而对进出口业务占比较大的企业带来一定的负面影响（这种影响如果在第二季度没有显现，则影响可以忽略）。从企业分析，受影响较大还是三资企业，其次是私人控股和其他控股类型的企业，以及为其配套的企业。

三、新冠疫情对上海市开发区经济发展的程度预测

(一) 新冠疫情对上海市开发区一季度经济产生巨大影响

新冠疫情主要限制人员流动与集聚，根据市场需求分析，疫情对上海市开发区不同行业的工业生产影响是不一样的。**对直接消费品而言**，防疫所需物质，生产将大幅增加，例如医药制造业，又如纺织服装、服饰业部分产品；民众生活所需要，也有较好的促进作用，例如农副食品加工业；而食品制造业受市场冻结影响，产品短期内受较大负面影响；受餐饮冻结影响，食品制造业和酒、饮料和精制茶制造业受直接负面影响大；而汽车制造业因为产业链长导致配套困难，从而短期内受疫情影响巨大。**对中间产品而言**，为防疫物资提供中间产品的行业将受益，例如化学纤维制造业、化学原料和化学制品制造业和纺织业部分产品是疫情所需物质，较多企业提前结束春节假期，全力生产。电力、热力生产和供应业、燃气生产和供应业、水的生产和供应业为民生所需，基本不受影响。其他行业短期内以间接的负面影响为主。具体见表2。

表2 新冠疫情对上海市开发区不同行业的工业生产短期影响情况表

单位：亿元、%

序号	行业	2019年规上产值	一季度产值占比	受影响情况
1	汽车制造业	6026.72	21.80	直接负面影响
2	计算机、通信和其他电子设备制造业	4855.51	17.56	
3	化学原料和化学制品制造业	2605.43	9.42	直接正面影响
4	通用设备制造业	2195.56	7.94	
5	电气机械和器材制造业	1848.97	6.69	
6	石油、煤炭及其他燃料加工业	1354.34	4.90	
7	专用设备制造业	1171.41	4.24	对部分专用设备有正面影响
8	黑色金属冶炼和压延加工业	1097.71	3.97	

续表

序号	行业	2019年规上产值	一季度产值占比	受影响情况
9	电力、热力生产和供应业	1003.33	3.63	基本不受影响
10	医药制造业	749.59	2.71	直接正面影响大
11	橡胶和塑料制品业	697.22	2.52	
12	金属制品业	626.47	2.27	
13	铁路、船舶、航空航天和其他运输设备制	476.96	1.72	
14	食品制造业	453.61	1.64	直接负面影响
15	非金属矿物制品业	395.50	1.43	
16	仪器仪表制造业	332.18	1.20	
17	家具制造业	252.85	0.91	
18	有色金属冶炼和压延加工业	249.58	0.90	
19	纺织服装、服饰业	208.57	0.75	对部分产品有直接正面影响
20	造纸和纸制品业	181.69	0.66	
21	农副食品加工业	162.72	0.59	直接正面影响
22	纺织业	124.17	0.45	对部分产品有直接正面影响
23	印刷和记录媒介复制业	112.67	0.41	
24	金属制品、机械和设备修理业	99.83	0.36	
25	酒、饮料和精制茶制造业	88.72	0.32	直接的负面影响
26	文教、工美、体育和娱乐用品制造业	75.47	0.27	
27	皮革、毛皮、羽毛及其制品和制鞋业	52.55	0.19	
28	其他制造业	37.65	0.14	
29	废弃资源综合利用业	32.23	0.12	
30	木材加工和木、竹、藤、棕、草制品业	27.12	0.10	
31	水的生产和供应业	22.39	0.08	基本不受影响
32	化学纤维制造业	21.74	0.08	直接正面影响大
33	燃气生产和供应业	6.22	0.02	基本不受影响
34	烟草制品业	4.08	0.01	

根据上海市工业强区松江区复工率对比,从2月11日到2月13日两天复工率增加11.07%可以推算每天复工率在5%,员工复岗率要低于复工率,只有4%。现在按每天5%复工率计算,企业到月底基本复工。中间会因为防疫条件不具备而有所影响。

因为复工不等于企业完全复产,人员、生产原料、防疫物资都会对2月、3月的生产产生影响,因此笔者预测上海市开发区2月份实际影响生产天数在20天左右,3月份影响生产天数在10天左右,一季度工业生产影响在33%。2020年一季度上海市开发区完成规上工业产值在4740亿元左右。

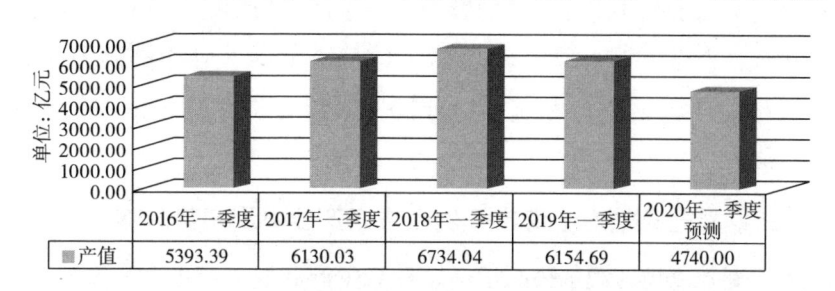

单位:亿元	2016年一季度	2017年一季度	2018年一季度	2019年一季度	2020年一季度预测
产值	5393.39	6130.03	6734.04	6154.69	4740.00

图一 上海市开发区2020年一季度工业生产预测

(二)新冠疫情对上海市开发区2020年经济影响预测

2016年到2019年上海市开发区一季度的工业生产在全年占比基本保持在22%以上,一季度对全年生产的影响相对较低。

表3 上海市开发区2016—2019年一季度工业生产占比情况表　　单位:%

区域	2016年	2017年	2018年	2019年
全市	22.68	23.01	24.00	22.75
全市开发区	21.95	22.11	23.61	22.26
市级以上开发区	20.98	21.71	23.11	23.51
国家级开发区	20.92	22.67	23.49	22.37
市级开发区	21.05	20.69	22.72	24.97
产业基地	25.86	23.55	25.91	23.83
城镇工业地块	20.70	22.03	22.05	12.20

2019年上海市开发区规模以上工业企业完成工业总产值27650.76亿

元,其中一季度完成工业产值 6154.69 亿元,余下三个季度完成 21496.07 亿元。根据疫情的三种情况,第一种情况疫情得到有效控制,即 3 月底得到控制。根据笔者在《上海开发区 2020 年社会经济发展趋势分析》一文中的预测,全年 6% 的增长在后三季度能波动实现,2020 年后三季度预测实现产值在 22780 亿元左右,全年完成 27520 亿元,无法实现正增长。上海市开发区工业生产若要实现正增长,余下三季度全年增幅要达到 7%,全年预计完成 27700 亿元以上。如果全年保持增长 6% 的目标,后三季度工业生产需要保持 14.5% 左右的增长才能实现。第二种情况疫情胶着时间较长,对上海市全年工业生产的影响将产生巨大的影响,工业生产成本将大幅增加,众多中小企业将无法维持生产与运营,工业生产将大幅下降。第三种情况是疫情全球蔓延,这种情况从现在情况分析出现的概率低于 1%。

(三) 新冠疫情对上海市开发区未来产业发展趋势影响

本次新冠疫情对我国民众生活、社会生产和服务产生巨大影响,未来的社会生活和产业活动更趋向健康化、无人化、分散化、无接触化。因此,上海市开发区要大力发展办公自动化、人工智能、生命健康、新能源新材料等知识和技术密集型产业,适应 5G、智能网联汽车、量子通信、电子商务、在线医疗、远程教育等产业发展需求。同时,加快构建以新一代信息技术和以数字化为核心的新型基础设施,支撑产业及社会网络化、数字化、智能化升级发展,只有提前布局才能掌握未来。

疫情新发展下的上海市开发区重点产业复产之路对经济发展的影响分析

管锡清

目前,新冠疫情在全球蔓延,欧洲以及美国成为疫情新中心。管控输入性风险成为我国疫情防控工作的新重点,上海连续多日都有输入型确诊案例。疫情形势一波三折将对上海市开发区复产之路产生重大影响,继而影响上海市开发区2020年经济发展。

一、疫情欧美扩散对上海开发区影响较大

疫情在欧美扩散对上海市开发区复产产生的复杂影响远远高于集中在国内暴发的第一阶段。

截至2019年底,上海市开发区中港澳台商控股和外商控股的企业共有2327家,这些企业中的境外人员与产业链上需要进口的原材料都将影响上海市开发区复工复产的进度。另外,从意大利"封国"开始,已有多国封锁边界。各国人员流动限制将严重影响欧美工业生产以及抑制消费,其对我国企业复产的影响将从二季度开始显现,**特别是在人员、原材料和海外市场三方面对上海市开发区企业的复产产生巨大影响。**

截至2月29日,上海市开发区规上工业企业复工率94.5%,人员到岗率64.6%,复产率66%。大集团复工率97.4%,人员到岗率63.8%,

复产率58%；中小企业复工率53%，人员到岗率45%。2月底金山区开发区规上工业企业全部复工。3月9日，嘉定区开发区规上工业企业全部复工，其他区开发区规上工业企业复工已经超过95%。

从复产率看，截至2月底，郊区规上工业均已超过60%。到3月18日，上海市开发区企业总体复工率95%左右，规上企业复工率接近100%。其中，闵行开发区、上海化工区、张江科学城、金桥开发区、漕河泾开发区、市北高新园区等园区规模以上企业复工率均为100%。

上海市开发区复工复产总体形势良好，呈现出三个特点：**一是复工比复员快速，复产相对比较困难**；二是规模以上工业企业复工迅速，中小企业复工困难重重；三是制造业比服务业复工快，但服务业中的快递业已基本完全恢复。

二、影响上海市开发区复产因素分析

（一）境外人员流动性进一步影响企业复产速度

受疫情变化影响，人员分为两种情况，国内人员流动与境外人员来沪两方面。国内人员的管控已经大大放松，只有湖北省的人员流动还受限，其他省市基本全流通。但员工存在一定程度的恐慌心理，公共交通的限制导致人员无法大规模流动，人员回沪可能造成重复隔离等都会推后员工正常上岗时间。

境外人员来沪或回沪将严格执行相关隔离政策，特别是疫情严重的24国人员或从这24国回沪人员，都要集中隔离14天，这项政策将执行到相关国家疫情得到严格控制结束，对上海外资企业影响重大。

上海市开发区中外资企业众多，开发区规上工业企业中港澳台商控股和外商控股单位数达到2327家，占比达到40.7%，而境外人员多是这些企业的高管或中坚力量，加上内资企业聘请的外籍人员，境外人员流动性受限将进一步影响企业的复产进程。

（二）疫情新发展导致全球产业链可能要于三季度才能恢复

随着国内疫情逐渐稳定，我国复产将加快。但受开工时间不一、交通运输、上下游生产情况等影响，企业产能减少且短时间难以恢复，导致产业链上下游企业之间供应不畅，对企业复产的影响将持续更长。

我国企业已全面融入全球产业链之中，在电子信息产业、生物医药、汽车制造、高端设备制造等众多产业对外依赖度较高。德国、美国、法国、英国、韩国和日本等，这些都是我国企业全球产业链中的重要伙伴。受疫情影响，这些国家的生产经营活动必将遇到较大困难，进而影响我国的相关产品进口，导致企业原材料的短缺，影响复产进程。

（三）疫情将对国内外市场产生持续影响而导致复产复杂化

疫情影响下，全球经济存在较大下行风险。欧美等国虽然出台经济援助计划，但疫情持续时间充满变数，全球市场需求将会下降。

根据2019年统计局数据显示，上海市开发区工业生产的产值有6807.75亿元出口，对外依存度为24.62%，其中港澳台商控股和外商控股的企业达到5499.72亿元，对外依存度达43.8%。这部分企业的产品销售将会受较大影响。

三、上海市重点产业复产对经济发展影响分析

（一）上海市开发区重点产业基本情况

根据上海市统计局数据显示，2019年上海市开发区五大制造业重点产业为汽车制造业、计算机通信和其他电子设备制造业、化学原料和化学制品制造业、通用设备制造业和电气机械和器材制造业。五个产业共完成规上（规模以上企业简称）产值17532.19亿元，占上海市开发区规上产值的63.41%。

表 1 上海市开发区 2018—2019 年重点行业规上产值完成情况表

单位：亿元、%

行业	2019 年	2018 年
汽车制造业	6026.72	6424.09
计算机、通信和其他电子设备制造业	4855.51	5247.65
化学原料和化学制品制造业	2605.43	2718.10
通用设备制造业	2195.56	2155.90
电气机械和器材制造业	1848.97	1843.07
小计	17532.19	18388.81
占比	63.41	64.73

根据 2018 年统计局数据，汽车制造业主要分布在安亭汽车产业基地、上海金桥经济技术开发区、上海国际汽车城零部件配套工业园等开发区，其中安亭汽车产业基地产值超过 2000 亿元。计算机、通信和其他电子设备制造业以上海松江出口加工区、上海浦东康桥工业园区、张江高科技园区为代表性园区，前两者的产值超过 1000 亿元。化学原料和化学制品制造业产业以上海化学工业经济技术开发区为代表园区，其产值规模超过 1000 亿元，远远高于其他园区规模。通用设备产业主要分布在闵行经济技术开发区和上海市莘庄工业区等园区，园区之间的产业规模相差较小。电气机械和器材制造业以嘉定工业区和上海市莘庄工业区为代表园区，各园区之间的规模差异也较小。

表 2 上海市开发区 2018—2019 年重点行业园区分布情况表 单位：亿元

产业集群类别	园区名称	产业集群产值
汽车制造业	安亭汽车产业基地	2308.05
	上海金桥经济技术开发区	1350
计算机、通信和其他电子设备制造业	上海松江出口加工区	1440.93
	上海浦东康桥工业园区	1294.14
化学原料和化学制品制造业产业集群	上海化学工业经济技术开发区	1072.88
	金山第二工业区	198.5

续表

产业集群类别	园区名称	产业集群产值
通用设备制造业	闵行经济技术开发区	236.39
	上海市莘庄工业区	235.15
电气机械和器材制造业	嘉定工业区	193.31
	上海市莘庄工业区	151.27

（二）上海市开发区重点产业复产发展趋势分析

1. 汽车制造业复产之路漫长而曲折

汽车制造业是上海市开发区最重要的产业，占上海市开发区规上产值超过20%，也是产业链最长、复产之路最复杂的产业。

国际汽车城是上海市汽车制造业最重要基地，包括汽车城核心区域与上海新能源汽车及关键零部件产业基地。汽车城包含大众等整车制造商，也包含上海国际汽车城零部件配套工业园中众多国际化零部件企业。国际汽车城内实体类企业共计720家，截至3月18日，规模以上企业复工率100%。以汽车设计研发为主的创新港和同济科技园内复工率达95%。同时，位于临港的新能源汽车制造商特斯拉上海超级工厂已于2月10复工，带动周边配套企业的复工复产。

从产业恢复分析，上海汽车集团股份有限公司是上海最重要的汽车制造业企业。数据显示，上海汽车集团股份有限公司受疫情影响，2月份产、销量都出现超75%的降幅，1—2月降幅超过50%。销售受市场需求而下降，生产则主要受销售影响而下降，零部件配套的影响暂时未显现。

表3　上汽集团2月生产销售情况（只含上海）　　单位：万辆、%

单位	产量					销量				
	2月	去年同期	本年累计	去年累计	累计同比增减	2月	去年同期	本年累计	去年累计	累计同比增减
上汽大众汽车有限公司	0.74	9.00	15.12	25.20	-40.01	1.00	11.10	12.30	30.10	-59.14
上汽通用汽车有限公司	0.55	8.48	10.98	26.48	-58.51	0.76	9.72	13.31	27.77	-52.07
上汽集团乘用车分公司	0.45	3.72	5.48	9.59	-42.84	0.80	4.00	6.80	10.00	-32.01

续表

单位	产量					销量				
	2月	去年同期	本年累计	去年累计	累计同比增减	2月	去年同期	本年累计	去年累计	累计同比增减
上汽通用五菱汽车股份有限公司	0.57	10.26	10.44	30.30	-65.54	1.18	9.90	9.00	25.90	-65.24
上汽大通汽车有限公司	0.36	0.72	1.33	1.74	-23.66	0.26	0.87	1.41	1.90	-25.82
上海申沃客车有限公司	0.00	0.00	0.002	0.0002	900	0.00	0.00	0.002	0.0001	1900
上汽依维柯红岩商用车有限公司	0.07	0.25	0.50	0.85	-40.81	0.19	0.30	0.59	0.95	-38.5
上汽正大有限公司	0.11	0.22	0.29	0.44	-34.61	0.18	0.19	0.37	0.35	5.56
合计	2.86	32.65	44.14	94.60	-53.33	4.36	36.08	43.78	96.98	-54.86

据上海市统计局数据显示，全市2020年1—2月完成汽车生产23.06万辆，同比下降36.02%。其中，轿车完成13.08万辆，同比下降44.4%；新能源汽车0.87万辆，同比增长5.3%。从中可以看出疫情对汽车制造业产业巨大影响，特别是轿车的产销影响远超商用车、新能源汽车。

从全球产业链分析，据国家工信部最新数据显示，截至3月3日24时，国内16家重点整车集团主要生产基地开工率已达84.1%，员工复岗率达66.5%，25个地区600多家零部件企业复工，随着时间推移，国内情况将有利于汽车制造业的复产。国际市场，丰田汽车公司法国整车工厂将从3月18日起停工至31日，葡萄牙的工厂已从3月16日起停工。底特律三大汽车巨头和美国汽车工人联合会（UAW）当地时间3月17日同意在美国工厂减产，同时限制在岗工人数量。据报道，截至3月27日，全球超100家主流汽车整车或零部件企业都关闭其在欧美国家的工厂，而重启的时间不确定。欧美国家大面积的汽车制造企业停工减产通过产业链传导将最终影响上海市开发区的汽车制造业。

从汽车国内外市场占比分析，2019年上海市开发区汽车制造业的出口交货值为246亿元，占比只有4.08%，上海市汽车制造业的销售市场主要在国内。国内市场2019年出现一定程度的下降，但疫情中，限制人员流动，私家车的作用非常巨大，可以预计随着线上销售方式成熟，线下销售放开，同时国内9个城市相继出台鼓励汽车消费政策、新能源汽车补贴延期二年等政策，国内汽车消费将于5月后迎来一波销售高峰。

综上分析，疫情全球发展对汽车制造业复工复产影响将是最复杂而漫长的。国内疫情对上海市开发区汽车制造业的影响预计4月初基本消除。国外疫情若控制得好，其对上海市开发区汽车制造业的影响将在二季度集中显现；若控制得不好，则较难预测。假设以国外疫情控制良好为前提，上海市开发区汽车制造业上半年总体影响在5%—10%，全年将实现正增长。

2. 电子信息产业将成为受国际疫情影响最大行业

上海市电子信息制造业2019年完成产值4855.51亿元，主要分布在以上海松江出口加工区、上海浦东康桥工业园区、张江高科技园区为代表的园区中。

上海市开发区电子信息产品以出口为主，2019年出口3982.29亿元，占比82.02%，2019年我国机电出口达到10.06万亿元，集成电路产品出口突破7000亿元，严重依赖国际市场。国际电子信息产业高度全球化，从中国的元器件和成品、日本的装备和材料、韩国的存储芯片、欧美的精密仪器和软件，形成一条完整的产业链。我国电子信息产业原材料半成品严重依赖进口。2018年集成电路以创纪录的3120.6亿美元进口额保持进口第一大类商品，其占机电产品进口总额的32.3%。

上海市开发区电子信息产业原材料半成品与市场两头在外的特点决定其将是受疫情新发展影响最大的产业，需要重点关注产业链之间的供应安全与国外市场需求的变化。

3. 化工产业复产顺利，对经济发展具有较大拉升作用

上海市两大化工产业园区——上海化工区和金山第二工业园区都已经100%复工，安全生产形势平稳可控。上海市开发区的化工产业以国内市场为主，出口占比10%左右。并且，上海市拥有金山石化与高桥石化两大炼油厂，从上游的炼化，中间基本化工原料，到下游的精细化工已经形成

完备的产业链，整个产业的复产是最可控的，产能的波动主要受中下游企业的人员到位和市场波动影响。

上海市化工产业在国际产业链上主要受原油供应与价格的影响，近期国际油价大幅下跌将非常有利于本市开发区化工产业的成本下降，利于企业盈利。

4. 通用设备制造业、电气机械和器材制造业受疫情影响相对较大

装备制造产业主要由通用设备业、专用设备业与电气机械和器材制造业构成，2019 年通用设备产业、电气机械和器材制造产业产值之和超过 4000 亿元。装备制造业是上海市开发区分布最广的产业，上海多数产业园区均有相关企业入驻，其产品出口超过 750 亿元，占比超过 18%。

随着智能化程度提升，装备制造业产业链也复杂多样，上下游配套企业以中小企业为主。据统计局数据显示，通用设备产业、电气机械和器材制造产业 1—2 月产值分别下降 32.9% 和 37.9%，是上海市开发区五大重点产业中下降最大的两个产业，是五大产业中受国内疫情影响最深的两个产业。

（三）上海市开发区 2020 年总体经济发展分析

2020 年 1—2 月上海市开发区完成规上产值 3029.25 亿元，同比下降 19.9%，降幅略好于全市平均水平，占全市规上产值的 76.54%。降幅主要受汽车制造业以及电气机械和器材制造业、通用设备制造业与专用设备业构成的装备制造业影响，后者成为重点产业中降幅最大的产业。

表4 2020 年 1—2 月上海市开发区完成规上产值重点行业分布

单位：亿元、%

序号	行业	工业总产值	可比增长
1	汽车制造业	602.54	-25.3
2	计算机、通信和其他电子设备制造业	577.54	-9.9
3	化学原料和化学制品制造业	333.16	-5.4
4	通用设备制造业	189.16	-32.9
5	石油、煤炭及其他燃料加工业	185.01	-15.8

续表

序号	行业	工业总产值	可比增长
6	黑色金属冶炼和压延加工业	170.12	1.1
7	电力、热力生产和供应业	149.83	−5.4
8	电气机械和器材制造业	144.39	−37.9
9	专用设备制造业	101.34	−31.8
10	医药制造业	97.44	−14.7

上海市开发区以通用设备制造业、电气机械和器材制造业为代表的装备制造业参与的企业众多，受产业链上下游影响大，但产业弹性大，市场与配套恢复后，装备制造业生产将加速回暖。化工产业是重点产业中降幅最小的。由于上海市化工产业链完备，产品市场相对稳定，预计全年将实现较大增长。计算机、通信和其他电子设备制造业由于两头在外，因此其受疫情的新发展影响将最大，预计全年下降10%。而汽车产业会因为特斯拉产能的释放和下半年市场需求增长，全年将实现6%左右增长。

其他受疫情影响1—2月降幅较大的产业，如木材加工和木、竹、藤、棕、草制品业（−57.5%）、文教、工美、体育和娱乐用品制造业（53%）等由于产业规模小，影响很小。

综上所述，上海市开发区2020年规上产值将呈现先抑后扬趋势，在汽车制造产业、化工产业和装备制造产业带动下实现5%左右的增长。

四、上海市开发区促进重点产业复产的建议

（一）加快中小企业复工复产，以满足生产配套之需

从上海市和全国复工复产情况看，由于规模以上企业决定经济规模的95%以上，因此在复工复产的前期，重点是规上企业的复工复产。上海市开发区规上企业近100%复工，下一步要将中小企业复工复产作为工作重点。

中小企业是稳就业与增强产业配套的重要环节。但是中小企业员工众多，抗疫物资需求大，资金缺口大，全面复工复产难度大。2月26日，上海市经信委印发了《关于做好白名单企业复工复产复市工作的通知》，建

议将本市重点产业的符合本市产业政策的中小企业增加到名单中，协调清单上企业的防疫物质到位，加快复工复产。

（二）抓住国外汽车产业停工停产机会，将订单转移到国内

疫情在全球暴发已经基本导致国外主流整车制造和零部件企业停工停产。上海市汽车制造企业要抓住现在有利时机，利用产业链恢复迅速、成本快速下降的优势将国外停工停产的部分订单转移国内生产。特别要针对原进口整车和关键零部件，扩大在国内生产规模。建议由上海市商委牵头，组织本市汽车整车和重点零部件外资企业和相关园区，以进博会为契机，以适当扩大外资企业中外商投资比例为前提，开展产能引进协商，补全完善本市汽车制造业产业链，同时增加生产订单。

全力保证新投产项目的产能释放。 上海市开发区要实现生产经济正增长，一定要重视工业生产增量部分，各区、各开发区全力梳理已投产项目，**特别是像特斯拉这样的新投产重大项目，摸清项目生产的全面情况，提供全方位服务保证或促进其产能与服务的达产进程，尽快增加增量的规模与价值。**

（三）积极拓展国内市场，减轻对国外市场的依赖

上海市开发区电子信息产业的原材料与市场"两头"都在外，随着疫情的新发展将受到重大影响。建议相关企业积极拓展国内市场，特别是抓疫情带来的"智能化、无接触化、无人化"产品的市场，将产品市场逐渐转移到国内市场的新需求上，以稳定产业的市场需求，保持生产平稳持续。

（四）加快恢复国内物流运力，保证国际物流畅通

3月中旬，虽然交通已经全面恢复，但物流业运力尚未完全恢复。下一阶段要提升国内物流运输，保证企业复产的物质供应。

国际物流最主要方式海运将受国外疫情影响。3月18日国际海事组织已经推荐我国《船舶船员疫情防控指南》作为各国海运防疫标准。我国要充分发挥疫情期间积累的物流业防疫经验的优势，积极对接各大海运企业，输出我国成功经验，确保货物安全，保证国际物流的畅通。

对标国际

自贸区新征程

周思鳃

2020 年，开发区将要踏上自贸试验区综合改革试点的新征程。礼森智库认为，36 年来不断复制和推广的开发区经验和模式使得开发区再一次站在了改革创新的门槛上。而自贸区作为特殊经济功能区，和开发区在 36 年前建立时拥有同样的初心，与开发区 36 年发展历程一脉相承。随着国家自贸试验区综合改革试点的铺开，必将有更多的开发区逐步转型为自贸区，继续为中国改革开放领路。

开发区的主题词——复制和推广

开发区走过了 36 个年头后，我们迎来了 2020 年。过去的 36 年中，开发区的发展中不仅仅有"改革"和"开放"两大关键词，"复制"和"推广"同样也是开发区经验引领全国经济发展的主题词。36 年来，开发区自身完成了由东到西、由小到大、由少到多的复制，从东部沿海地区逐渐走向内陆，从一个个点状的小片区逐渐形成了连接成块的大片区，从最初 14 家国家级经开区逐渐发展成了遍布全国的 219 家。同样在 36 年来，开发区经验也完成了由区内到区外的推广，开发区探索的新政策从区内推广到了区外，开发区引入培育的企业从区内成长到了区外，开发区创造的城市化模式从区内延伸到了区外。36 年的发展历程见证了开发区模式"复制"和

"推广"的成功，这种独到的"中国经验"也正逐渐走出国门，走向全球，成为中国"一带一路"倡议和"联合国2036可持续发展计划"中亮丽的风景线。

经历了36年的"复制"和"推广"，开发区内外的发展政策趋于一致，推动开发区发展的"制度优势"逐渐被拉平；开发区内外土地基础设施建设水平相同，促进开发区招商引资的"硬件设施"优势不再；改革开放前沿地区和内陆地区开发区的产业结构日渐趋同，利于东部开发区发展的"优势产业"逐渐失去特色。随着"复制"和"推广"，开发区旧有的优势不再，有的开发区人会问"开发区的历史使命是不是结束了？开发区作为改革开放试验田的任务是不是完成了？开发区未来的道路在哪里？"礼森智库认为，过去36年开发区"复制"和"推广"的成功是开发区的军功章，开发区也将继续沿着这条道路肩负起新的任务踏上新的征程——自贸试验区改革试点。2019年我们见证了全国一批自贸区的诞生，国发〔2019〕11号文明确了关于"支持开展自贸试验区相关改革试点"的工作要求。相信在2020年，随着自贸区政策的逐步落地，随着自贸试验区相关改革的推开，开发区将会踏上新的征程。

开发区的初心——特殊经济政策先行先试

开发区的初心在于特殊经济政策的先行先试。1984年1月，邓小平同志在视察深圳、珠海、厦门经济特区后提出："除现在的特区之外，可以再开放几个点，增加几个港口城市，这些地方不叫特区，但可以实行特区的某些政策。"根据小平同志的指示精神，沿海城市的14个国家级经济技术开发区应运而生。开发区自成立伊始就和"经济特区"分不开，和特殊的经济政策分不开。

国内外学者在定义开发区时，往往将其视为实施特殊经济政策的区域，开发区内外实行的不同经济政策使得开发区成为一块特殊的区域，一块"飞地"，一块市场经济在计划经济中的"飞地"，一块世界市场在尚未完全开放的中国领土上的"飞地",一块不同所有制在公有制为主导的经济中的"飞地"。在这块"飞地"中,关税可以减免、外商投资可以放开、分配制度可以创新、新技术可以尝试。开发区和经济特区一样,被赋予了改革开放的重任。

随着中国改革开放进程的加快,我们会发现各式各样的经济区域慢慢出现,无论是"综合保税区"还是"高新技术产业开发区"都蕴含着和开发区一样的初心——区内外不同经济政策的先行先试。翻开国家级新区的建设历史,1990年中共中央、国务院在《关于开发和开放浦东问题的批复》中明确指出"在浦东实行经济技术开发区和某些经济特区的政策。"可以说开发区三个字背后所蕴含的初心,一直贯穿于国家推动各类区域开发开放的政策中。开发区所代表的以点带面的经济改革道路,也成为中国特色的"发展型国家"政策工具。

时至今日刚刚兴起的"自贸区",其初心和开发区一脉相承。在国际通行定义中,"自贸区"中实行不同的关税制度。而自我国第一个自贸试验区——中国(上海)自贸试验区成立伊始,在区内探索实行不同的经济制度就是其设立的初衷和肩负的任务。在2019年国务院印发的《中国(上海)自由贸易试验区临港新片区总体方案》中,明确指出了新片区要成为"特殊经济功能区"。自贸区和开发区虽然名称不同,但是初心相同。

开发区踏上自贸试验区改革试点的新征程正是不忘初心,继续扛起特殊经济政策先行先试的担子。

开发区的来路——勇担改革开放的发展重任

回顾开发区36年的来路就可以发现,开发区的成长紧扣中国经济发展和改革开放的脉搏。中国改革开放的重大变革开发区都亲身经历,经济发展的重大任务都压在了开发区的肩上。一路走来,开发区以主动改革、积极开放的姿态,承担着带领中国经济发展的重任。

开发区36年的发展可以分为三段历程,每段历程都见证了开发区引领中国发展的历史担当。

1984年至1991年是开发区建设发展的第一个阶段。这一阶段中开发区为改革开放杀出了一条血路，引领了中国从计划经济到市场经济的转型。开发区首先在沿海城市试点铺开，大力发展基础设施、招引外资、试行市场经济、接轨国际市场。这一阶段中，开发区承担了国家经济转型和改革开放排头兵的重任。

1992年至2002年是开发区建设发展的第二个阶段。这个阶段中，开发区的发展模式开始推广复制，从沿海地区逐渐向内陆各省的省会城市和重要城市扩展。开发区将先进的工业化发展经验向全国传播。同时随着1992年的"南方谈话"，中国改革开放再出发，开发区担负起了向区外传导输出国际经验，促进中国开放的重要任务。开发区的数量开始猛增，我们把开发区作为经济发展的酵母，撒在了全国的土地上，让国际经验和经济成长在全国铺展开来。

2003年至2019年，是开发区建设发展的第三个阶段。这个阶段中，开发区逐步开始了产城融合发展的道路，驱动了中国城市化的进程。2001年中国加入WTO之后，全国经济飞速发展，在这一时期各个开发区逐步开始托管更大面积的区域。通过这一方法，开发区引领了全国城市化的进程，利用开发区内积聚的产业来促进产城融合。同时，2003年中国经济发生了过热的倾向。中央在2003年对全国开发区进行了一次清理整顿，为防止全国经济过热率先筑起了防波堤。开发区作为经济发展的主阵地，义不容辞地担当起了遏制经济过热的重任。

回首开发区36年的来路，开发区人可以很自豪地说，中国经济每一次巨大的变革和发展，我们都冲在了改革开放的最前沿，承担了中国经济发展的重任。

时至今日，中国迈入了新时代，改革进入了深水区，开放步入了新纪元。在这一历史背景下，2019年，中央连续批复了6省自贸区方案以及上海自贸区临港新片区方案，标志着中国开发区将踏上自贸试验区综合改革试点的新征程。

开发区的新任务——自贸试验区改革试点

自 2013 年至今，我国已形成了"1+3+7+1+6"的自贸区格局。2019 年出现的这 18 家自贸区，让人不禁想起了改革开放之初的老 14 家开发区。从来历渊源上看，不少自贸区依托于原有的开发区（包括经开区、综保区、高新区等）升级而来。例如上海自贸区临港新片区，其和上海漕河泾新兴技术开发区——上海临港产业区一脉相承；江苏省自贸区苏州片区，其和苏州工业园区一脉相承；山东省自贸区青岛片区依托于青岛经开区、青岛西海岸综保区等开发区而来。自贸区自诞生以来就流淌着开发区的血液。自贸区逐步拓展的历程和国家级经开区由单个试点到全国逐步开花的过程，和当年经开区由点到面、由东到西、由沿海到内陆的推广过程极其相似。相信在不久的将来，更多的开发区会逐步踏上自贸区的新征程，东部沿海地区的自贸区必将逐步"复制"和"推广"到中国各地的开发区中。

随着各个自贸区的方案陆续出台，我们发现新任务的担子很重。从政府职能转变到投资领域开放，从发展重点产业到人员流动便利化……各个片区的方案和细则中已经为各个自贸区制定了明确的努力方向和战略任务。这些新任务新要求，意味着开发区升级成为自贸区后要牢记诞生之初的初心，积极二次创业，为中国改革开放再闯出一条路来，为中国经济的成长再添新力量。

面对新的任务，自贸区既要实践好目前"不可复制""不可推广"的特殊的自贸区政策，又要有高度的历史使命感为将来这些自贸经验的"复制"和"推广"做好准备。既要专注于区内产业的集聚和片区的开发，又要促进区内优质产业向区外的溢出，促进区内外经济的发展。既要催化加速外资和世界市场进入中国，又要培育好国内民族企业，增强内资企业的竞争力。这种种需要相互兼顾的任务需要高超的智慧和丰富的经验。相信凭借我们在来路上积累下的 36 年经验，一定能出色地完成好这些任务。

2020年，中国开发区走向了新征程。自贸区的新任务必将逐步在各个开发区铺开。面对新的征程，我们要怀着初心，沿着开发区36年来建区发展的来路，继续坚定地走下去，为中国新一轮经济的发展蹚出一条新路来。

新加坡产业用地政策研究

周思飓　范媛媛

新加坡陆地面积为724.4平方公里，2018年其人均GDP为6.46万美元，位列世界第七。新加坡作为世界知名的花园城市，金融等高端服务业享誉全球，同时新加坡仍然坚定重视工业发展，近几年其工业增加值占GDP比重维持在30%左右。新加坡强大的工业成为其作为全球城市的立城之本。

新加坡自1965年独立以来，工业发展极为迅速，其中裕廊工业区的贡献不可忽视。裕廊工业区于1968年基本建成，由裕廊镇管理局（JTC）专门负责经营管理，到2001年，裕廊管理局改组成为裕廊集团（裕廊集团同时负责开发新加坡其他工业区），通过企业化运作，以更好地适应市场。

新加坡裕廊集团是新加坡最大的高级工业园和商业园区的规划、开发和管理商，是新加坡贸工部下属的法定机构，负责土地一级开发。新加坡裕廊集团通过开发土地和空间来支持产业转型，在新加坡的经济发展历程中发挥了重要作用。

一、新加坡主要产业用地实用政策

（一）新加坡的主要用地性质分类

新加坡主要非住宅用地性质有商业、酒店、工业用地一类［Business1（industrial），B1］、工业用地二类［Business2（industrial），B2］、商务园区、健康医疗中心、教育机构、宗教场所、市政建筑、运动休闲、交通设施和农业这12类。其中涉及产业开发的为工业用地一类（B1）、工业用地二类（B2）（B1、B2类似于上海M类用地），以及商务园区（类似于上海C65用地）。

新加坡政府对每一类用地都有详细的管理指标，甚至细化到了宗地内道路建设标准以及外墙标准。对于上述的三类涉及产业用途的用地，表1着重从定义、容积率要求、主要用途及次要用途定义、主次用途比例划分以及最小单元面积进行介绍。

表1 新加坡非住宅用地详情

	定义	容积率	主要用途	主要用途比例划分	次要用途	次要用途比例划分	最小单元面积（m²）
B1	工厂、仓库、电信和公用事业大楼等清洁的或是轻工业	1.4—3.5	制造（轻工业）、食品业（包装）、核心媒体（前期制作、制片、网络程序设计、后期制作）、印刷/出版、电子商务（电信、数据中心、互联网服务、软件开发、呼叫中心）	≥60%的总建筑面积	附属写字楼、展示厅、托儿所、职工宿舍、会议中心、某些商业用途（仅在偏远地区）、职工食堂、辅助显示区域	≤40%的总建筑面积	150
B2	一般的和特殊的工业	0.6—4.0	制造业（一般工业），维修和服务，制片，化学品、油类的储存，装配，针织，核心媒体，电子商务	≥60%的总建筑面积	附属写字楼、会议室、病房、柴油泵、机电服务、展示厅、职工食堂、某些商业用途	≤40%的总建筑面积	150
商务园区	从事高技术、研发、高附加值和知识密集型活动的企业	1.2—10.0	核心媒体、研发、数据处理、中央配送中心、测试实验室、产品设计开发、工业培训、电子商务、先进工艺制造的高技术产品	≥51%的总建筑面积	附属写字楼、病房/急救室、职工食堂、托儿所、会议室、展示厅	≤34%的总建筑面积*	—

*注：根据规定，在商务园区用地类型内还能有≤15%的总建筑面积用于"白区功能"以进行商店、餐厅、汽车租赁/贸易办公室、酒店、协会、办公室（含银行）、商业学校、展厅、住宅（包括员工宿舍和酒店式公寓）、托儿所、幼儿园、体育娱乐设施、健身中心用途。

(二) 裕廊集团出让土地的门槛设置

如前所述,裕廊集团主要负责新加坡非住宅用地的一级开发,在一级开发后,其将通过考核意向投资企业的固定资产投资、容积率和增加值三个指标来决定是否向该企业提供涉及工业开发的相关用地。

在固定资产投资和增加值方面,裕廊集团划定了相关纳入计算考核的指标范围,再针对单个项目进行"一事一议"的考核,通过对单个项目的指标考核以确定其是否符合用地门槛。

在容积率方面,新加坡政府有明确而普遍的管理办法和规定(由于土地资源紧张,新加坡对各类产业用地采取高容积率的导向)。裕廊集团参照新加坡政府相关规定,对企业入驻进行考核,同时协助企业提高容积率并获得相关奖励。

(三) 新加坡对于提高容积率的导向政策

对于不同行业的容积率,比如物流、商务园区、标准厂房等都有不同标准。同时,土地所在的地理位置、租期的长短都可能导致容积率要求的不同。一般而言,新加坡每3—4年会更新一次容积率要求。

如前所述,对于容积率的具体要求主要由新加坡国土规划部门制定。各类用地有其明确的容积率上下限,且新加坡政府将容积率要求落实到了每个详细的宗地地块上。

新加坡在促进提高产业用地容积率方面有奖惩两种措施。对于容积率未达下限要求的,就要按照比例重新折算土地的出让期。

对于容积率达到要求的,新加坡政府将发放给相应企业集约奖励津贴(Land Intensification Allowance,LIA),以资金奖励手段鼓励企业提高土地利用效率。LIA 是新加坡于 2010 年提出的奖励计划,由新加坡财政提供奖励津贴用于促进土地高效和高质量利用,同时促进土地旧有建筑的改扩建。其有效期为 2010 年 7 月 1 日到 2020 年 6 月 30 日。在有效期期间,LIA 经过两次修改调整。另外,从 2017 年 3 月 8 日起,LIA 还增加了支持在综合建筑和预制加工中心进行的贸易或商业的内容以鼓励产业上楼和混合用地。

表2 获得集约奖励津贴（LIA）的要求

合格标准	2010.02.23–2014.02.21	2014.02.22–2016.03.24	2016.03.25–2020.06.30
区域	B1/B2		B1/B2；机场/港口
贸易或商务	指定的制造业		指定的制造业、指定的物流业
容积率最低要求	为尚未符合标准的贸易或商业制定容积率要求	为尚未符合标准的贸易或商业制定容积率要求；为已经符合最低容积率要求的建筑物做10%的增量的改善	为尚未符合标准的贸易或商业制定容积率要求；为已经符合最低容积率要求的建筑物做10%的增量的改善；为指定的贸易或商业制定最高的容积率要求
使用建筑物总建筑面积的至少80%	只能有一个使用者；只能有一个符合条件的贸易或商业产业		可以只有一个使用者；可以有多个相关使用者使用，用户要被认为是相关的，必须拥有至少75%的共同持股；可以由多个符合条件的贸易或商业使用
建筑物使用者和业主的关系	无要求		至少有75%的股权相关

获批集约奖励津贴计划的受助人，从原来未达容积率要求到达到容积率要求的，对于建筑物或构筑物的建造或翻新/扩建而产生的新增基本建设开支，可享有以下的优惠政策：

（1）享有25%的首笔津贴；

（2）享有5%的年度津贴，将一直发放直到津贴总额完全覆盖新增的基本建设开支。

（其中包括：为达到要求容积率的可行性研究费用、建筑物的设计费、拆除现有建筑的费用、打桩/扩建/翻新费用、相关法律费用、印花税等。）

二、裕廊集团产业用地出让

（一）新加坡土地出让管理体制

新加坡土地管理局（SLA）帮助政府管理土地出让系统，定期通过土地出让计划（GLS）和工业用地出让计划（IGLS）出让土地，以满足经济增长带来的需求。

新加坡土地管理局主要有三个职责：（1）确保所有国有土地的出让都以最公开、透明的方式通过竞争性的公开招标或拍卖进行；（2）出让土地；（3）负责已出让土地的管理。

新加坡土地管理局指定三大机构作为土地出让代理商。其中，新加坡裕廊集团主要负责工业用地的出让。

（二）裕廊集团产业用地出让方式

土地出让价格根据其所处位置不同、容积率要求不同各有差异。对于地理位置相对较好的地块，比如在主要道路、快速公路或地铁站附近的土地，土地出让金较同等的土地高出5%—20%。同时，在2013年之前，土地出让期以30年和60年为主；在2013年之后，土地出让期为20年或30年，且以20年为主。

对于土地出让金的缴付方式，可以根据土地出让年限一次性付清，也可以按月缴纳。按月缴纳土地出让金的，必须以月租金形式每月预先缴付。同时新加坡裕廊集团会根据修订的城市规划公布新的租金值，每年上浮率上限为5.5%。一般来说，在租赁期间，租金每隔几年会调整一次，非常灵活。目前，裕廊集团30年土地租金均价为504.24新加坡元/平方米（约2600元人民币/平方米）。

另外，裕廊集团允许土地转租，但转租比例不得高于30%（不适用于全资子公司或占股51%以上的企业）。

三、新加坡节约集约用地经验的借鉴意义

新加坡作为城市型国家，同时也作为全球城市，其同上海一样面临着土地资源紧张，产业用地供不应求的情况。面对这一情况，新加坡政府采取了灵活而细致的土地管理措施，以保障新加坡工业发展。这些先进的管理方法和手段可以为上海乃至全国借鉴。

（一）土地管理细致灵活

新加坡对于土地管理极为细致，其利用 GIS 手段将每块宗地信息绘制到图，并且上网公开，实行透明化管理。这有利于消除市场信息差，促进高质量产业项目入驻。同时，新加坡对于土地价格采用动态定价方式，每隔一段时间调整已出租土地使用价格，进而更为灵活地以地价方式管理产业用地。

上海乃至全国可以学习新加坡的土地精细化管理方法，将宗地信息落图并公开公示，以吸引产业项目。同时基于我国土地制度，可以推广新加坡的产业用地价格定价及收费制度，加大以租代售的力度，按 5 年到 10 年为一阶段，根据市场价格分段调整并收取企业土地使用价款。

（二）高容积率导向

同上海一样，新加坡也大力支持产业上楼，以容积率为抓手提升产业用地使用效率。目前上海市 M 类工业用地的容积率上限为 2.0，C65 研发总部类用地的容积率上限为 4.0，同新加坡 B1、B2 以及商务园区类用地的容积率上限相比仍有一定差距。

上海可以从如下方面，以容积率管理为抓手提升产业用地效率。

第一，提升 M 类工业用地和 C65 研发总部类用地容积率上限。尤其是针对 C65 研发总部类用地，应当充分借鉴新加坡管理经验，将容积率上限放宽到 10.0。

第二，出台专项资金奖励计划，鼓励现有企业提容。借鉴新加坡集约奖励津贴相关办法，对提升容积率的园区平台公司以及工业企业，进行现金奖励。

第三，针对容积率下限采取市场手段，而非行政手段管理。目前上海市在实际操作中，针对各个宗地地块的容积率下限均有所规定。可以借鉴新加坡管理模式，根据地块属性先行制定每个宗地地块的容积率下限，对于意向企业无法满足下限的，可以采取多交土地出让金或者减少出让年限的方式进行引导，而非"一刀切"地禁止该项目入驻，进而减少产业用地内虚报容积率，或者大量加盖闲置厂房的情况。

（三）重视企业过程管理

新加坡在土地出让之后，同样注重项目企业的过程管理，并防止企业囤地炒地。在最初选择项目企业入驻的时候，有一套严格的审核制度，慎重选择入驻企业，重点考察项目本身是否符合园区规划以及与已入驻企业的关联情况。在企业入驻后，更是加强了对其土地使用的监管。当土地用途发生变化时，新加坡对其征收发展税，税收比例达土地增值收益的70%以上，从而有效减少了囤地、炒地的可能。

重视项目企业的过程管理可以有效促进土地高质量利用。上海乃至全国可以不断推进项目企业的全生命周期管理，每3—5年对项目企业进行一次全面评估，对土地用途、容积率、固定资产投资、工业总产值、税收等指标进行综合评价。同时将其绩效情况与土地使用税费挂钩，加大低效用地企业的土地使用成本，以促进产业高质量发展。

法国南特智慧城市建设对我国城市发展的启示

张腾飞

2008年IBM提出"智慧地球"的概念，2019年IBM公布"智慧城市"概念及软件解决方案，智慧城市逐步由概念走向落地。我国智慧时代开启于2010年底，国家把发展物联网写入"十二五"规划，拉开了智能化、智慧化的大幕。2013年1月，国家智慧城市试点创建工作会议公布了首批试点名单，标志着智慧城市试点工作全面启动。

在可持续发展方面，智慧城市发挥着关键作用，因为它们是改革新概念的试验场，城市必须在应对城市挑战的同时保持最理想的生活条件。通过对法国南特智慧城市案例的研究，探索在可持续发展道路上，我国智慧城市的未来之路。

一、法国南特概况

作为法国西部卢瓦尔河地区的首府、法国第六大城市（90万居民），南特因其优美的环境、舒适的生活在2013年被评为"欧洲绿色之都""欧洲最佳城市"。同时，南特周边地区也是许多重要行业的中心。众多著名高校和研究院云集于此，拥有来自世界各地的2200名研究人员和54000名学生。地理位置优越，从南特飞往巴黎、伦敦、布鲁塞尔、阿姆斯特丹、米兰或马德里仅需 1 小时。由于优美的环境和高质量的居住生活，在过去 25 年里，该市人口增长了 22%，预计到 2030 年其居民人数将增加 10 万人，因此，南特所面临的主要挑战是在人口扩张的同时保持高标准的生活条件。在过去几年，创造力是城市规划和可持续发展最主要的驱动力。为了实现生活和环境的高质量发展，南特也在研究和创新方面投入了大量资金。

二、智慧城市，智慧生活

"我的智慧生活"是南特岛的一个重要的城市项目，旨在通过一系列措施，实现城市向智能生活、智能经济、智能城市的转变。

基于紧跟时代步伐、满足人类高质量生活这一需求，在 20 多年前政府决定重建城市时这一项目便已出炉。该项目拥有多样化、广泛可用的空间，为管控城市扩张和打造未来城市提供了独特的机会。该项目将开发各种用地——住房、商业、高等教育、主要基础设施、文化场馆和娱乐场所——来面向所有人群，着力于可持续发展和创新。其目标是建立一个特色鲜明的南特大都市中心区域。

南特岛位于南特市中心，被卢瓦尔河的两条支流所包围，是南特 11 个行政区之一，该岛长 4.9 千米，宽 1 千米。"我的智慧生活"大部分活动计划将在南特岛示范区内集中开展。该示范区分为目标不同的三个区域。

1 区（南特岛的新建筑区）是高性能供暖的新建筑区域。智能公共照明概念开发，碳中性多模式概念，包括可再生能源生产和储存、智能能源系统和"低碳"出行服务、两栋新建筑间创新型数字化锅炉的集成将在这里开展。此外，这里将落实一个全新的多模式概念，包括可再生能源、智能能源系统和低碳出行，比如智能电力管理、智能充电和智慧租车服务。

2 区活动的重点放在了改建。这里将对多业主住宅楼进行改建，包括外墙、屋顶隔热层，与社区供热的连接以及通过电力管理系统的可再生能源的集成。与此同时，一个关于单幢楼房能源改造的创新理念正在形成，包括阁楼和墙壁的隔热，智能恒温器、太阳能和光伏混合系统的安装。

3 区（区—市级）覆盖了整个城市，其着力于出行和基础设施。届时将启用 20 辆全新的电动公交车、近 80 个充电站，实现市区采暖作业的优化、智能测量和公共照明的智能化，并建立一个全新的城市数据平台。此外，还可通过两个网络化的平台来推进市民太阳能项目和集体楼房改建项目。

"我的智慧生活"是一个由欧洲联盟资助的项目。在 CARTIF 技术中心的统筹协调下，来自 7 个国家的 28 个合作伙伴正在合作，让拥有智慧生活居民和智慧经济的可持续发展城市成为现实。计划将在三个示范城市进行：南特、汉堡和赫尔辛基。"我的智慧生活"项目旨在通过减少城市二氧化碳排放和增加可再生能源的使用，使这三个示范城市更加环保。"智慧市民"在其城市的发展中扮演着重要角色。"智慧经济"是一个创新的动态经济概念，旨在保障人们的充分就业和充足收入，吸引人才，并根据实际需求提供商品和服务。这些不同领域（例如，出行、可持续能源）的所有行动都是通过公民积极参与而联系在一起的。它遵循结构化的城市商业模式，这将会促使城市全面转型升级，而这些经验也可轻松地复制到其他城市。

三、前沿医疗

（一）基于数据分析和建模的精准医学

为了提高城市医疗水平，进一步巩固南特岛作为城市中心的职能，南特大学医院升级并添置一些更具吸引力的医疗设施，并将南特大学医院的两个分院合并到南特岛上，以此提高南特的服务质量，发展研究和商业中心。

抓住了设备升级的机会，南特大学医院也因此在广泛使用生物和生物医学智能数据的基础上，加速开发一种更个性化的新药物。这种药将减少治疗在资源、时间方面的影响，当然也将减少对患者的副作用。这种精准医学已经在该中心用于免疫和移植研究，该中心由南特大学医院、南特大学和国家健康与医学研究院资助。

皮埃尔安托万·古德拉德教授从2015年开始在这儿工作。作为免疫学、遗传学和生物信息学领域公认的专家，皮埃尔安托万·古德拉德教授毕业于法国高等师范学院，拥有生物学博士学位。通过处理大量生物信息学数据，他始终站在免疫学和遗传学的科学前沿。他专注于多发性硬化症的免疫学和遗传学研究，提炼并发明了一种独特的方法来治疗复杂疾病。"为了更好地理解生命的多样性和复杂性而对数据进行分析和建模，是未来生物学和医学的基本问题。"皮埃尔安托万·古德拉德教授解释道。"我们正在设法让每个患者都能接收到此前由我们在其他患者身上收集到的所有信息，以便让该患者更好地了解病情，在适当的时间选择适当的治疗策略。"

在临床研究中，研究人员和临床医生收集了大量的患者数据（这些数据通常都是通过首次临床研究收集的），并将其放入对患者护理工作有直接影响的医疗设备中。这是"医学上'大数据'的新革命"，古德拉德教授说，"会运用信息技术，从而使我们能用一种全新的方式去处理和解读多发性硬化症（MS）等疾病的复杂性。"像生物筛选这样的工具使临床医生能够根据其临床症状、脑部成像和生物标记数据的相似性，将特定患者与患有相同疾病的其他患者进行比较。通过观察类似病例的研究结果，每个患者都会更清楚自己的病情最终会如何发展，并且更清楚自己目前应该怎么做才会使日后病情得到最大的好转。

（二）专注于 SyMeTRIC 项目

为了应对这一新的挑战，阿特兰波的创新区域自2014年以来一直非常积极地促进网络图像产业集群与阿特兰波生物治疗产业集群之间的更好互动。因此，工作人员在密切合作的基础上制定了这两个产业集群的路线图，以促进在生物学和数字化的交叉领域实施新的创新项目，包括学术和创业技能。

SyMeTRIC 是这种良性合作的优秀范例，它是一个将系统医学领域的专业人员聚集在一起的区域性项目。它侧重于数字技术的使用，以整合不同的生物医学信息来源，其目的是建立和验证模型和病理标记，以便对病患支持和监测工作（诊断、治疗反应预测、预后）进行评估和改进。由卢瓦尔河地区提供支持，理查德·鲁东教授（胸腔研究所研究主任）和热雷米·波登教授（南特计算机科学实验室－LINA），西部癌症研究所（ICO）、南特大学、昂热大学、南特大学医院和昂热大学医院的研究和护理团队牵头。

在短期内，它旨在验证不同区域专业人员（生物学和计算机科学研究人员、临床医生、实业家）所做工作的互补性，为大规模数据分析以及生物医学数据整合和共享结果提供有效的协作解决方案。从长远来看，SyMeTRIC 旨在构建区域间的融合，为不同疾病模式（如肿瘤、移植、心血管和慢性呼吸道疾病）的系统医学发展服务。除了医疗保健之外，这个项目还将促进数据科学和数学领域的密切协作：生物过程建模、学习和数据挖掘、人工智能（知识表示、推理）、分布式系统和云计算（使用、安全、能效、扩展）。

四、法国南特给中国智慧城市发展的启示

礼森智库认为，智慧城市建设是积极响应国家致力于满足人民日益增长的美好生活需要的必然要求，是十九大提出"美丽中国、数字中国、智慧社会"建设的必然趋势。在可持续道路下，智慧城市是我国的未来之路，必须坚持以人为本，加强和加速落实未来个性化医疗，让广大患者受益，让"智慧市民"不仅是智慧城市的参与者，更是受益者，这其中就包括彻底改变医患关系。与此同时，积极借鉴法国南特等智慧城市示范区发

展经验,通过创新驱动,减少二氧化碳排放和加大可再生资源使用,打造绿色城市生活;通过人才引进,发挥"智慧市民"的重要作用,打造智慧城市经济。

对标国际，赶超一流
——巴拿马科隆自由贸易区案例研究

范媛媛

一、前言

2019年8月6日，国务院发布《国务院关于印发中国（上海）自由贸易试验区临港新片区总体方案的通知》（国发〔2019〕15号）。方案中指出要对标国际上公认的竞争力最强的自由贸易园区，方案明确"五自由一便利"，即投资自由、贸易自由、资金自由、运输自由、人员从业自由，投资贸易自由化、便利化。

方案中的自由贸易园区，是指国际上所说的"Free Trade Zone"，按照《商务部海关总署关于规范"自由贸易区"表述的函》（商国际函〔2008〕15号），自由贸易园区即是指在某一国家或地区境内设立的实行优惠税收和特殊监管政策的小块特定区域。

世界上首个公认的真正意义上的自由贸易园区是1960年设立的爱尔兰香农自贸区（Shannon Free Zone），此后，全球自由贸易园区迅速发展，逐渐成为各国（地区）发展经济的重要载体。其中，新加坡自贸区、阿联酋迪拜自贸区、巴拿马科隆自贸区等作为代表，是国际上公认的高水准的自由贸易园区。本文以巴拿马科隆自由贸易区为例，介绍世界知名自贸区。

二、巴拿马科隆自由贸易区简介

巴拿马位于中美洲最南部,呈 S 形连接北美洲和南美洲,横穿巴拿马地峡的巴拿马运河从北至南沟通大西洋和太平洋,有"世界桥梁"的美誉。巴拿马工业基础薄弱,但服务业包括金融、旅游、贸易发展良好,尤其是巴拿马科隆自贸区更是在全球自贸区中处于领先地位。据联合国贸发会的统计,在 2017 年时,科隆自贸区的贸易额占全国贸易总额的 70%。[①]

巴拿马科隆自由贸易区(Zona Libre de Colón)建于 1948 年,占地近 800 公顷,外设围栏,是西半球最大的自由贸易港。科隆自贸区位于巴拿马运河大西洋入海口处,地理位置极佳,具备航运航空枢纽的有利条件。科隆自贸区以转口贸易为经营核心,区内可分为两大功能片区:一是仓储区,主要包括货物仓储、包装、组装加工等物流与简单加工;另一个是商铺区,发展免税零售业务。

三、巴拿马科隆自由贸易区三大成功因素

(一)专门的立法保障与良好的管理体制

科隆自贸区是根据 1948 年 6 月 17 日颁布的第 18 号法令(Decreto Ley 18)[②] 设立的。按照法律,科隆自贸区是巴拿马中央政府直辖的自治机构,专门的立法保障了自贸区运营管理的合规性与持续性,维护了自贸区内的企业和人员的合法权益。2016 年 4 月 4 日第 8 号法律对科隆自贸区重组并做出了其他规定。

根据 2016 年第 8 号法律[③],科隆自贸区采用政府主管的模式,即由中央政府直接管理。在实际的管理中,设立董事会、总经理和执行委员会。董事

---

① Trade Policy Framework: Panama. United Nations Conference on Trade and Development. https://unctad.org/en/PublicationsLibrary/ditctncd2016d3_en.pdf

② Decreto Ley 18. https://docs.panama.justia.com/federales/decretos – leyes/18 – de – 1948 – jun – 28 – 1948.pdf

③ 2016 年第 8 号法律,http://www.app.gob.pa/Leyes/ley_8_16.pdf

会由五名成员组成，其中贸易工业部部长担任主席，另外由经济和财政部部长、总统府部长、执行委员会主席、科隆自贸区用户协会主席担任董事会成员，董事会主要负责制定自贸区的发展方向和大政方针；总经理由总统直接任命，任期五年，与总统任期一致，且总经理的任命必须经过国民大会批准，总经理主要负责自贸区的行政领导和法律；执行委员会同样由五名成员组成，采取轮流担任主席的制度，轮换期为6个月，执行委员会主要负责日常决策。

巴拿马还针对自贸区设立一系列的法律制度和激励措施以鼓励自贸区的发展。

表1　巴拿马颁布的促进科隆自贸区发展的法律制度和激励措施[①]

时间	名称
1986年3月	《内销及外销工业奖励法》
1992年11月	《加工区设立及营运特别法》
1994年6月	《观光事业投资奖励法》
1995年6月	《普遍化优惠奖励法》
1998年7月	《外国人投资保护法》

这样有立法保障的政府主管模式便于科隆自贸区协调各方面的关系，提高办事效率。

（二）高效的通关效率

科隆自贸区内设有海关办事机构，对区内货物的储存、流通、销售等正常经营活动不加干涉，只对进、出口货物与外界的联系通道进行监管。区内的海关将进口、出口和转口手续合并为一张表格，由此简化了区内经营者的货物进出手续，提高了通关效率。

另外，科隆自贸区有专门的电子文档系统，允许货运代理、海关代理、进出口商将其所有的文档以电子形式提交，并且该电子文档系统与其他的端口相接，例如商会、银行等，用于数据的交换和事项的批准，这样

[①] Zona Libre de Colón. Regulatory Framework. http://www.zolicol.gob.pa/en/regulatory-framework

消除了纸质文件一些携带、传递上的不便性，提高了海关办事的效率，也方便了用户随时查看。

（三）各项优惠政策

巴拿马是发展中国家，但它的自贸区发展闻名于世，这离不开自贸区的各项优惠政策。

1. 税收优惠

科隆自贸区内免除多项税收：（1）豁免进口、转口及制造货品的税款；（2）转口所得免税；（3）发票免税；（4）免收其他的国家或省级规定的税；（5）免除小税种（除了车辆牌照税外，其余的销售税、增值税、不动产销售税以及企业和个人每月缴纳的市政税全部免除，只对烟酒、毒品和危害公共安全的物品征收关税）。

另外，对于自贸区内的企业来讲，税率为2.5%—8.5%，远远低于巴拿马国家规定的一般性企业所得税税率30%—40%。还有对于自贸区内的出口型企业，若其出口收入占其总收入的80%及以上且在相关纳税年度内巴拿马籍在职员工不少于30名的，可享受经营期前5年出口所得先按95%计算税基，再按适用税率计算企业所得税。

表2　巴拿马国家税收制度和科隆自贸区税收优惠对比[①]

国家税收制度	科隆自贸区税收优惠
1. 公司所得税：实行二级累进制，税率30%—40%，从事商业、制造业等的公司与个人征收营业特许税，税率为注册资本的1%。 2. 销售税：个人消费品税率为5%，而批发、进口及烟酒类物品税率为10%。 3. 市政税：与政府签订合同、获取车辆牌照以及营利性经营许可的企业和个人每月征收市政税。 4. 不动产销售税：税率为1.4%—2.2%，不动产转让时以其总值征收5%的转让税。 5. 增值税：对生产、进口商品和提供的劳务征收税率为15%的增值税。	1. 区内公司所得税采用累进制，税率为2.5%—8.5%，两年内免利润所得税，若雇佣巴籍员工，再给予减免0.5%—1.5%所得税的优惠。2. 源于境外的股息、区内商品销售免税，投资税、地方市政税豁免，但是在区内的车辆牌照税需要正常缴纳。3. 境外货物进入贸易区或从区内出境，免进出口税，货物销售对巴拿马运河区或过境船只，视为出口，免税。

---

① 孟广文，刘函，赵圆圆，王春智，王红梅，鲁笑男. 巴拿马科隆自贸区的发展历程及启示[J]. 地理科学，2017，37(6)：876－884.

2. 移民政策

根据 2016 年第 8 号法律，对于投资者来说，在科隆自贸区内经营的公司中投资不少于 25 万巴波亚（即 25 万美元）就可以申请永久居民身份。

对于工人来说，有权作为科隆自贸区的工作人员申请永久居民身份。比如，对普通工人来说，签发不超过普通工人人数 10% 的工作许可证，在经过连续两年的劳动验证后，即有权申请永久居民身份；对于专业和技术人员来说，签发不超过专业和技术人员人数 15% 的工作许可证，同样在经过连续两年的劳动验证后，即有权申请永久居民身份。而对于工作人员的配偶、子女、父母也有特殊规定。

四、结语

礼森智库认为，中国（上海）自由贸易试验区临港新片区的设立是我国开发区发展中新的里程碑。对标国际知名自由贸易园区——巴拿马科隆自由贸易区，可以发现：临港新片区同样是有政策的保障，自《国务院关于同意设立中国（上海）自由贸易试验区临港新片区的批复》下发后，《中国（上海）自由贸易试验区临港新片区管理办法》等一系列政策法规出台，保障新片区的合法合规与运营管理；简化企业设立手续，提高了新片区办事效率；对集成电路、人工智能、生物医药、民用航空等相关的企业实行税收支持；出台支持人才发展若干措施，其中在人员出入境、外籍人才永久居留等方面实施更加开放便利的政策措施。《中国（上海）自由贸易试验区临港新片区管理办法》还规定了"政策从优"，即往后上海市出台的政策，一旦有对企业和人才的支持力度更大的，临港新片区就采用更优的政策。

中国（上海）自由贸易试验区临港新片区不断向国际一线水准靠拢，终将会成为中国的新名片。

建设世界一流化工园区
——以新加坡裕廊岛为例

范媛媛

新加坡是全球第三大炼油中心、最大的燃料供应港、全球三大石油交易中心之一、亚洲石油交易行业的价格发现中心。其平均炼油规模超过2000万吨/年，炼油厂的加工能力和复杂程度在全球遥遥领先。2017年新加坡石化工业产值795.85亿新元，占制造业总产值的26.06%，是新加坡的经济支柱之一。但实际上，新加坡几乎没有任何矿产资源，包括石油资源。那么是什么使得新加坡石化产业发展如此迅速？

一、新加坡裕廊岛简介

裕廊岛（Jurong Island）是新加坡的石油化工中心，是新加坡主岛西南一个人工合并的岛屿。2009年，通过填海工程，原有的亚逸查湾岛、北塞岛、梅里茂岛、亚逸美宝岛、沙克拉岛、巴高岛和西拉耶岛七个岛屿连成一片，由最初的10平方公里扩大成32平方公里，合并成为裕廊岛。

裕廊岛是新加坡能源和化学工业的基石，拥有100多家全球领先的石油、石化和特种化学品公司，包括荷兰皇家壳牌、美国埃克森美孚、美国雪佛龙、美国杜邦、德国巴斯夫、日本住友化学及日本三井化学等业内巨头。

二、裕廊岛建设世界一流化工园区

(一) 从上而下的政策支持

裕廊岛的建设是新加坡的国家战略之一，从建设之初就有一个全盘的计划。裕廊岛建立化工区的构想始于1971年，由于1973年的石油危机的影响暂时搁置，直到1977年，新加坡设立了新加坡石油化学公司负责实施第一期石化工业区计划——在亚逸美宝岛建立石化专业区，主要发展石化产业上游和通用化学品生产。1997年新加坡开始实行第二期石化工业区计划，逐步向下游产品延伸，包括苯乙烯、聚醚多元醇、线型低密度聚乙烯、丙烯酸（脂）、高吸水性树脂等。2010年，新加坡又启动了裕廊岛2.0版计划（Jurong Island Version 2.0），重点聚焦于能源、物流和交通、原料选择、环境和水这五个领域，计划探索综合创新解决方案进一步优化稀缺资源，驱动石化产业向高附加值产品发展。

另外，尽管对于特殊的园区没有特别的优惠政策，但是新加坡整体是个高度开放的国家，其制定的《公司所得税法案》和《经济扩展法案》（*Economic Expansion Incentives*）中推出了诸多优惠政策。新加坡企业所得税为17%，其边际税率是世界第三低，配合政府制定的激励、补贴等计划，企业是纳税额将会更低。进一步对石化产业来说，化学品没有进口关税，且政府同意外资企业对当地工厂拥有100%的所有权，并返还全部利润，这对投资者来说也是莫大的吸引。

(二) 良好的地理位置及基础建设

得天独厚的海运便利是裕廊岛发展石化产业的基础。新加坡毗邻马六甲海峡南口，北临柔佛海峡，西有新柔长堤，南接新加坡海峡，是太平洋、印度洋两洋航道要冲，同时把持南海、爪哇海与马六甲海峡之间交通的咽喉，素有"东方十字路口"的美誉。裕廊岛位于新加坡西南部，有水深近12米的天然良港，天然具有海岸线长的特征，并且在最初填海过程中充分预留出凹凸的港口海岸线，是后续码头建设的基石。

完善的基础设施吸引众多企业的投资。裕廊岛拥有世界级的基础设施——"即插即用"基础设施,该设施是一套整合一站式的基础设施,包括服务走廊、物流和仓储、第三方公用事业和服务。裕廊岛建有环岛管廊,管廊大部分与裕廊岛的公路相连,为需要运输化工原料和产品的公司提供租赁服务,各种原料和公共资源可以通过其输送到各公司,从而降低企业的运输、存储、管道建设的成本,发挥产品的协同效应。裕廊岛还配备共享海洋设施、工业用蒸汽和供水系统、压缩空气系统等公用设施,并提供泊位、安保、消防等公共设施和服务。

(三) 建设石化产业集群

裕廊岛成功的秘诀之一就是建设石化产业集群。裕廊岛在发展初期,聚焦于石化产业的上游及和通用化学品生产,如上文所说,到1997年第二期石化工业区计划实行之时,裕廊岛扩展石化产业至下游领域,发展石化产业的全产业链。

以埃克森美孚为例,其在新加坡的资产超过150亿美元,由炼油厂、乙烯裂解、化工装置共同构成其在世界上最大的综合生产基地。埃克森美孚旁边是它的炼油厂——埃索新加坡炼油厂。1997年,埃克森美孚在裕廊岛投资建设20亿美元的石化一期综合项目,用于裂解来自炼油厂的重油和石脑油,设计产能80万吨/年乙烯,副产40万吨/年丙烯和20万吨/年丁二烯;同时又在下游配套建设48万吨/年聚乙烯、31.5万吨/年聚丙烯和15万吨/年丁辛醇产能,以消化石化一期综合项目的产品;丁辛醇又将生产异壬醇,并且能够生产扩展级的石板,同时丁辛醇作为增塑剂的原料用以出售。之后埃克森美孚又建设石化二期综合项目以扩大聚乙烯产能并将多种基础原料加工成价值更高的最终产品。

类似于埃克森美孚,园区其他企业同样利用上游企业过剩乙烯、丙烯和芳烃等资源,发展乙二醇、苯酚、甲基丙烯酸甲酯等下游产品。这样地打通上下游产品,一套装置的产品是另一套装置的原料,解决了企业的原料供应问题,同时形成了规模经济,快速发展了大批石化产业。

（四）土地极致的集约利用

裕廊岛由新加坡政府利用法律制度统一安排土地的开发利用，具体由新加坡经济发展局（EBD）和裕廊集团负责，其中，裕廊集团负责裕廊岛的规划、建设、管理等工作。这种由裕廊集团统一控制土地的供给与利用的模式使得裕廊岛土地利用具有整体性的特征，通盘考虑土地的节约集约利用。

以裕廊岛地下空间面积的有效利用为例。尽管通过填海工程使得裕廊岛的面积扩大到原来的3倍，但是土地资源仍然极为有限。因此，新加坡提出了建立裕廊岩洞（Jurong Rock Caverns），有效利用地下空间面积，为原油、凝析油、石脑油和汽油等液态碳氢化合物提供了安全可靠的储存场所。

裕廊岩洞由裕廊集团建造，作为公共基础设施，可以连接岛上各企业。其位于裕廊岛邦岩海湾的海床下面距离地表150米处，共有9个单独的储油空间，每个岩洞都有27米高、20米宽、340米长，周围修建了9000米的通道，与岛内复杂的基础设施相整合。尽管裕廊岩洞的建造成本比在填海的土地上建造增加了三成，而且建设过程充满各种挑战和风险，但是可以节约60公顷左右的地表土地，足够再建设6个石化工厂。

（五）严格的监管体系

裕廊岛作为化工园区，维护安全生产与环境保护是重中之重。一方面，裕廊岛建有完善的安保监控体系，其中包括陆、海、空三位一体的严密监控。另外，对于环境保护方面，裕廊岛同样设置了实时监控，以工业污水达标排放为例，新加坡公共事业局在裕廊岛安装了许多用于实时监控挥发性有机化合物的感应器，一旦向公共管道排放的工业废水中挥发性化合物浓度过高，这些感应器就会发出警报。

另一方面，裕廊岛对入岛的车辆和人员进行严格的安全检查。在2001年10月，新加坡政府刊登宪报，公布裕廊岛已成为受保护地区。所有人员进出裕廊岛都需要在裕廊岛网上通行系统（Jurong Island Online Pass System）申请裕廊岛通行证，同时所有进入裕廊岛的车辆和人员都在一个专门的安全检查站接受检查。检查站配有最新的安全技术和训练有素的保安人员，以便进行有效的检查与入岛放行。除了在出入口设有安全检查站之外，裕廊岛内部也设置了多个安全检查站，检查所有进出该岛的人、货及轮船，新加坡的军队及警察同时负责维护岛内安全，并定期在岛上巡查，与油气公司保持联系，防止安全事故的发生。

沪上来风

上海开发区 2020 年社会经济发展趋势分析

管锡清

一、2019 年上海市开发区社会经济发展成效

工业生产：2019 年上海市开发区工业生产再现负增长，但降幅持续收窄。从 2019 年 8 月开始，月增幅呈现上升趋势，11 月规上工业生产可比实现较大增幅，1—11 月规上工业生产降幅进一步收窄至 1.76%，预计上海市开发区 2019 年规上工业生产降幅在 0.8% 左右。

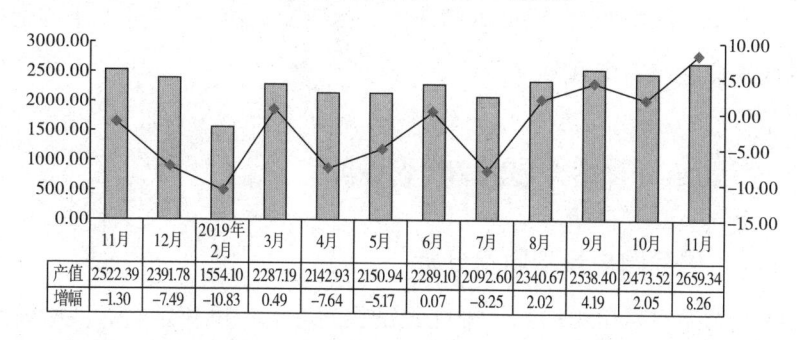

	11月	12月	2019年2月	3月	4月	5月	6月	7月	8月	9月	10月	11月
产值	2522.39	2391.78	1554.10	2287.19	2142.93	2150.94	2289.10	2092.60	2340.67	2538.40	2473.52	2659.34
增幅	-1.30	-7.49	-10.83	0.49	-7.64	-5.17	0.07	-8.25	2.02	4.19	2.05	8.26

图一　2019 年 1—11 月上海市开发区规上工业产值及增幅

社会投资：从社会投资看，1—11 月上海市开发区完成固定资产投资金额为 1697.01 亿元，同比增长 4.74%，占全市比重为 24.87%，预计全年可达到 1900 亿元左右，同比增长 5% 以上。其中，工业固定资产投资 1—11 月全市开发区累计完成 867.16 亿元，同比增长 12.80%，四个区域

除市级开发区外，其他三个区域实现同比增长，其中产业基地同比增长80.24%，增幅最大，为2020年的经济发展打下良好基础。

招商引资：1—11月上海市开发区引进内、外资继续保持增长，其中外资大幅增长。1—11月开发区引进外资项目2950个，同比增长19.77%，开发区吸引合同外资金额196.85亿美元，同比增长10.32%，预计吸引合同外资金额全年保持10%以上增长。1—11月上海市开发区落户内资企业注册资金为2570.80亿元，同比增长1.18%，全年持平。

上缴税金：开发区较好地执行了国家减税降费的政策，1—11月上缴税金5602.35亿元，同比下降6.44%，全年应在6%以上降幅。

工业出口：1—11月，在中美贸易摩擦不断升级的背景下，上海开发区工业出口交货值小幅下降，完成出口交货值6126.21亿元，比上年同期下降4.2%，全年下降4%左右。在开发区30个有出口的工业行业中，20个行业出口下降，仅有10个行业维持增长。其中，计算机、通信和其他电子设备制造业作为出口交货值比重最高的行业，由于国际市场智能手机、笔记本电脑等电子信息消费品需求减少，出口同比下降4.8%，下拉上海工业出口交货值2.7个百分点；汽车制造业则同比增长了10.9%。在工业出口占本市工业生产24.46%的情况下，出口交货值下降4%，下拉上海市开发区工业生产1个百分点。

二、2020年经济发展影响因素分析

（一）国际国内影响因素分析

中美关系在斗争中前行。中国经济在新常态中继续前行，实力进一步提升，世界经济全球化的方向正在逆转。美国对中国的遏制态势已正式确立，两个世界最大经济体间的遏制与反遏制在2019年取得一定妥协，但冲突将长期存在，两国之间的经济发展环境充满不确定性。同时2020年也是美国大选年，大选的结果对中美之间关系具有巨大的影响。

世界经济存在下行的态势。影响世界经济的主要因素中：中美贸易谈

判取得一定成果、美国经济受大选存在一定变数，德国政治领导更迭，法国社会经济改革成效未显现，英国正式脱欧可能带来的短期影响，日本经济长期前景增长较慢，俄罗斯经济前景充满较大的不确定性，中东冲突，这些因素对 2020 年世界经济发展将产生较大影响，使世界经济增速进一步下降。

新产业的引领作用有增加的趋势。2020 年将是 5G 商用元年，5G 的带动作用将显现。同时 AI、无人驾驶、物联网、新能源汽车等新兴产业引领作用进一步增强。

国内经济发展态势向好。2020 年世界经济增速下行将导致中国经济放缓，同时随着国内市场规模扩大、人民币汇率相对稳定、国家减税降费政策进一步深入、货币政策与财政政策的相对宽松、地方政府专项债券规模增加、基建规模扩大，这都为 2020 年我国经济发展提供了良好的环境。特别是从 2019 年二季度以来，我国经济呈现稳步向上的态势，汽车制造业、电子信息产业、装备制造业等发展趋好，因此 2020 年我国经济总体波动向上发展。

（二）上海市影响因素分析

营商环境的提升促进产业发展。"优化营商环境向纵深推进，全力打造更具国际竞争力的投资发展环境，加快形成优环境、抓投资、促发展的强大合力，全市上下只争朝夕、同心协力，奋力创造新时代上海发展新奇迹。"新年始伊，上海市第一场全市大会就以上海营商环境改革 3.0 版方案和加强投资促进 32 条举措拉开了促经济发展的大幕，为 2020 年社会经济发展打下良好的基础。

资源利用评价促进产业高质量发展。2019 年上海市全面开展产业用地资源利用效率评价，倒逼企业提升产业发展水平，增加单位土地产出水平，提高城市经济密度，促进产业高质量发展。

以战略性新兴产业为代表的新产业发展迅速。2019 年 1—11 月，上海市工业战略性新兴产业完成总产值 9928.94 亿元，比上年同期增长 1.5%，占上海工业的 31.9%，比重比上年同期提高 1.2 个百分点，新经济新动能对上海工业的引领作用进一步体现,其中新能源发展特别迅速。以新能源汽车、3D打印设备、半导体储存盘等为主的高新技术产品保持较快增长,新兴产品对全市工业的拉动作用不断增强。

新能源汽车蓬勃发展。 2019年特斯拉在临港的开工建设投产带动了新能源汽车的大力发展。2019年11月位于上海安亭的上汽大众新能源汽车工厂正式落成,规划年产能30万辆,将于2020年10月正式投产,是目前国内生产规模最大、效率最高的纯电动汽车工厂。上海市开发区将形成以特斯拉、大众新能源、蔚来汽车为核心,相关配套企业集聚的态势,有利于2020年汽车制造业发展。

三、2020年上海开发区社会经济发展趋势分析

(一)开发区工业生产将实现增长

2020年上海市开发区工业生产将克服产业结构调整带来的转型阵痛,在营商环境大力优化和工业生产出口整体环境优于2019年的前提下,随着新能源整车企业的生产放量,电子信息产业重现正增长,将实现6%以上的增长。具体从以下五个重点行业分析。

1. 新能源汽车销量预计实现跨越式增长

上海市开发区龙头行业是汽车制造业,具有强大的市场竞争力。上海市开发区汽车制造业拥有大众、通用与上汽三大传统整车制造商,在2019年国内汽车销售预计负增长8%的情况下,上海市汽车生产明显好于全国,特别是出口交货值增长10.9%。2020年上海市开发区新增特斯拉新能源整车制造企业10万辆新产量,大众30万辆新能源汽车生产基地预计将10月投产,都将大力拉动新能源汽车的生产与销售。上海传统燃油汽车在2020年面对宏观经济进入承压期、汽车行业进入变革期、国内市场进入调整期的"三期叠加"严峻考验,大众、通用、上汽自主品牌荣威等上海主要车企的生产预计仍将维持下降态势,预计销量下降6%—8%。但是新能源汽车将呈现井喷的态势,预计销量增长约15%,一举扭转新能源汽车制造占

比无足轻重的状态，助力汽车制造业整体实现正增长。

2. 电子信息制造业将呈现一定程度增长

电子信息制造业是上海市开发区外向度最高的产业，产品有近80%外销，受出口目的国关税影响较大。2020年电子信息产业在5G商用元年、AI、无人驾驶、物联网等产业发展的需求带动下，同时叠加中美贸易谈判取得一定成果，中芯国际14纳米进入客户风险量产，预计将于年底实现营收，第二代FinFET N＋1技术平台实现客户导入，即将释放产能投入生产，上海集成电路制造技术大幅提升。预计2020年电子信息产业呈现一定程度增长，增幅在8%—10%。

3. 生物医药制造业预计继续保持较快增长

上海在高端生物医药领域已具备较强的先发优势，国家药品监督管理局批准上市的12个国产抗体药物中有5个是来自上海，形成了以张江高科技园区为代表的生物医药产业园。在研发实力、创新人才、生产工艺等方面全国领先，产业链条基本完备。2020年是《促进上海市生物医药产业高质量发展行动方案》实施的收官之年，上海聚焦抗体药物、细胞治疗等重点领域，着力推动一批重大创新成果产业化，预计生物医药制造业仍将保持较快增长。

4. 高端装备制造业生产将面临分化

上海市开发区高端装备制造业以国内市场为主，占比四分之三以上，因此，装备制造业主要受国内影响。随着2020年将较大程度增加国内基建投资，"一带一路"沿线国家基础设施建设需求增加，对机械装备需求将大增。同时叠加设备环保要求提高、更新换代需求增加等多方面因素，工程机械领域将会保持较快增长。得益于国产大飞机研发稳步推进，支线客机ARJ21正式量产，国产大型客机C919第三架机下线首飞，航空装备领域将迎来新一波增势。从不利因素看，由于国内汽车、电子产品等主要应用市场需求疲软，企业缺乏投资新生产线的动力，重大成套设备行业的另一主要拉动力——工业机器人领域生产预计将有所放缓。

5. 石油化工行业经济效益将改善

2020年国际原油价格受中东局势影响将大幅波动，总体趋势将以升为主，国内石油和化工市场将出现上升态势，上海市开发区内石油化工企业生产积极性有所提升，经济效益将有所改善。

（二）上海市开发区社会投资将保持较大规模

2020年上海市开发区社会投资将继续保持较大规模。2017年上海市加大了产业项目招商引资，出让近150个制造业和科研项目地块，这些项目将保证2020年的工业投资规模。同时金山工业区、宝山、闵行、浦东新区都在2019年或2020年集中开工或签约一批新的产业项目，例如宝山区2019年3月京东华东数字经济产业园、浦银金融科技中心、天境生物医药研发生产等28个重大产业项目集中签约，预计总投资396亿元，发那科（三期）、克来机电扩建等20个重大产业项目集中开工，计划总投资221亿元；闵行区2019年全年共推进重大产业项目32个，工业项目25个、总投资311亿元。2020年1月金山工业区与万仕诚药业、汇洁亮环保、倍锦生物、山潜智能、东翼无人机等6个项目签约，总投资额近20亿元。各区或开发区的集中开工或签约将为上海市开发区2020年的社会投资提供坚实的基础。

（三）本市开发区上缴税金预计基本持平

2020年是国家减税降费政策深化执行年，相关细则将严格执行。另一方面，由于经济发展相对较好，外贸出口有所好转。因此，2020年上海市开发区上缴税金能持平。

2020年上海市开发区社会经济发展总体较2019年好，特别是工业生产与上缴税金两方面能实现增长，能为上海市开发区的营商环境提升提供坚实的产业与财政基础，形成良好互促局面。

2019年上海市出让工业用地经济效益分析

黄玉杰

一、2019年上海市工业用地出让情况分析

2019年上海市涉及工业用地交易地块共84宗，出让面积共计6946.3亩，较2018年出让地块数减少了3宗，出让面积增长了0.19%。新出让的84宗工业用地中有77宗分布在产业园区内，面积共计4973.8亩，面积占比71.60%，占比较2018年大幅下降。

表1　2019年上海市出让工业用地分类情况

分类	出让年限（年）	出让面积（亩）	面积占比（%）	地块数	地块数占比（%）
工业用地产业项目类	20	1253.9	18.05	35	41.67
	50	1516.5	21.83	17	20.24
工业用地标准厂房类	50	1670.3	24.05	15	17.86
研发总部产业项目类	50	1655.2	23.83	10	11.90
研发总部通用类	50	850.3	12.24	7	8.33
合计	—	6946.3	100.00	84	100.00

从区域分布来看，2019年上海工业用地出让分布在12个区（区域），主要集中在青浦区、松江区、崇明区、奉贤区，该四个区出让的工业用地面积合计为4474.5亩，占全市64.4%。其中出让工业用地最多的是青浦

区,面积2217.3亩,共15宗地块;最少的是普陀区,面积47.9亩,共2宗地块。

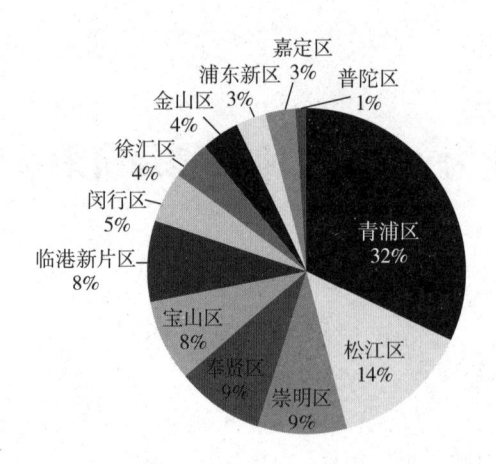

图一 2019年上海市各区域出让工业用地占比情况

从产业园区来看,主要集中在长兴海洋工程及船舶制造基地、青浦工业园区、顾村工业园区、临港产业区、上海松江经济技术开发区松江工业区等十个园区,该十个园区出让工业用地面积合计为3493.07亩,占全市产业园区的70.23%,占全市的50.29%,其中长兴海洋工程及船舶制造基地出让工业用地658.5亩,排名第一位,约占全市的十分之一。

表2 2019年上海市前十位产业园区出让工业用地情况

序号	产业园区	出让面积(亩)
1	长兴海洋工程及船舶制造基地	658.49
2	青浦工业园区	482.63
3	顾村工业园区	438.98
4	临港产业区	434.00
5	上海松江经济技术开发区松江工业区	407.84
6	上海松江经济技术开发区新桥分区	309.47
7	上海四团镇经济园区	233.01
8	闵东工业区	183.97
9	工业综合开发区	176.91
10	金山工业园区	167.76

续表

序号	产业园区	出让面积（亩）
合计		3493.07
占产业园区比重（%）		70.23
占全市比重（%）		50.29

二、2019年上海市出让的工业用地预计带来的经济效益分析

根据工业出让合同，主要从固定资产投资、达产后年销售收入和达产后税收三个方面来分析工业用地出让带来的经济效益情况。

（一）固定资产投资

2019年上海市新供应的工业用地拉动固定资产投资为545.15亿元，单位土地的固定资产投资强度为784.81万元/亩，较2018年下降约50%。

图二　2017—2019年上海市新供应的工业用地拉动固定资产投资情况

从区域来看，青浦区新供应的工业用地拉动固定资产投资为154.47亿元，排名第一；其次是徐汇区和松江区，前三位新供应的工业用地共计拉动固定资产投资为333.52亿元，占全市的61.18%；奉贤区、闵行区排在第四位、第五位。从单位土地的固定资产投资强度来看，徐汇区单位土地的固定资产投资强度为3597.01万元/亩，排名第一；浦东新区（不含临港新片区）以1144.95万元/亩排在第二位；闵行区、普陀区排在第三位、第四位，且单位土地的固定资产投资强度超过全市平均水平。

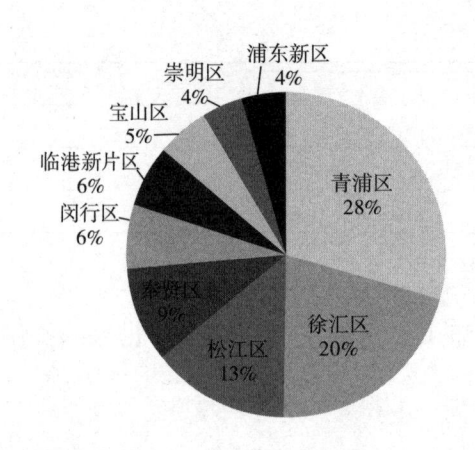

图三　2019年上海市各区域新供应的工业用地拉动固定资产投资情况

图四　2019年上海市各区域新供应的工业用地单位固定资产投资情况

从产业园区来看，青浦工业园区新供应的工业用地拉动固定资产投资为44.74亿元，排名第一；其次是上海松江经济技术开发区松江工业区和上海松江经济技术开发区新桥分区，前三位园区新供应的工业用地共计拉动固定资产投资为95.97亿元，占全市产业园区的30.19%；长兴海洋工程及船舶制造基地、工业综合开发区等9个园区拉动固定资产投资超过10亿元。从单位土地的固定资产投资强度来看，莘庄工业园区单位土地的固定资产投资强度为2402.35万元/亩，排名第一；吴泾工业基地以2000.04万元/亩排在第二位；国际医学园区、上海奉贤经济开发区生物科技园区、临港科技城、工业综合开发区、金汇工业园区、嘉定工业园区、康桥工业园区、青浦工业园区、松江工业区佘山分区、桃浦智创城、闵东工业区、庄行工业区等12个园区单位土地的固定资产投资强度超过全市平均水平。

表3 2019年上海市产业园区出让工业用地拉动固定资产投资超10亿元情况

序号	产业园区	固定资产投资（亿元）
1	青浦工业园区	44.74
2	上海松江经济技术开发区松江工业区	28.39
3	上海松江经济技术开发区新桥分区	22.84
4	长兴海洋工程及船舶制造基地	21.64
5	工业综合开发区	18.27
6	临港产业区	17.57
7	闵东工业区	15.67
8	临港科技城	12.23
9	宝山区	11.94
10	康桥工业园区	11.69
11	上海四团镇经济园区	11.65
12	庄行工业区	11.64
13	顾村工业园区	10.22
	合计	238.48

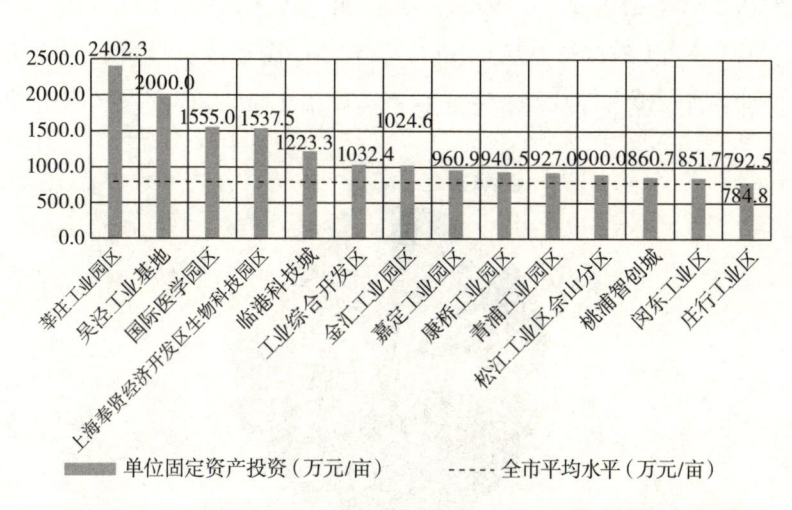

图五 2019年上海市产业园区新供应的工业用地单位固定资产投资情况

（二）达产后年销售收入

2019年上海市产业园区新供应的工业用地，3—5年达产后，年销售收入可新增1286.20亿元，单位土地的达产年销售收入为1851.64万元/亩，较2018年单位土地的达产年销售收入减少约50%。

	2017年	2018年	2019年
达产后年销售收入（亿元）	487.9	2285.3	1286.2

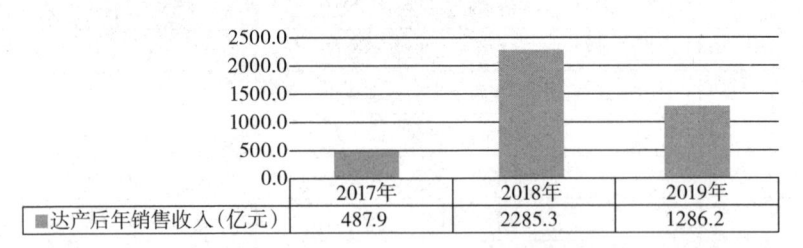

图六　2017—2019年上海市新供应的工业用地达产后年销售收入情况

从区域来看，青浦区新供应的工业用地达产年销售收入可新增258.14亿元，排名第一；其次是松江区和奉贤区，前三位新供应的工业用地达产年销售收入可新增683.01亿元，占全市产业园区的53.10%；宝山区、徐汇区排在第四位、第五位。从单位土地达产后年销售收入来看，普陀区单位土地达产后年销售收入5199.23万元/亩，排名第一；浦东新区（不含临港新片区）以5185.15万元/亩排名第二；徐汇区、奉贤区、宝山区、闵行区和松江共5个区单位土地达产后年销售收入超过全市平均水平。

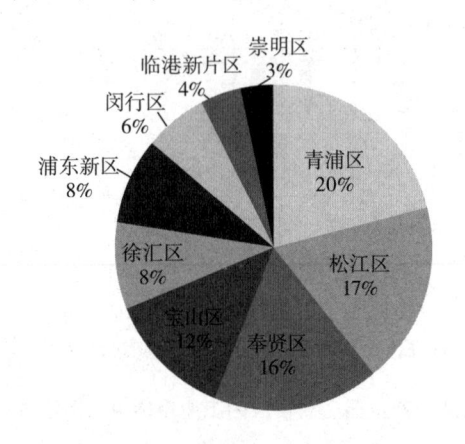

图七　2019年上海市各区域新供应的工业用地达产后年销售收入情况

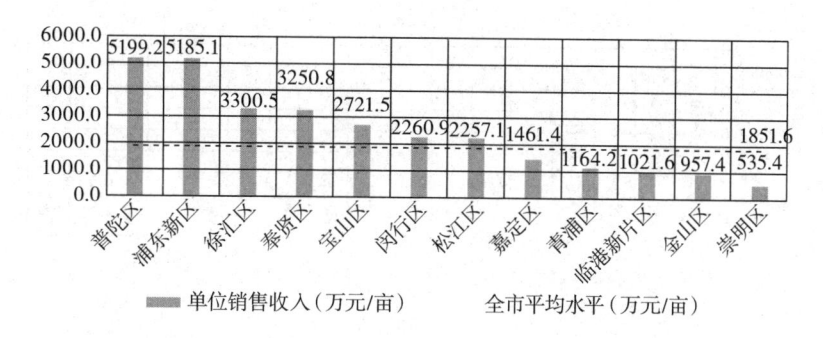

图八 2019年上海市各区域新供应的工业用地达产后单位年销售收入情况

从产业园区来看,工业综合开发区新供应的工业用地达产年销售收入可新增149.59亿元,排名第一;其次是上海松江经济技术开发区松江工业区和青浦工业园区,前三名园区新供应的工业用地达产年销售收入可新增368.18亿元,占全市产业园区的28.63%;顾村工业园区、康桥工业园区排在第四位、第五位。从单位土地达产后年销售收入来看,工业综合开发区单位土地达产后年销售收入为8455.42万元/亩,排名第一;其次是康桥工业园区和桃浦智创城,单位土地达产后年销售收入分别为6805.68万元/亩、5199.23万元/亩;上海奉贤经济开发区生物科技园区、上海松江经济技术开发区松江工业区等14个园区单位土地达产后年销售收入超过全市平均水平。

表4 2019年上海市产业园区出让工业用地达产年销售收入超百亿元情况

序号	产业园区	销售收入（亿元）
1	工业综合开发区	149.59
2	青浦区	133.00
3	上海松江经济技术开发区松江工业区	113.95
4	青浦工业园区	104.64
5	徐汇区	101.85
6	顾村工业园区	100.60
合计		703.63

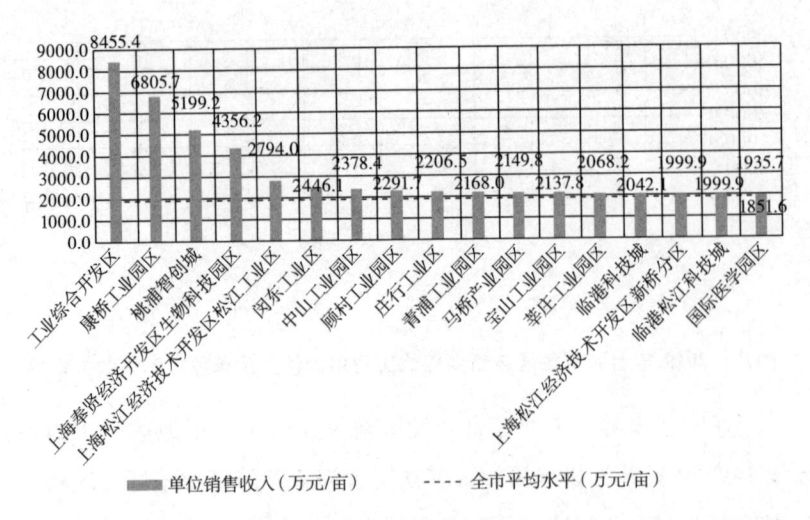

图九 2019年上海市产业园区新供应的工业用地达产后单位年销售收入情况

（三）达产后年税收

2019年上海市产业园区新供应的工业用地，3—5年达产后，税收可新增103.15亿元，单位土地的达产后税收为148.50万元/亩，较2018年单位土地的达产后税收下降约17%。

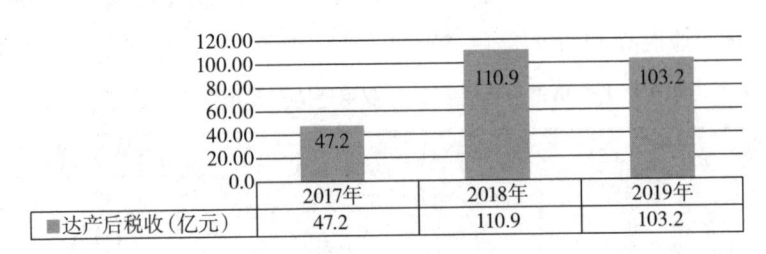

图十 2017—2019年上海市新供应的工业用地达产后税收情况

从区域来看，青浦区新供应的工业用地达产后税收可新增24.30亿元，排名第一；其次是奉贤区和徐汇区，前三名新供应的工业用地达产后年税收可新增62.52亿元，占全市产业园区的60.61%；松江区、闵行区排在第四位、第五位。从单位土地达产后税收来看，徐汇区单位土地达产后年税收533.98万元/亩，排名第一；其次是普陀区，单位土地达产后年税收498.44万元/亩；奉贤区以337.29万元/亩排在第三位；浦东新区（不含临港新片区）、闵行区排在第四位、第五位，且超过全市平均水平。

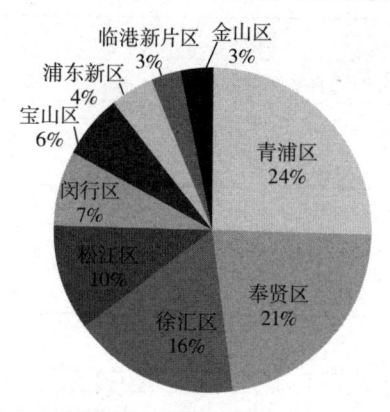

图十一 2019年上海市各区域新供应的工业用地达产后税收情况

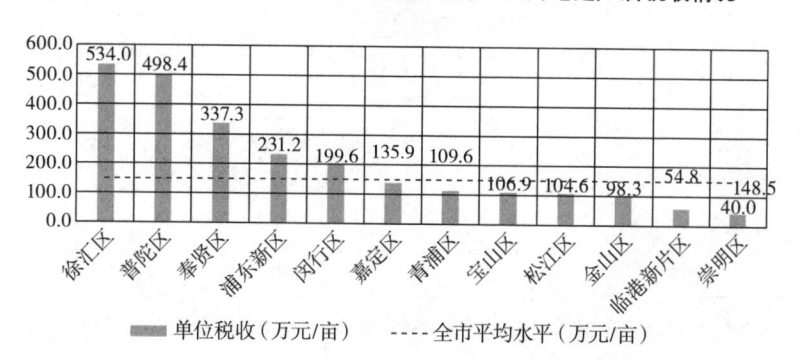

图十二 2019年上海市各区域新供应的工业用地达产后单位税收情况

从产业园区来看，工业综合开发区新供应的工业用地达产后税收可新增14.38亿元，排名第一；其次是青浦工业园区和庄行工业园区，前三名园区新供应的工业用地达产后年税收可新增26.10亿元，占全市产业园区的37.35%；上海松江经济技术开发区松江工业区、闵东工业区排在第四位、第五位。

从单位土地达产后税收来看，工业综合开发区单位土地达产后年税收813.03万元/亩，排名第一；其次是桃浦智创城，单位土地达产后年税收498.44万元/亩，大约为工业综合开发区的五分之三；庄行工业区、上海奉贤经济开发区生物科技园区、康桥工业园区等11个园区单位土地达产后年税收超过全市产业园区平均水平。

表5　2019年上海市产业园区出让工业用地达产税收前五位情况

序号	产业园区	税收（亿元）
1	工业综合开发区	14.38
2	青浦工业园区	6.67
3	庄行工业区	5.05
4	上海松江经济技术开发区松江工业区	4.85
5	闵东工业区	4.28
	合计	35.23

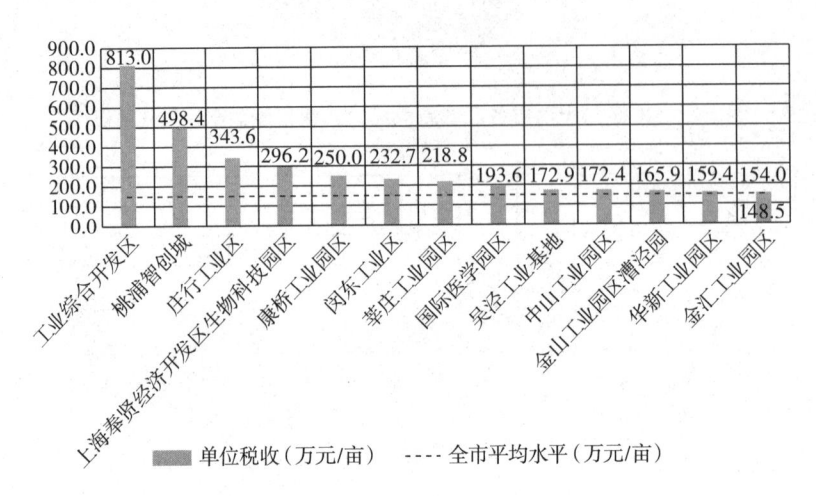

图十三　2019年上海市产业园区新供应的工业用地达产后单位税收情况

三、关于2019年上海市工业用地出让带来经济效益的几个特点

（一）青浦区、工业综合开发区未来3—5年发展潜力巨大

通过上述对2019年上海市工业用地出让带来的经济效益进行分析可以看出，无论是在固定资产投资、达产后年销售收入达产后年税收，青浦区稳居全市各区域首位；从全市产业园区来看，工业综合开发区在项目达产后年销售收入以及达产后年税收无论是总量还是单位产出均稳居全市产业园区首位，固定资产投资总量和单位投资额也处于全市产业园区前列，优势较为显著。

（二）上海市出让工业用地位于产业园区之外的比例逐渐提高，且均为科研设计用地

2018年上海市出让的87宗工业用地中仅2宗位于产业园区之外，2019年出让的84宗工业用地中有7宗位于产业园区之外。通过对比分析这7宗出让的工业用地，可以发现均为科研设计用地，其中青浦区3宗、徐汇区2宗、宝山区2宗。

（三）上海市新供应工业用地有助于提高上海工业用地高效利用水平

2019年新供应的工业用地达产后的单位产出明显低于2018年，主要是因为2018年引进特斯拉、和辉光电、大众汽车等巨无霸级项目，过分拉大了2018年指标数据。就总体而言，2019年新供应的工业用地达产后的单位产出仍处于较高水平。根据上海市开发区统计手册，上海市产业园区2018年单位土地营业收入1137.93万元/亩，单位土地上缴税金为74.20万元/亩；上海市新供应的工业用地单位土地的达产年销售收入约为全市产业园区单位土地营业收入的1.6倍，单位土地的达产后税收约为全市产业园区单位土地上缴税金2.0倍。

上海新增供应工业用地全生命周期管理基本情况与瓶颈分析

马彤晖

为加强存量工业用地盘活开发管理,加大闲置、违法用地查处力度,倒逼存量土地权利人实施盘活开发。上海对2014年后新增供应的工业用地纳入全生命周期管理,以土地出让合同为平台,对项目在用地期限内的利用状况实施全过程动态评估和监管。

一、上海市工业用地全生命周期管理实施总体情况

(一)上海市工业用地全生命周期管理目的

上海市已进入以工业用地存量开发为主要抓手的快速车道,2014年以前,上海一般产业项目的用地出让年限为50年,而有的企业因产品不能完全满足市场需求,加之市场环境的变化以及自身经营问题,只能维持10年左右的运营和生产,这就导致该企业掌握的产业用地资源闲置。2014年年底,上海开始实行新增工业用地出让弹性年期制,一般工业项目用地出让年限为20年,首期出让年限届满后,对项目经营情况和合同履约情况进行评估,采取有偿协议方式续期或收回土地使用权;对有特殊要求的市重点产业项目,经批准,出让年期可为20—50年。

市规划土地资源局制定《关于加强本市工业用地出让管理的若干规

定》（沪府办〔2016〕23号）提出加强工业用地出让全生命周期管理。强化以土地全生命周期管理为主要途径的长效管理机制，一方面按照工业用地全生命周期管理的有关规定，加强存量工业用地盘活开发管理；另一方面加大闲置、违法用地查处力度，倒逼存量土地权利人实施盘活开发。

全生命周期管理落实主体是出让土地上的产业项目，一个项目经历发展、成长、成熟、衰退几个阶段，不同项目存续时间并不相同，如果无法进行动态跟踪，会出现特殊原因停滞、资金断裂无法运转、不符合公司战略发展停止、自然消亡等情况造成土地闲置，导致紧缺的土地资源无法高效利用。因此，工业用地出让项目要从产业项目准入到动态监管、绩效评估、退出管理、项目到期续约进行全生命周期管理。

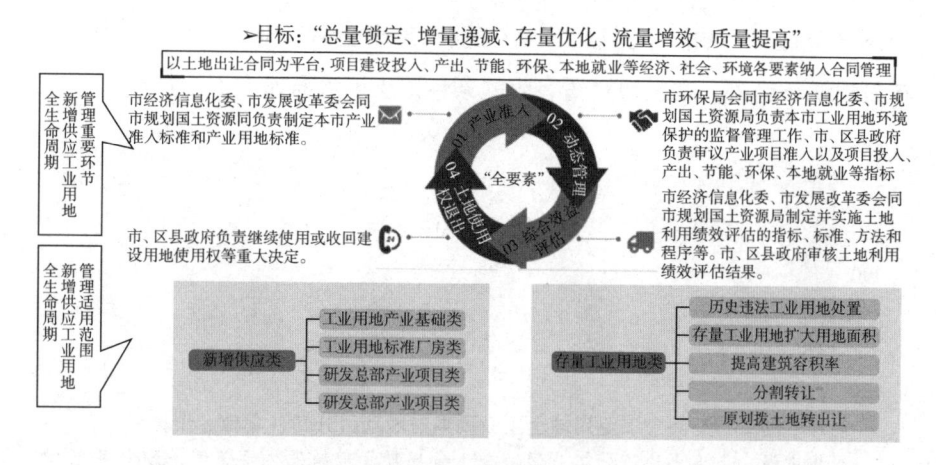

图一　新增供应工业用地全生命周期管理重要环节及适用范围
图片来源：礼森智库整理。

（二）上海各区工业用地全生命周期管理实施办法基本情况

根据《关于进一步提高土地节约集约利用水平的若干意见》（沪府发〔2014〕14号）、《关于加强本市工业用地出让管理的若干规定》（沪府办〔2016〕23号），各区按实际情况制定了工业用地出让全生命周期管理实施办法（见附表）。

据不完全统计，中心城区的普陀区及徐汇区制定了工业用地出让全生命周期管理实施办法，由区商务委牵头；浦东新区由区经信委牵头，闵行区、青浦区、金山区由区经委牵头，其中闵行区、金山区已按要求制定了工业项目土地利用绩效评估实施细则；嘉定区由区发改委、区经委、区科委三委，奉贤由区发改委、区经委、区科委、区环保局三委一局共同牵头。各区土地全生命周期管理从土地总体利用规划、产业项目准入、土地利用绩效评估、环境监管、履约管理等各环节落实到具体部门，但在实际操作过程依然遇难，出现监管不到位、信息传递不及时、退出机制难以实施等问题。

（三）上海 2014 年至今工业用地全生命周期管理分布情况

根据上海土地市场工业用地全生命周期管理结果公示，从 2014 年到 2020 年 3 月 11 日合计出让 628 个工业项目，出让面积 2633.27 公顷。除 2014 年受政策影响集中出让 228 个工业用地全生命周期管理项目，之后每年呈现增长趋势，在土地存量有限的条件下土地流通速度不断加快。

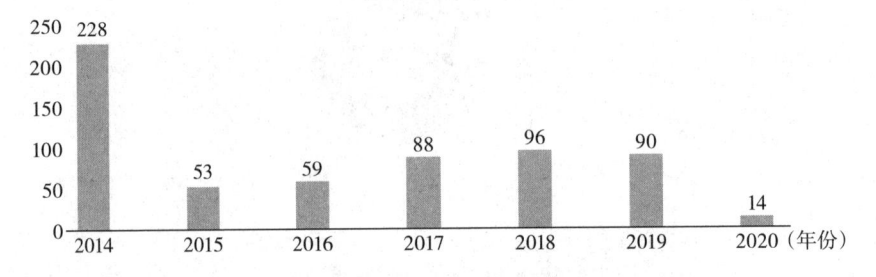

图二　上海市工业用地全生命周期管理项目分布（单位：个）

数据来源：上海土地市场工业用地全生命周期管理结果公示整理，2020年数据截至3月11日。

从 2014 年到 2020 年 3 月 11 日各区出让面积来看，松江区、临港地区及奉贤区拥有充足的土地资源出让面积，占据前三位，松江区共出让 109 个项目，出让面积最大，合计 428.67 公顷；其次是临港地区共出让 44 个项目，出让面积 411.93 公顷；奉贤区出让项目最多，共 113 个，出让面积 366.92 公顷。位于市中心的徐汇区、静安区和普陀区分别出让了 31.83 公顷、8.47 公顷和 6.67 公顷。

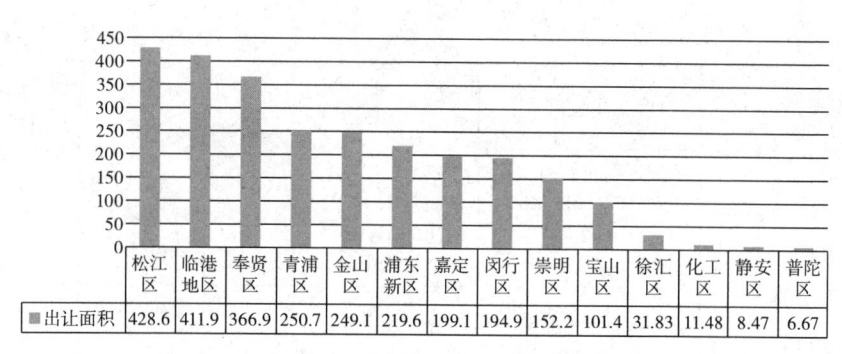

	松江区	临港地区	奉贤区	青浦区	金山区	浦东新区	嘉定区	闵行区	崇明区	宝山区	徐汇区	化工区	静安区	普陀区
出让面积	428.6	411.9	366.9	250.7	249.1	219.6	199.1	194.9	152.2	101.4	31.83	11.48	8.47	6.67

图三 上海市各区工业用地全生命周期管理项目出让面积（单位：公顷）

数据来源：上海土地市场工业用地全生命周期管理结果公示整理。

工业用地全生命周期管理出让面积前 10 的重大项目未来很有可能决定该区（产业园区）的产业发展方向，是形成世界级产业集群的重要因素。2019 年青浦区金泽镇出让 94.71 公顷给华为技术有限公司，该土地用途为科研设计。出让面积最大的 10 个项目中有 4 个项目均位于临港地区的临港重装备产业区内——特斯拉（上海）有限公司、中航商用航空发动机有限责任公司、上海世邦机器有限公司、上海积塔半导体有限公司均是大型的智能制造企业，强有力地支持临港地区打造更具国际市场影响力和竞争力的特殊经济功能区。

表 1 上海工业用地全生命周期管理出让面积前 10 项目情况表

序号	年份	区	地块名称	合同编号	土地用途	受让人	出让面积（公顷）
1	2019	青浦区	青浦区金泽镇岑卜路南侧 05-05 地块	沪青规土（2019）出让合同第 2 号	科研设计用地	华为技术有限公司	94.71
2	2018	临港地区	临港重装备产业区 04PD-0303 单元 Q01-05 地块	沪规土资（2018）出让合同第 14 号	工业用地	特斯拉（上海）有限公司	86.49
3	2016	浦东新区	浦东新区康桥工业区南区 A03c-04、A03b-04、A03-06 地块	沪浦规土（2016）出让合同第 34 号	工业用地	上海华力集成电路制造有限公司	42.64

续表

序号	年份	区	地块名称	合同编号	土地用途	受让人	出让面积（公顷）
4	2018	嘉定区	嘉定区嘉定新城安亭组团 07－01、08－04、11－02、12－03 地块	沪嘉规土（2018）出让合同第25号	工业用地	上汽大众汽车有限公司	40.57
5	2016	金山区	金山区金山工业区 TZ＿201601002号地块	沪金规土（2016）出让合同第11号	工业用地	上海和辉光电有限公司	38.44
6	2016	临港地区	临港重装备产业区二期 L0403－B地块、L0404地块	沪规土资（2016）出让合同第12号	工业用地	中航商用航空发动机有限责任公司	32.74
7	2019	宝山区	宝山区上海月杨工业园区顾村园201705号地块	沪宝规划资源（2019）出让合同第38号	工业用地	上海发那科机器人有限公司	28.75
8	2014	临港地区	临港重装备产业区 K0602－C地块	沪规土资（2014）出让合同第21号	工业用地	上海世邦机器有限公司	27.24
9	2018	临港地区	临港重装备产业区 04PD－0303单元 I02－02地块	沪规土资（2018）出让合同第9号	工业用地	上海积塔半导体有限公司	23.04
10	2019	崇明区	崇明区长兴镇 G9CM－0601单元 D3－02（长兴产业基地36号）地块	沪崇规划资源（2019）出让合同第1号	工业用地	上海临港长兴经济发展有限公司	22.42

资料来源：上海土地市场工业用地全生命周期管理结果公示整理。

二、本市工业用地全生命周期管理实施瓶颈

（一）时间跨度较大，信息更新滞后，多源数据融合应用差

土地全生命周期从土地总体利用规划开始，经历了土地储备、供应、利用、管理等多个阶段，每个阶段涉及业务众多。大部分带产业项目工业用地出让后从交地到开工、竣工、投产直到进行土地利用绩效评估至少需

要五年的时间，时间跨度较大，很有可能在不同环节信息传递的过程中导致信息缺失，并且信息溯源较难，项目实际情况无法实时更新。全生命周期要求全要素管理，涉及信息源较多，需要整合各街镇（园区）、环保局、房管局、人社局、税务局、财政局、统计局等委办局以及企业上报等信息源。这就要求牵头部门必须具有很强的数据整合能力，打通数据收集渠道，及时获取信息，实现数据共享。只有存储产业项目信息相对充分及时，才能发挥其最大价值，第一时间掌握工业用地产业项目现状情况，为政府在存量工业用地盘活管理决策及动态调整中提供重要依据，并且可以在集约利用评价、企业绩效评价等相关领域得到广泛应用。

（二）后续评估监管不到位，部分区土地利用绩效评估具体实施细则尚未出台

虽然上海市各区均制定了工业用地出让全生命周期管理实施办法，办法中也明确了由区经委单独或者区发展改革委、经委、科委联合负责本区产业准入标准和产业用地标准，制定并实施土地利用绩效评估指标、标准、方法和程序等，要求约定在达产、达产后每3—5年、出让年限到期前1年三个阶段进行评估，另外土地出让合同约定使用年限届满前，需要对项目进行再评估。但截至目前，仅金山区、闵行区制定了符合本区实际情况的工业用地项目土地利用绩效评估实施细则，绝大部分区尚未查到相关实施细则。从2014年起新增供应的工业用地项目实行全生命周期管理，大部分项目已经达到了合同约定的评估阶段，迫切需要各区相关部门制定具体的土地利用绩效评估实施细则，对全生命周期工业用地项目进行评估监管，进一步推进上海市存量工业用地盘活。

（三）土地绩效评估不合格产业项目用地退出机制不明确，再开发遇难

按照现行的工业用地全生命周期管理实施细则，工业用地退出机制主要分自动退出和强制退出，项目约定开工日期之前或达产之后，企业由于自身原因无法开发建设或继续运营的，可以申请自动解除土地出让合同；

出现无法按照合同约定开工、竣工、投产、达产项目，且超过合同约定最长时限的，绩效评估不合格的或者在使用过程中发生严重污染等情况的可以要求强制退出，按照合同约定条款履行收回土地使用权。评价不合格产业项目成因复杂，是政府、企业和市场三方综合作用的结果，从而导致项目无法按照合同约定时间达产。仅通过合同约定的达产产值、税收等定量指标，不考虑产业链前后端及产业前景就评价为未达产不利于产业链发展。由于土地市场退出机制不健全、对资源的统筹管控力度不够等问题，再开发也面临一系列困难。

三、上海市工业用地全生命周期管理实施建议

（一）明确全生命周期管理流程，实现数据共享机制

工业用地出让全生命周期管理是以土地出让合同为平台，市级、各区县及相关街镇（园区）不同层面的众多部门共同参与监管实施，总结政府部门在管理流程的经验和做法，将全生命周期管理分配的管理职责转化为实际职能，形成标准化、普遍化的管理流程。由主导部门牵引，建立协同交流平台，明确信息传递机制，使不同层面的众多部门可以有效流通信息。定期与落实职责工作人员走访交流，了解工业用地出让项目录入工作情况，强化工作人员对产业项目信息录入工作的思想重视度，培育主动积极录入习惯。

工业用地出让全生命周期管理涉及土地规划、产业准入、土地绩效评估、环境保护检测等各要素，相关部门多年以来结合产业园区产业用地调查及信息更新、资源利用效率评价等日常工作积累了丰富的数据资源，但由于数据内容、结构、形式、规范程度等方面各有不同，无法与全生命周期管理所需要素精准匹配。这就要求牵头部门对多源数据进行清洗和梳理，建立规范标准的数据库，并且根据法律规范及管理需要建立共建共享机制，实现各自维护，共同应用。

（二）开发线上监管信息系统功能，充分运用数字技术

上海市规划和国土资源管理局为实现土地利用的系统化、精细化和动态化管理，建立了全市统一的土地全生命周期共同监管信息系统。开发多个数据接口，实现多平台联动，有助于减少数据独立缺乏关联性、数据无法核准、信息不对称等情况，有助于补全土地全生命周期管理缺失环节信息。

信息是基础，应用是关键，通过土地全生命周期共同监管信息系统，运用数字技术建立不同场景下的数字模型，一方面可以准确呈现全生命周期管理的工业用地出让情况；另一方面，通过数学模型分析，为管理者提供科学有效的解决方案，帮助管理者及时准确做出决策，减轻管理者直接从海量信息中仅依靠工作经验进行分析研判的压力。

（三）建立健全退出管理机制，多部门联合把关

各区需要健全土地退出管理机制，引导项目有序退出，建立一套完整的退出评估体系。综合考虑合同约定退出条件、行业发展潜力、经济发展现状等方面评估退出项目，第一次评估不合格项目企业提交整改计划，重新规定达标时间，在达标时间后重新评估，连续两次评估不合格启动强制退出机制。

政府在实施退出机制过程中要充分考虑企业利益，对不同类型退出项目采取政府回购、置换转移、转型提升等差别化政策盘活土地。规土局、发改委、经委、环保局、消防、法院等部门联合差别化施策，多路径激发市场主体活力，解决历史遗留问题，实现土地资源持续盘活、转型更新、集约高效的良性循环。另外各委办局要联合严格把关新项目引进和再开发，防止退出土地再次陷入低效使用。实现可实际操作的流程化退出管理，可以有效减少低效用地，提高土地流转速度，提升存量用地产出水平和环保水平。

附表　上海市各区工业用地全生命周期管理实施办法基本情况表

区	名称	牵头部门	部门分工职责
普陀区	《上海市普陀区工业用地出让全生命周期管理实施办法》	区商务委	区投资办作为全区投资促进和经济服务工作的主管部门，具体负责产业项目的初步评估工作，参与工业用地产业项目全生命周期管理工作； 区规土局为全区土地利用的主管部门，负责本区工业用地规划、土地利用和合同监管等管理工作； 区商务委为全区产业主管部门，负责牵头实施工业用地产业项目全生命周期管理工作； 区发改委、区环保局等部门按照各自职责，协助区商务委做好工业用地产业项目全生命周期履约考核监管工作； 相关街镇、桃浦转型办、新杨管委会、未来岛管委会、西北物流管委会协助区商务委做好工业用地产业项目全生命周期履约管理工作
徐汇区	《徐汇区工业用地出让全生命周期管理实施细则》	区商务委	区规划土地管理局负责本区工业用地规划和土地利用等管理工作； 区商务委为本区产业主管部门，负责实施工业用地全生命周期管理工作，华泾镇政府、区区合作综合协调办公室、滨江管委办协助区商务委做好工业用地全生命周期管理工作
浦东新区	《浦东新区工业用地出让全生命周期管理实施办法》	区经信委	区规土局负责全区工业用地规划、土地利用和合同监管等实施管理工作； 区经信委负责牵头区三委两局（即区发改委、经信委、科委、环保市容局、规土局）开展产业项目用地评审； 区发改委、经信委会同规土局等相关部门负责全区产业准入标准、产业用地标准和土地利用绩效评估的指标、标准、方法、程序的制定，并指导各管委会（镇政府）开展土地利用绩效评估； 区环保市容会同相关部门负责全区工业用地项目环评准入条件的制定及环境保护的监管工作； 各管委会（镇政府）负责项目绩效评估、履约考核、保证金返还等工作，并作为土地出让合同续期综合评估的责任部门
闵行区	《闵行区工业用地全生命周期管理实施细则（修订版）》	区经委	区发展改革委、区经委、区科委按项目评审及审批的各自分工，负责本区各类产业项目准入标准、产业用地标准、有关要求和后续评估与监管，制定并实施土地利用绩效评估指标、标准、方法和程序等； 区规划土地局负责工业用地的规划管理和土地出让及项目审批等工作； 区环保局会同区经委、区规划土地局负责工业用地环境保护的监督管理

续表

区	名称	牵头部门	部门分工职责
青浦区	《青浦区工业用地全生命周期管理实施细则》	区经委	由区经委牵头，区发改委、科委、国资委、规土局、环保局、财政局、区行政服务中心参与，协调工业用地管理工作，协调落实土地全生命周期管理相关要求，对涉及产业准入、绩效评估、环境保护、土地使用权退出等重大事项进行专题研究，协调各部门工作进展，完善保障措施等，确保政策落实； 区经委负责本区工业用地项目准入审核、土地利用绩效评估的管理工作区； 发改委负责工业项目固定资产总投资及投资强度认定的相关工作，对项目税收、达产情况进行监督工作； 区环保局会同区经委、区规土局开展本区工业用地环境保护的监督管理工作； 区规土局负责本区工业用地规划和土地利用等管理工作； 本区其他相关部门按照各自职责，做好配合、服务和监管工作； 各街镇政府、"一园三区"负责各自区域内的工业用地节约集约利用的组织实施与协调
金山区	《金山区工业用地全生命周期管理实施细则》	区经委	区经委负责本区工业项目土地利用绩效评估工作；相关区委办局、镇（工业区）按管理职责协助区经委做好土地利用绩效评估工作。 区规划土地局负责土地规划和土地利用管理； 区发展改革委、经委、科委负责本区产业准入标准和产业用地标准，制定并实施土地利用绩效评估指标、标准、方法和程序等； 区环保局负责工业用地环境保护的监督管理，区行政服务中心负责审批全过程的协调服务和督查监管； 区财政局、人力资源和社会保障局、住房保障房屋管理局、税务局等其他相关部门配合做好工业用地涉及房地产登记、本地就业、税收及土地出让金的管理等工作； 各镇（工业区）负责项目开竣工、投产的履约考核等工作

续表

区	名称	牵头部门	部门分工职责
嘉定区	《嘉定区工业用地全生命周期管理实施细则》	区发改委、区经委、区科委	区规土局负责土地规划和土地利用管理； 区发改委、区经委、区科委负责本区产业准入标准和产业用地标准，制定并实施土地利用绩效评估指标、标准、方法和程序等； 区环保局负责工业用地环境保护的监督管理； 区行政服务中心负责审批全过程的协调服务和督查监管； 区房管局负责房地产登记的监督和管理； 区人社局、税务局、财政局配合做好工业用地涉及本地就业、税收及土地出让金的管理工作； 各镇、开发区配合相关部门做好履约考核等工作
奉贤区	《奉贤区工业用地全生命周期管理实施细则》	区发改委、区经委、区科委、区环保局	区规土局负责土地规划和土地利用管理。 区发改委、区经委、区科委、区环保局负责本区产业准入标准和产业用地标准，制定并实施土地利用绩效评估指标、标准、方法和程序等。 区环保局负责工业用地环境保护的监督管理； 区投资管理服务中心负责审批全过程的协调服务和督查监管； 区房管局负责房地产登记的监督和管理； 区人社局、税务局、财政局配合做好工业用地涉及本地就业、税收及土地出让金的管理工作； 各镇、开发区配合相关部门做好履约考核等工作。

资料来源：由礼森智库通过各区政府官网收集整理。

上海新材料产业高质量发展的机遇与挑战

卢瑞轩

新材料具有传统材料所不具备的优异性能和特殊功能,通过一系列新技术(工艺、装备)改造,能使传统材料性能有明显提高或产生新功能。与传统材料相比,新材料产业具有技术高度密集、研究与开发投入高、产品的附加值高、生产与市场的国际性强、应用范围广以及发展前景好等特点。作为我国七大战略性新兴产业和"中国制造2025"重点发展的十大领域之一,新材料是整个制造业转型升级的产业基础。2019年,上海新材料工业的总产值为2705亿元,在全市七大战略性新兴产业总产值中的占比达四分之一,产业规模仅次于新一代信息技术,新材料产业在全市的地位稳步上升,继续加快发展具有上海特色的新材料产业,引领材料工业创新换代、促进传统产业转型升级具有重要战略意义。

表1 新材料产业分类表

门类	细分领域
先进钢铁材料	先进制造基础零部件用钢制造、高技术船舶及海洋工程用钢加工、先进轨道交通用钢加工、新型高强塑汽车钢加工、能源用钢加工、能源油气钻采集储用钢加工、石化压力容器用钢加工、新一代功能复合化建筑用钢加工、高性能工程、矿山及农业机械用钢加工、高品质不锈钢及耐蚀合金加工、其他先进钢铁材料制造、先进钢铁材料制品制造

续表

门类	细分领域
先进有色金属材料	铝及铝合金制造、铜及铜合金制造、钛及钛合金制造、镁及镁合金制造、稀有金属材料制造、贵金属材料制造、稀土新材料制造、硬质合金及制品制造、其他有色金属材料制造
先进石化化工新材料	高性能塑料及树脂制造、聚氨酯材料及原料制造、氟硅合成材料制造、高性能橡胶及弹性体制造、高性能膜材料制造、专用化学品及材料制造、新型功能涂层材料制造、生物基合成材料制造、生命基高分子材料及功能化合物制造、其他化工新材料制造
先进无机非金属材料	特种玻璃制造、特种陶瓷制造、人工晶体制造、新型建筑材料制造、矿物功能材料制造
高性能纤维及制品和复合材料	高性能纤维及制品制造、高性能纤维复合材料制造、其他高性能复合材料制造
前沿新材料	3D打印用材料制造、超导材料制造、智能、仿生与超材料制造、纳米材料制造、生物医用材料制造、液态金属制造
新材料相关服务	新材料研发与设计服务、质检技术服务、科技推广和应用服务

资料来源：礼森智库整理。

一、发展机遇

2020年开始，中国进入"制造2025"的决胜时期，继续借《中国制造2025》的政策东风，上海新材料领域将迎来历史性发展机遇。

（一）上海经济进入低速增长期，新材料产业或将成为推动经济发展的新增长极

上海作为全国的经济中心，在新时期面临经济增速放缓的巨大压力。在此期间，国家要突破中等收入陷阱，解决发展瓶颈，完成产业转型，上海应当发挥更大作用。新材料在新兴产业中极具发展潜力，其涉及行业之多、应用范围之广是其他产业无法比拟的，成为支撑上海未来经济增长的新动力。新材料产业更易得到重视和政策的倾斜扶持，产业发展进入黄金时期，对于业内企业来说是重大利好消息。以此为契机，上海可重点攻破

一批关键技术，加快新旧动能转换，实现产业向高附加值领域转移，形成集研发、设计为主，生产销售为辅的高收益产业链条，促进新材料产业高质量发展，使其为上海未来的经济发展赋能。

（二）科创板应时而生，新材料企业融资渠道拓宽，对产业发展形成推力

在上海建设成为全球科创中心的大背景下，2019年科创板正式开板，仅一个多月时间完成首批公司上市，其中新材料企业6家，占比高达四分之一。新材料产业是科创板重点支持的领域之一，在《上海证券交易所科创板企业上市推荐指引》中，保荐机构可优先推荐新一代信息技术、高端装备、新材料、新能源、节能环保以及生物医药等高新技术产业和战略性新兴产业的科技创新企业。这对于上海的新材料企业来说，占尽天时地利优势，可顺势而为、乘势而上。科创板为新材料行业的发展提供了强劲的动力，其推出可以为初创期的新材料企业提供便捷的融资渠道，将推动企业进一步提高研发创新能力，加快整个行业的升级和转型。另外，由于重大的产业配套战略地位以及与其他产业的互动互补作用，新材料产业更容易得到民间资本青睐，融资渠道会相对便捷。

（三）产业集聚效应初显，区域间联动协作不断，上下游产业链配套基础夯实

上海新材料产业经过多年的规划部署，基础配套已经较为完善，整体实力不断增强，今年重磅推出两家新材料特色园区，产业向园区进一步集中，有利于集聚效应。另外，新材料领域相关的科研院所、高等院校、功能平台、协会联盟众多，资金、市场、人才等要素高度集聚，为上海新材料产业高质量发展提供全面保障。长三角地区还建立了全国最多的新材料产业基地，随着长三角一体化进程加快，区域间产业协同合作发展，进行优势互补，上下游产业链融通，可降低生产成本。另外，区域间的交流深入和经验分享，减少了信息壁垒，市场信息对接、资本技术对接将更加容易。

（四）知识产权保护加强，科技成果转化应用加快，资金链周转加速

近期以来，上海比以往任何时期都更加重视知识产权保护，在《关于强化知识产权保护的实施方案》中，加强对新经济、新业态、新模式领域的知识产权保护。新材料作为新兴产业，业内企业对科研成果申请专利保护更迫切，保护专利就是保住其巨大的商业价值。另外，新材料研发和产业化、规模化进程在加快，新基建、新能源、对绿色环保的要求给新材料市场带来内生动力和外部需求，军民两用市场发展空间巨大，给新材料科研成果转化市场应用带来新的发展机遇。当资本要素投入研发领域后，加快科技成果转化带来新一轮创新资金，加速"资本—创新—资金"链周转，新材料产业效益得到显著提高，将促进核心技术突破，享受技术壁垒带来的高毛利，有利于完善产业的循环体系，创造出更优的营商环境。另外，这一时期行业特定领域竞争者相对较少，科技成果应用到下游供应链体系，将能产生较长时间的稳定销量，这些都为新材料产业的可持续发展提供支持。

二、面临挑战

全球格局加速重塑的背景下，产业链的调整以及地缘政治的变化、不确定的疫情、贸易（科技）战等，让这一时期充满变数，上海新材料产业转型面临挑战。

（一）上海在全国新材料领域地位有所下降

近几年，国家和地方促进新材料产业发展的相关政策密集发布，各地强势跟进态势明显并获得发展，上海新材料产业虽在稳步发展，但明显跟不上全国增速。环渤海地区创新资源更加集中，技术创新推动产业发展势头强劲，珠三角地区在新材料方面以外向出口型为主，已形成较为完整的产业体系，深圳还把新材料列为未来五大重点发展产业之一，给上海带来一定压力。在近十年的发展过程中，上海新材料产值占全国比重始终在下

降,提升在全国乃至全球的新材料领域地位,上海任重道远。

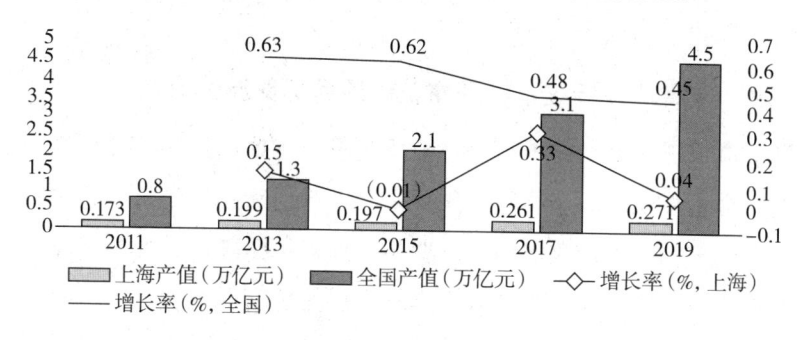

图一 上海新材料产值及增速与全国对比

(二) 上海结构性进入壁垒更高,投资周期漫长

与全国其他城市相比较而言,上海新材料产业结构性进入壁垒更高。新材料产品本身研发就具有投入大、周期长、产业风险大的特点,需要长时间的持续投入,才能开发出稳定的产品。上海因规模经济、绝对成本、必要资本量以及法规政策等结构性因素,更加造成结构性进入壁垒比其他城市高。另外,上海新材料产业的寡头市场特性更加明显,行业巨头掌握着业内的众多资源,跨国集团凭借资金、人才、研发创新优势在新材料高附加值领域占据主导地位,给上海新材料方面的中小企业发展壮大带来极大困难,特别是初创期和成长期的企业,在进行新产品研发时,由于成功率低很容易造成现金流压力。

(三) 产业转型升级困难制约上海制造业发展

上海在高端前沿材料方面起步较晚,积累的基础有限,与发达国家城市相比基本还处于成长和追赶阶段,新材料产业发展的滞后跟不上制造业发展,已成为制约上海制造业发展的重要瓶颈。上海急需解决基础材料品质不高,低端产能相对过剩,高附加值产品依赖进口,前沿新材料创新不足,转化率依然较低等问题。上海在打破部分国际封锁和垄断的卡脖子关键核心技术,生产能够替代进口的核心材料,创新引领产业发展的前沿材料方面任务依然艰巨。另外,企业参与创新研发意愿不强,生产跟踪仿制多,技术人员与研发人员比例失调,民用市场产品停留在中低端材料上,在关键技术领域普遍存在自给率较低、关键元器件和核心部件受到制约等问题。

（四）上海环评行政审批严格，新项目环保压力大

随着城市规模不断扩张，上海土地供需矛盾突出。在严控新增建设用地、挖掘存量土地发展空间的情况下，上海对于新材料建设项目在环评上的要求会越多，环评行政审批等待期长，准入门槛较高，使新材料企业开拓上海市场需要付出高昂的环境成本投入。由于新兴产业更加注重与生态保护相结合，势必也会对新材料提出更高的环保要求，绿色、低碳环保的新材料技术将成为未来发展的主流。高准入标准会促进产业高质量发展，抑制产能过剩但同时也使资源分配不均，龙头企业受益，中小企业发展受限，企业在环境保护方面成本的增加将会削弱其在研发上的支出，新材料项目进驻的较高门槛产生的利弊需要综合权衡。

三、发展举措

上海新材料产业的高质量发展是坚持绿色生态、促进转型升级和全面打破"以市场换技术"格局的发展，需要在全国乃至全球力争新材料产业规模和竞争力优势位居前列。

（一）打造具有全球影响力的长三角新材料产业集群高地

上海在新材料领域拥有较强的研发能力，苏州、南京、杭州等城市在新材料领域也取得突破，在长三角一体化进程加快的背景下，区域产业间的合作大于竞争。目前新材料领域约有三分之一国内完全空白，约有一半性能稳定性较差，部分产品受到国外严密控制，在产业集聚的基础上打造上海引领的具有全球影响力的长三角新材料产业集群高地，共同建立跨区域的产业发展基地，延长新材料产业链，根据各城市的特点优势，对产业链资源在长三角区域进行合理分配，并加强长三角区域间的技术交流，有利于集中力量逐个突破技术壁垒，提高整体实力和水平，国际知名度和影响力、竞争力也会提升。

（二）鼓励支持新材料龙头企业进行海外布局升级技术

上海有关部门在制定产业政策以及布局规划方面，要从城市整体发展层面加强不同国家城市间的产业战略合作和协议方针制定，并在促进新材料产业发展上给予有力的政策支持，促进投资方与新材料企业的合作发展，支持新材料企业在海外设立分支研究机构部门，充分利用海外人才的创新创造能力，为国内产业转型升级服务。结合上海国际金融中心建设，鼓励上海有实力的新材料企业联合国内金融机构到海外并购，加速实现技术产品升级和国际市场拓展。支持符合条件的新材料领军企业在境内上市，通过企业的上市融资获取高质量发展资本，带动产业上下游配套中小企业发展。

（三）挖掘一批极具发展潜力的企业作为重点培育对象

上海应为新材料产业的发展培养后生力量以促进未来经济的发展，并定期对企业进行评价，推动重点企业加快技术创新，突破技术瓶颈，融入全球新材料产业价值链。然后逐渐打破行业进入壁垒，加快营造新材料领域企业自主经营、公平竞争的市场环境。在必要资本量要素方面，促进信息畅通对称，解决新企业特别是民营企业筹措资金困难问题，为新一代企业融资保驾护航。另外，注重发挥科研院所、功能性服务平台、新材料协会联盟的作用，促进科研成果转化、产业资讯发展以及资本技术对接和资源共享。

（四）激励高等院校优秀人才投入新材料研发领域

上海几所重点高等院校均建有材料学院，各院校要积极推动校企合作，实现产教深度融合，并加大新材料领域创新型人才的培养力度，加强高校之间的互动交流学习，使上海各院校材料学院成为服务国家和上海新材料产业发展的人才和学术高地。要促进优秀人才投入新材料研发领域，改善各领域优秀人才窝蜂涌向金融市场的发展局面，引进海外院校高学历人才，积极举办新材料产业发展论坛，为上海新材料产业发展提供人才支撑和智力支持。另外，应加大对高校实验室、新材料研究项目的资金支持，通过探讨设立高校新材料专项扶持基金，为人才的发展提供帮助。

临港新片区探索实现混合用地，有效推动"产业上楼"，促进产城融合

张腾飞

2019年8月30日上午，上海市出台了《关于促进中国（上海）自由贸易试验区临港新片区高质量发展实施特殊支持政策的若干意见》（以下简称《若干意见》），赋予新片区更大改革自主权。其中，第五条明确指出了新片区要加大规划土地政策支持力度，以规划为引领，优化新片区空间格局，提高经济密度，促进资源要素高效率配置。具体涉及编制新片区国土空间规划，进一步完善资源性要素配置的市级统筹机制，以及提高新片区工业、研发用地容积率等5项重要举措。在此基础上，究竟该如何准确认识这5条新片区的土地规划支持政策细则？为此，礼森智库针对以上条款和诸位读者共同探讨。

一、临港新片区国土规划需更高水平完成

（一）《若干意见》中指出，要编制新片区国土空间规划。新片区国土空间规划在浦东新区等区级总体规划中单独成章，并做好与市、区两级总体规划的衔接。如何理解这一内容的含义？

礼森智库认为：在原有国土空间规划中，只有市、区两级人民政府有权力进行国土空间规划的修编。这一条政策相当于将区一级国土空间规划

的修编权限给予了新片区，给予了新片区国土空间规划修编更大的自主性。未来相应国土规划的调整、各类土地用地结构的调整等可以由新片区管理机构牵头完成，再上报市、区两级国土部门。同时，这也对新片区的国土规划修编提出了更高的要求，意味着相应国土规划需要用更高水平完成。

（二）《若干意见》中指出，要进一步完善资源性要素配置的市级统筹机制。对新片区新增建设用地指标实行市级单列，与减量化指标脱钩。重大项目能耗和污染物排放指标由市级统筹。怎样准确理解这其中提出的新增建设用地指标和减量化指标脱钩的含义？

礼森智库认为，城市建设用地总量指标控制、工业土地减量化是上海市长期以来的土地利用原则。尤其是在工业用地的使用上，上海市人民政府于2018年发布的《关于本市全面推进土地资源高质量利用的若干意见》的文件中明确了"以减定增"的原则，上海各行政区只有通过减少相应的存量工业用地才能够取得相应的增量用地指标。本条政策的推出，意味着新片区的用地指标实行了全市单列，不再需要列入浦东新区的建设指标。从实际操作上，首先这意味着新片区土地指标获得更快。在原有条件下，需要浦东新区先腾退出土地指标，才能将土地使用指标给予临港地区使用。现在新片区可以直接使用市级统筹指标，加快了土地指标取得的速度，有利于产业项目落地。其次这意味着新增建设用地指标量更大。新片区的用地指标为全市单列指标，很大程度上不需要再从浦东新区指标中划分，可以直接使用市级统筹指标，给了新片区更多的新增建设用地指标使用的机会。能耗和污染物指标的市级统筹的影响同用地指标单列一样，也给予了新片区更大的环境容量与更大的自主权。这一政策预示着未来企业在新片区落地的审批效率将会更高，对产业项目的落地更具促进作用，也意味着临港地区未来将有能力更快聚集更多的企业。

二、新片区需推动"产业上楼"

（一）《若干意见》中还提出，要提高新片区工业、研发用地容积率。对符合新片区产业功能的项目，容积率可进一步提高。对存量工业、研发用地提高容积率的，根据持有比例，经新片区管理机构决策，可减免增容土地出让价款。该怎么评价这一支持政策？

礼森智库认为，目前新片区内工业用地和研发用地的容积率普遍不高，平均值在0.5—0.8之间。这一政策的提出首先是给新片区提出了切实的工作要求，要求新片区推动"产业上楼"，促进土地集约节约利用。其次，对落地新片区的企业是重大利好。目前上海市工业用地和研发用地的出让普遍根据基准地价上浮出让。在现有工业用地和研发用地提高容积率时，一般都要求企业按比例足额补缴土地出让金。本政策的出台在鼓励产业项目提高容积率的同时，真正将实惠让给了企业，调动了企业提升容积率的积极性。

（二）《若干意见》提出，探索实行混合用地、创新型产业用地等政策，推进工业、研发办公、中试生产等功能混合，引导科技研发、企业总部管理等创新功能加快集聚的作用。如何理解这一政策？

礼森智库认为，这一条有利于新片区"产城融合"式发展与产业创新。尽管在2018年上海市人民政府印发的《本市全面推进土地资源高质量利用若干意见》中鼓励土地混合利用，但是在实践中，由于用地性质的限制，各类土地用途往往无法混合使用。首先，这一政策有利于"产城融合"式发展，提升园区企业员工生活便利性。科研类与工业类用地中，相应的商业功能极其受限，这使得在某些厂房中开设的便利店等商业设施无法取得相应的消防和环保批文，导致无法经营。通过混合用地的落实，能有效推进"产城融合"式发展，有利于企业职工生活便利化。其次，这一政策有利于推动产业创新。随着生物医药、集成电路、机器人、人工智能等行业的发展，研发、测试与生产环节越来越无法分割，然而用地性质限制住了这些环节的融合式发展，导致企业不得不同时取得研发、测试、生产等不同的用地许可，阻碍了产业创新。通过用地性质的混合，不仅提高了土地的利用效率，在促进"产业上楼"的同时，更有利于企业集中不同功能环节，从而推动产业创新。

（三）《若干意见》还明确了新片区内园区平台收购产业项目类存量工业用地用于通用类研发平台和标准厂房的，在明确土地利用绩效和退出机制等全生命周期管理基础上，可将不超过物业总量的50%转让给研发机构或企业，其中直接转让比例不超过物业总量的30%，鼓励先租后让。这一政策出台，有何实际效果？

礼森智库认为，这是对新片区内进行开发的园区平台公司的重大利好，对在新片区内拥有产业园的上海临港集团、上海闵行联合发展有限公司等园区开发平台公司来说是一次重大的发展机遇。第一，这一政策再次明确了新片区内的园区平台公司不同于一般的地产公司或是企业，其拥有分割出让物业的权利。第二，这一政策放宽了工业用地转变为研发用地的限制。现有工业用地二次开发的规定中，如果不进行土地规划调整，工业用地二次开发只能再作为工业用地使用。第三，这一政策赋予了园区平台更大的分割出让的权限。上海市人民政府办公厅2017年印发的《上海市加快推进具有全球影响力科技创新中心建设的规划土地政策实施办法》中，已经赋予了园区平台公司分割出让标准厂房、通用类研发物业的权利，但是对于受让企业的性质有严格的限制。本条政策的出台，实质上是放宽了对受让企业的限制，扩大了园区平台分割出让物业的权限。第四，这一政策对园区平台公司加强先租后让提出了切实要求。50%的可出让物业中，只有30%可以直接出让，意味着至少有20%的物业需要通过先租后让的形式转让给企业。只有在租用过程中，产业项目达到了相应的发展要求，才可以继续出让物业。新片区内园区平台公司利用好先租后让的政策，可以切实做好产业全生命周期管理，保证新片区产业的成长活力。

中国（上海）自贸试验区临港新片区金融政策对长三角地区的经验借鉴

范媛媛

2020年5月8日，临港新片区出台了《全面推进中国（上海）自由贸易试验区临港新片区金融开放与创新发展的若干措施》（以下简称《若干措施》），从更深层次、在更宽领域、以更大力度推进临港新片区金融开放与创新发展，努力提升对全球资源的配置能力，加快打造更具国际市场影响力和竞争力的特殊经济功能区。《若干措施》聚焦于五方面，本文选取两大方面做深入解读，并从长三角的层面借鉴临港新片区的经验，探索金融开放与创新发展的路径。

一、积极吸引外资设立各类机构

政策内容：临港新片区将先行先试金融业对外开放措施，积极落实放宽金融机构外资持股比例、拓宽外资金融机构业务经营范围等措施，支持符合条件的境外投资者依法设立各类金融机构，保障中外资金融机构依法平等经营。

礼森解读：临港新片区对于金融机构与金融业务的大力支持，将吸引更多金融机构落户临港新片区，从细分方面看，临港新片区对银行、证券、保险、期货、基金管理公司、信托、金融租赁、融资租赁公司、财富和资产管理机构、第三方支付公司、资产评估机构、信用评估机构、股权投资管理企业、股权投资企业交易场所、金融要素交易平台、清算结算机构、国内外金融组织都是有政策支持的。各类金融机构在临港新片区的落地将会打造金融创新新高地，形成更开放的金融产品体系，这不仅仅对临港新片区有利，更是对周边地区（长三角地区）有着重要的意义。

随着临港新片区乃至上海不断深化金融开放，长三角地区将会享有金融开放带来的溢出效应。金融创新高地的打造将会构建更为完善的金融体系，从而能吸引更多的产业、企业向临港新片区乃至长三角地区聚集，同时，完善的金融体系也可以为技术和产业创新发展提供强大的支撑。**临港新片区可以与长三角其他地区互通有无，在金融支持、金融服务、科技成果转化等方面加强合作，临港新片区提供金融机构名单，长三角其他地区提供需要金融服务的企业名单**，从而促成双方的合作，共同发展。另外，对于长三角其他地区寻求更高国际舞台的企业（比如需要跨境并购、跨境发债、境外投资等的企业），**可以在临港新片区设立总部，享受新片区金融支持政策**。

二、实施资金便利收付的跨境金融管理制度

政策内容：在适用已出台及今后出台的全国自贸试验区各项金融政策及国家金融管理部门出台的各项贸易投资自由化便利化措施的基础上，**以资金跨境自由流动和资本项目可兑换为重点，承担更大的风险压力测试，充分发挥制度创新试验田作用**。

礼森解读：临港新片区在开放型经济制度创新方面走在了全国前列，《若干措施》中提出，建立本外币一体化账户体系，目前我国本外币账户分开管理，跨境资金的流动分隔，割裂了本外币账户之间的内在联系。本外币一体化账户体系有助于对境内外企业涉外资金的统一管理，便于全流程监控，加强资金管理与风险控制。《若干措施》中还提出：探索开展本外币合一跨境资金池试点，即资金池内本外币合一，境内外资金可自由兑

换，使得跨境资金收付更加便利，将大大有利于跨国企业，只需要搭建一个资金池即可满足本外币资金统一调度的跨境调拨需求，大幅提高资金使用自由度。本外币一体化账户体系和本外币合一跨境资金池试点有利于资金的跨境流动，提升了临港新片区营商环境，吸引更多的跨国头部企业。

  境内外的涉外资金使用更加自由将会为临港新片区聚集更多的企业，对长三角其他地区来说，可以利用临近临港的区位优势，不断发展自身。一是由于跨境资金的自由流动，长三角其他地区可以**吸引更多入驻临港的外资企业在当地设立**研发、生产、销售基地，或是设立子公司、分公司；二是做好同一产业链上下游的配套，围绕临港新片区的核心产业，利用临近临港的区位优势及临港的辐射效应，**吸引更多的上下游产业**；三是为在临港新片区聚集的跨国头部企业的高端人才做好工作与生活的配套，长三角地区可以率先探索高端人才居住就业等机制联动问题，探索**打造集旅游、休闲、购物、观光、高端疗养于一体的综合大型国际社区**，吸引临港新片区的高端人才前往长三角各地消费、生活、工作。

聚焦产业

加强园区新型基础建设，筑牢产业安全之基

管荣辉

新基建成为最近一段时间资本圈和经济圈的热点话题。新基建概念始于2018年底的中央经济工作会议，在疫情影响激发更多在线服务需求的背景及数字化时代转型的大趋势下，中央召开会议指出要调动民间投资积极性，加快5G基站、特高压、城际高速铁路和城际轨道交通、新能源汽车充电桩、大数据中心、人工智能和工业互联网等七大新型基础设施建设，标志着新基建由政策概念转向项目落地的阶段。

与传统基础设施建设相比，**新基建既是基建，同时又是新兴产业**；既联结着巨大的投资需求，又牵引着不断升级的技术、消费市场，是未来20年数字经济时代支撑中国经济社会繁荣发展的基石。园区是我国实体经济发展的重要载体，应主动把握新基建热潮，加大新基建投入力度，助力经济转型，延伸发展新产业，继续扮演我国经济复苏先行者和我国产业安全守护者的重要角色。

一、园区开展新型基建的重要性

（一）新基建完善园区信息化基础，可提高园区智慧管理水平

疫情防控时期，激发了园区智慧化、数字化的转型需求，对智能感知系统、信息传输网络、支撑平台、应用服务软件等要求越来越高。而智慧

园区的建设与新基建密切相关，需通过 BIM（建筑信息模型技术）、物联网、地理信息技术、云计算等技术实现。

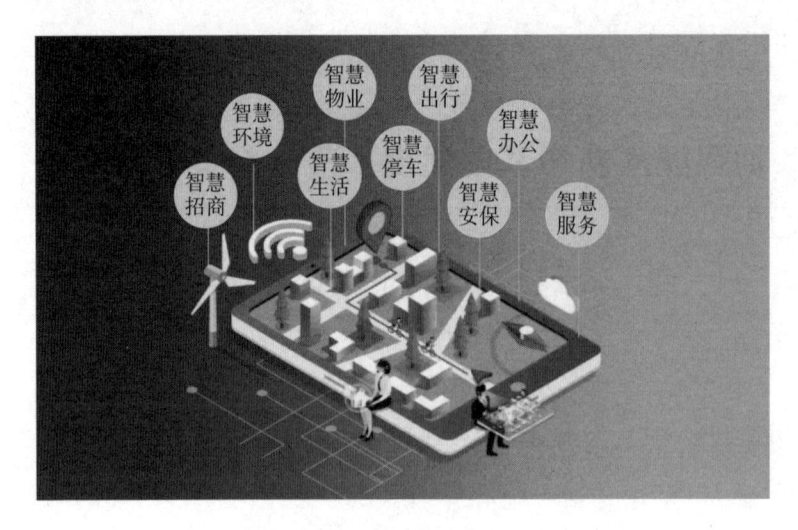

图一　智慧园区建设

园区可发挥 5G、人工智能、物联网、大数据、云计算等先进技术基础支撑作用，赋能园区各环节，打造管理数据化、应急主动化、设备智能化、服务精准化的新型智慧园区，解决传统园区面临的"服务体验差、综合安防弱、运营效率低、管理成本高、业务创新难"等痛点，全面提升区域、城市和园区的智慧化管理水平。

（二）新基建激发产业不断迭代，可协助园区发展新产业、新产品

新基建是技术进步和需求激发双重动力下的产物，也必将带动信息化、高科技、人工智能等新产业的再次发展。如 5G 技术的发展可推动基站、5G 设备的生产，而 5G 通信速率更高、延时更低、智能终端网速提升、传输性能加快的特性，又推动人工智能、虚拟现实、远程操控等技术的更新迭代；又如受益于智能城市、智慧农业、远程医疗、无人驾驶等领域需求和产业的发展，电子信息设备制造业、信息传输服务业、软件信息技术服务业等行业又被带动发展。

从产业变革角度看，新基建本质上起到一种中介和助推作用，传统产业借助这些新型基础设施，不断迭代产生新产业发展需求，从而快速实现数字化、网络化、智能化转型。园区加强新基建，实际是建立了产业发展的"温床"，掌握了未来产业发展的孵化器和应用场景，在新基建的支撑带动下，未来园区全新、高附加值的产业链会逐步建立。

（三）新基建具有投资的乘数效应，可拉动园区产业投资

新基建主要与科技创新和产业升级有关，既可拉动自身领域上下游和软硬件领域的巨大需求，又有利于为中国新兴供应链提供发展机会和空间，符合当前投资稳发展、促经济的多种目标。业界很多机构也对新基建的规模进行了预测，以5G建设为例，中国信通院研究预计到2025年，5G建设投资累计将达到1.2万亿元，带动产业链上下游及各行业应用投资将超过3.5万亿元。广发宏观团队研究认为，广义新基建在基建整体占比在15%左右。

园区既是5G、大数据、人工智能、工业互联网等新产业技术的研发地，也是重要的应用场所。在新基建的浪潮中，产业园区应努力完善园区5G基站、人工智能平台、大数据中心等基础设施，既满足近期经济增长所需要的投资需求，又为后续产业升级和裂变做好准备。

二、园区新型基建的重点方向

从园区产业经济关联度分析，礼森智库建议园区重点关注5G（数据收集和传输）、**大数据中心**（大数据存储和处理）、**工业互联网**（企业间的信息整合与共享）、**人工智能**（智能算法实现智能应用场景）等与工业生产领域效率大幅提升密切相关的4个子行业，通过新基建，进一步提升园区产业质量及巩固产业安全。

（一）5G基站及其相关应用

5G作为信息技术时代的变革性产物，极大提升了移动通信效率，我国在技术储备上也处于国际领先地位。从5G基础设施产业链来看，其涉及基站、天线、光纤光缆和终端设备的硬件，均是高附加值的产品，可有力带动园区固定资产投资力度。更重要的是，5G 的应用环节十分广泛，任何"产业＋互联网化"的发展均离不开 5G 技术的传输支持，如工业互联网、车联网、企业上云、人工智能、远程医疗、在线办公、在线教育等。

图二　5G 智慧园区的十大场景和应用

园区是 5G 应用最大的场景之一，应把握 5G 新型基建的基础，加大技术和设施储备，激发应用需求，带动新产业发展。

（二）大数据中心

信息时代，数据资源已成为国际产业竞争的核心，尤其是制造业领域的数据更是涉及国家产业安全。据统计，2010 年以来制造业新产品数据达到 2 艾字节，而全球数据总量每 18 个月就会翻番，数据中心建设完全跟不上数据产生的节奏。未来海量的工业数据如何运用，工业数据价值如何变现将是园区产业经济发展又一重大课题。

从大数据中心基建的产业链来看，主要涉及 IT 设备、电源设备、制冷设备、运营商等环节，传统上是互联网技术公司的业务，但园区作为产业数据的源发地，也应把握数据中心的附加值作用，建议有针对性开展小型区域数据中心或细分产业数据中心平台的建设，既拉动数据中心投资，又掌握辖区内数据中心资源，打造功能平台，浇筑未来大数据产业发展的土壤。

（三）人工智能

疫情期间，无接触公共场所测温、防疫机器人、无人机及基于深度学习的 AI 辅助诊断等人工智能技术，给民众留下了深刻印象。人工智能作为引领新一轮科技革命和产业变革的战略性技术，溢出带动性很强，正在释放历次科技革命和产业变革积蓄的巨大能量，将重构生产、分配、交换、消费等经济活动各环节，利用硬件 AI 芯片、视觉传感器、AI 技术平台等核心技术，催生新技术、新产品、新产业。

园区作为智慧城市、智能驾驶、智能机器人、安防建设等领域应用的重要场所，可通过人工智能技术将分散在园区各个角落的数据连接起来，加以分析整合，保证即时分析、智慧、调动、管理，实现跨地区、跨领域高效资源整合，为城市大脑提供核心支撑。

（四）工业互联网

工业互联网是智能制造发展的基础，可实现企业内的智能化生产、企业和企业之间的网络化协同、企业和用户的个性化定制、企业与产品的服务化延伸等多重功能。疫情期间各类防疫物资的生产、跨区域产能分配及物资调动实际上都需要更高层次的工业互联网来代替传统人工计划分配模式。

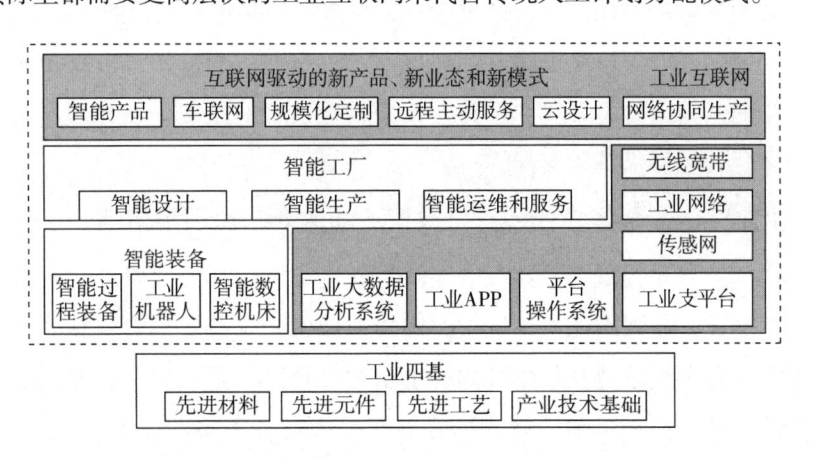

图三　工业互联网

园区应聚焦重点行业领域，搭建工业互联网平台，链接企业工业生产应用端，通过跨设备、跨系统、跨厂区、跨地区的全面互联互通，实现工业生产的资源优化，协同合作和服务延伸，提高资源利用效率。工业互联网构建的全新工业制造和服务体系，从更高层次上可以进一步加固工业安全生产体系、安全保障体系，全方位提升智能化工业生产安全水平，奠定了我国产业安全基石。

三、园区新型基建的发展路径

（一）加快制定园区新基建规划

近期新基建概念的火热，许多地方政府趋之若鹜，短期内可能会导致集体上项目的可能性，由此可能造成无效投资。园区应通过严谨的产业规划和现状调研，从实际应用端和产业端考虑，制定符合园区特征和需求的新基建专项规划。

（二）率先开展新基建示范应用项目

5G、人工智能等信息网领域新基建与园区、企业息息相关，不少园区已集聚相关企业，园区应鼓励有基础、有需求、有动力的企业深度开展新基建领域的创新应用，结合园区需求，打造一批基于人工智能、5G等技术的应用案例和业务解决方案，加强试点示范引路，为加快以数据价值挖掘为基础的制造业转型升级和全新迭代模式营造良好氛围，也为园区全面实现数字化转型提供基础支撑。

（三）创新合作模式和支持政策，加速新基建项目落地

由于新基建领域多是科技产业范围，专业性较强，政府鼓励民间资本参与新基建。建议园区主动推动"**政府＋园区＋企业**"的合作模式，厘清权责，充分激发企业参与积极性；主动对接政府和金融部门，加强政府投资引导基金、创投基金的设立；有条件园区发行专项债券进行直接融资，吸引社会资本适当超前投资园区新基建项目。

回望中国经济过往历程，正如任泽平所言：中国适度超前的基建奠

定了成为世界制造业中心的基础，并逐步成长为GDP总量近百万亿元的世界第二经济大国。而在当下中国经济处于困顿期，适当超前布局新基建不仅是短期内经济走向复苏的关键举措，也是筑牢信息化时代的竞争之本，更是保障国家产业体系安全的坚强防线。

把握对外贸易结构特征，精准谋划园区产业发展

管荣辉

近期，党中央提出加快构建以国内大循环为主体、国内国际双循环相互促进的新发展格局。上海作为全球贸易中心之一，对外贸易一直是经济发展的重要支撑。2019年上海进出口总额达34046.8亿元，进口20325.9亿元，占比59.7%；出口13720.9亿元，占比40.3%。其中，上海产业园区出口交货值达到7009亿元，占上海市出口额的51%。

目前，我国面临着疫情常态化及贸易保护主义的多重影响，对外贸易将面临重大挑战，园区的产业结构和经济发展也将发生重大变革。在此情况下，上海的产业园区应充分关注外部影响，在把握对外贸易结构的基础上，提前做好产业链、供应链判断工作，精准谋划园区后续产业发展。

一、上海外贸进出口结构分析

上海市2019年进出口总额达34046.8亿元，外贸依存度达到89.2%（我国平均外贸依存度为31.86%）。从货物进出口角度来看，上海长期进口大于出口，且占比越来越大，2013年比例为1.16∶1，但经过自贸区落地、国际进博会召开等重大事件的促进，进口额开始远超出口额，2019年比例达1.48∶1，增幅近27.5%，从进出口额变化角度可以看出，上海作为一个货物进口大港、对外贸易城市的属性不断增强。

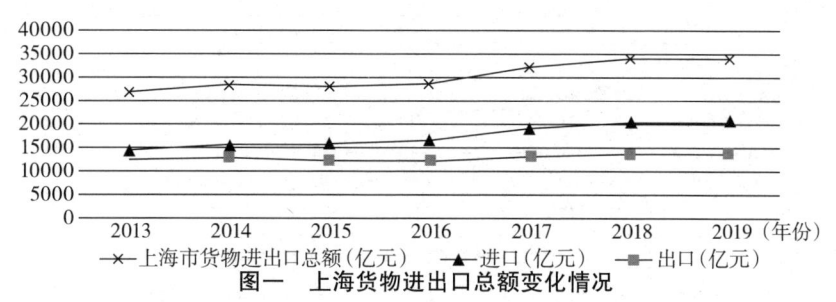

图一 上海货物进出口总额变化情况

资料来源：中国统计年鉴、中国海关、上海统计、上海海关，下同①

（一）上海外贸主体变化情况

从外贸经营主体进出口总额来看，外企占比最高，2019 年达到 21837.9 亿元，占比 64.14%，其次是民企、国企，这个占比与全国数据中民企超过外企的结构不同，体现出上海相对比较依赖外资的态势。

表1 2019 年上海外贸主体进出口数据

企业类型	进出口总额（亿元）	占比（%）
国有企业	4546.23	13.42
外商投资企业	21837.93	64.47
民营企业	7491.08	22.11

统计 2013 年以来的数据，上海外企进口、出口数据逐步增加，但净出口呈现减少趋势，说明外企主要还是利用上海性价比较高的人力资源优势，从外部进口零配件，进行加工组装后再出口或国内销售，上海作为加工中心的贸易定位暂时没有改变。国企一般占据煤炭、石油等大宗商品的进口权限，进口后进行生产或二次销售，2018 年国企增加进口 500 多亿元（进博会）；民企早期担负着出口责任，在 2016 年前进、出口数据基本持平，但由于上海生产经营成本的逐渐增高，制造业民企搬离上海的增多，导致出口增速低于进口增速，也逐步转向国内市场。

---

① 涉及上海进出口数据仅是上海企业的进出口金额。

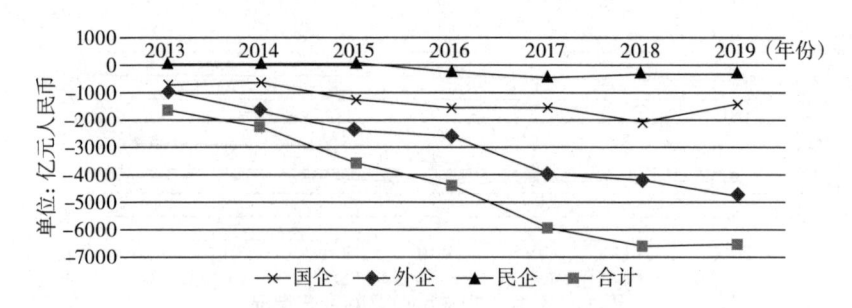

图二　上海外贸经营主体净出口变化情况

（二）上海贸易伙伴国（地区）变化情况

欧盟、美国、日本、韩国、中国台湾及东盟等是上海最主要的贸易伙伴，分析上海与贸易伙伴的进出口总额和净出口额两个指标可以得出一个有趣的结论：**从总量看，欧盟、美国和东盟是上海最重要的贸易伙伴，但从盈利角度看，美国是唯一的贸易顺差国。**

与欧盟（德国为代表）方面，上海近年与欧盟的联系越来越紧密，与欧盟18座城市建立了友好关系。从近年数据看，上海从欧盟的进口货物总量越来越大，从2013年的1193亿元逆差增加到2019年的2534亿元，欧盟国家中，德国与上海经贸关系最紧密，占整个欧盟进口额的37%。**与美国方面**，上海对美贸易始终处于顺差状态，2013年最高峰达到了1723.7亿元，但值得警惕的是净出口顺差呈现逐步下降的趋势，2019年顺差仅为1058亿元。据统计，中国对美出口前五类的产品为：机电音像设备、玩具家具制品、纺织品、贱金属（钢铜铝等）制品、汽车零配件，而上海在以上五种类型产品生产中目前优势不大，出口优势将逐渐丢失。**与东盟方面**，进出口额在波动中增大，2019年进口额最高达到了2893.4亿元，出口额为1808亿元，中国对东盟进口商品主要是原油、成品油、塑料原料、天然橡胶、煤炭和铁矿砂等资源产品，出口货物主要是机电、高新技术产品。

与日本方面，日企在上海投资较多，2019年进出口总额达3700亿元，但2013年以来我国对日出口货物逐渐减少，进口货物额一直增大，说明主要从日本进口货物在上海进行加工，中国自日本进口的前五位的机电设备

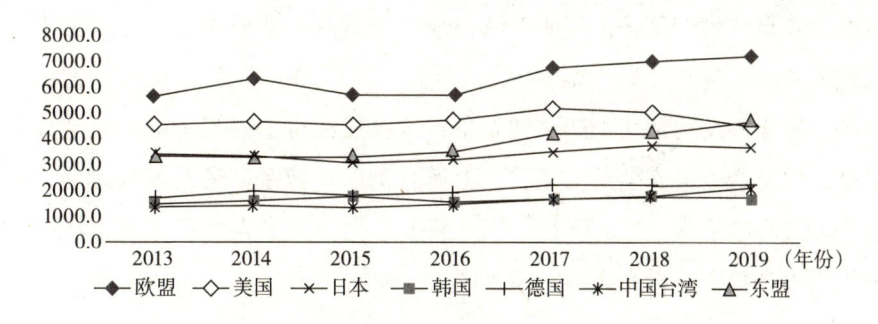

图三　上海与主要贸易伙伴国（地区）进出口总额情况

及零件、精密化工产品、车辆船舶等运输设备、光学、医疗仪器及贱金属制品等商品几乎都是科技产品的零配件或是各类精密生产设备，最终用于国内消费或出口；**与韩国方面**，进出口额较稳定，2015年达到进出口峰值后逐步减少，前五名进口产品分别为机电设备及零件、光学医疗仪器、精细化工制品、塑胶制品、矿制品（原油加工产品）等，韩国一直是我国进口芯片内存的重要来源地，而上海恰是重要的半导体产品生产基地；**与中国台湾方面**，进口额2019年达到了1435亿元，逆差值达到了735亿元，主要还是因为机电产品（台积电芯片等）进口较大。据统计2018年我国自台湾地区进口机电设备及零件1286亿美元，占总进口比重的72.4%，上海集成电路等半导体产业高度依赖台湾企业产品的供给。

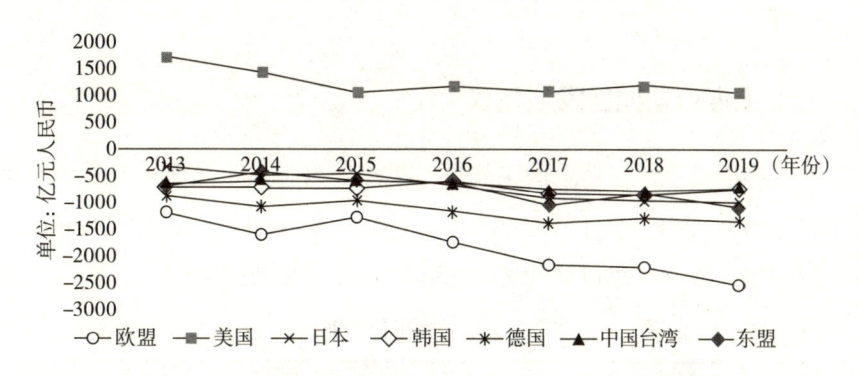

图四　上海与主要贸易伙伴国（地区）净出口变化情况

（三）上海进出口货物类别分析

上海进口商品中最多的是机电、电子类产品，出口商品中最多的也是机电、高新技术产品等，说明上海目前电子信息产业较发达。上海为了完成电子产品的生产出口，需要从日、韩、台（中国）、美进口大量的机电设备、零配件及精细化工产品和设备，这纵然使得上海与全球产业链关系紧密，但从产业链安全角度来看，上海目前的产业基础还是较为薄弱，核心产业链环节不强，"卡脖子"技术较多，仍是凭借人力资源及市场需求来吸引外企投资，抵御风险能力不强。

表2　2019年上海进出口商品情况　　　　　　　　单位：万元

序号	出口商品名称	2019年金额	进口商品名称	2019年金额
1	机电产品	94881115.3	机电产品	97054131.3
2	高新技术产品	56472025.9	高新技术产品	63156810.8
3	自动数据处理设备及其部件	14913443.7	集成电路	26263820.2
4	集成电路	13184634.0	农产品	15987183.5
5	电话机	8859359.1	铁矿砂及其精矿	9431776.0
6	服装及衣着附件	7047607.3	医药品	9257240.0
7	纺织纱线、织物及制品	5161669.8	汽车	8043959.9
8	汽车零配件	3439813.3	初级形状的塑料	7172825.5
9	通断保护电路装置及零件	2857536.3	计量检测分析自控仪器及器具	6024644.7
10	自动数据处理设备的零件	2688565.6	未锻轧铜及铜材	4297904.3

二、上海产业园区发展建议

产业园区是上海制造业的主战场，承担了大量本市企业的产品出口制造工作，2018年开发区工业总产值2.84万亿元，出口交货值7009亿元左右，其中国家级园区出口交货值3483亿元，占比接近50%。

表3　上海园区出口交货值

园区类型	出口交货值（亿元）
国家级园区	3483
市级园区	1445

续表

园区类型	出口交货值（亿元）
产业基地	435
产业区块	1646

在国家级园区中，出口交货值前列的均是上海战略新兴产业、高端产业的集聚区。

表4　上海园区出口交货值前10名

园区名称	出口交货值（亿元）
松江出口加工区	1420.9
上海张江高新技术产业开发区	428.4
上海松江经济技术开发区	376.7
金桥经济技术开发区	242.6
漕河泾出口加工区	280.2
中国（上海）自由贸易试验区	202.9
金桥经济技术开发区南区	138.5
上海化工区	126.1
闵行经济技术开发区	73.6
闵行出口加工区	49.0

通过分析上海近年外贸进出口数据，建议园区重点关注以下方面。

高度重视各外贸主体的稳商、营商工作。在中美贸易摩擦扩大化及日本撤离企业的新闻冲击下，上海外资企业很可能存在一定波动，园区应加大外资外贸稳商、营商力度，同时应落实民企出口待遇，加大政策扶持，确保经济平稳发展。同时，在疫情前景不明和贸易保护主义依旧盛行的背景下，外贸重心更需要放到周边国家。

高度重视国内市场内循环的体系构建。在早先注重"出口导向加投资拉动型动力学机制"的国外大循环向以"国内大循环为主体、国内国际双循环相互促进发展"的转变下，园区应加大对国内市场的深入研究，充分了解国内市场需求，加大精准招商引资，在承受贸易保护主义和新冠疫情双重冲击下促进园区经济新一轮增长。

高度重视科技创新力度，突破"卡脖子"技术。 上海工业体系高度依赖日韩及中国台湾的高精尖产品、设备和技术，国内替代性不足，存在一定的产业链风险，建议园区落实上海科创中心建设战略，加快关键技术和设备产品的攻关，掌握核心技术环节及产业链的话语权。

"链长制":浙江省保产业链供应链稳定的制度创新

周思飔

疫情之后,打赢恢复经济增长这场战役成为关键。为此中央在年初提出的"六稳"外还特别提出了"六保"工作,其中保产业链供应链稳定这场硬仗需要开发区人作为产业链的服务员冲锋在前。浙江省商务厅提出的开发区"链长制"在"六稳"和"六保"工作中有着非凡的积极作用,而且从长远来看,对于长三角开发区一体化发展有着更深远的导向意义。

以产业链视角发挥"链长制"作用,推动企业复工复产

这次疫情中,浙江省企业复工复产,抢抓经济发展的做法得到了全国的关注。尤其是浙江多地用包飞机、包火车的方法接外来人员返工复产的做法,更是成为全国抢抓经济发展,做好"六稳"和"六保"工作的范本。今年3月份,浙江全省规模以上工业增加值从1—2月份的大幅下降转为小幅增长1.3%,产业链复苏势头强劲。尤其是在新兴产业中,人工智能产业、健康产业增加值分别增长了4.1%和0.1%,高技术产业增加值持平,数字经济核心产业、战略性新兴产业增加值分别恢复到去年同期的97.3%和95.6%。[①] 这些都体现了浙江省保产业链供应链工作的卓越成效。

---

① 数据来源于浙江省统计局。

这些成效同"链长制"是分不开的，礼森智库在2月底就专门报道了一批浙江省开发区在"链长制"指导下帮助园区复工复产的新闻。今天看来浙江省3月份规模以上工业增加值的恢复增长，同2月以来"链长制"的集中发力是分不开的。具体到个别产业中看，浙江省"链长制"的工作就是聚焦于战略性新兴产业，以制度保障这些具有重要意义的产业发展。一季度，浙江省战略性新兴产业增加值恢复到去年同期的95.6%，考虑到2月疫情的影响，取得这一成绩的意义重大，充分证明了"链长制"对于保产业链供应链稳定的充分作用。

"疾风知劲草"，疫情来临的关键时刻我们才真正见识到浙江经济发展的韧性。"不积跬步无以至千里"，浙江省面临大考时的出色表现，反映的其实是"链长制"的认真。

产业链"链长制"是浙江省商务厅去年提出的针对开发区工作的一项制度创新，旨在加快推进开发区创新提升，发挥开发区产业发展主战场的作用。"链长制"要求各个开发区聚焦在产业链上，通过做好"九个一"（即一个产业链发展规划、一套产业链发展支持政策、一个产业链发展空间平台、一批产业链龙头企业培育、一个产业链共性技术支撑平台、一支产业链专业招商队伍、一名产业链发展指导专员、一个产业链发展分工责任机制、一个产业链年度工作计划）机制，"巩固、增强、创新、提升"产业链。

自产业链"链长制"在浙江开发区实施以来，在应对复杂的国际形势和疫情压力下，各地开发区"链长"充分发挥关键作用，统筹协调全局，解决稳定产业链上的各项实际问题。比如，杭州湾上虞经济技术开发区党工委书记金山中担任新材料产业链"链长"，在疫情期间，牵头组建复工复产专班，及时协调问题难点，充分发挥了稳定剂作用，确保产业复工有序高效。

"链长制"的根本在特色产业上。浙江省的县域经济特征明显，一县一特色，形成了诸如"家电之乡""小商品之乡""领带之乡"等一系列特色产业聚集的县域。在此基础上，浙江省逐步强化了各地的特色产业，形成了小镇经济的全国模板。"链长制"是这一发展脉络上的新时代新实践。在把原先的各个开发区特色产业做优做强的同时，围绕产业特点和特征，沿着产业链上下游继续发力发展。这是将点状的特色产业进一步拓展为链状的产业联动，进而形成开发区内特色产业自身循环发展、永续前进的新一轮做法。开发区的产业不需要赶时髦、跟风口，而是需要利用好手中已有的特色产业底牌，培育好符合特色产业的环境，让特色产业在园区内形成良好的自我造血和循环功能，从而发展壮大起来。

"链长制"的焦点在产业链。为了从点状的产业分布发展成链状的产业生态，就必须确保开发区的日常工作聚焦于产业链健康长效发展的内功而非抓基建、抓投资、抓招商的"表面功夫"，也要保证产城融合过程中，产业发展的内核不会被城市建设所掩盖。与此同时，产业链的链条化属性更为突出，开发区的工作不再仅仅围绕一两个大项目转，而是注重于打造适合产业链发展的整体产业生态，从共性设施入手，从产业链上下游的重要"生态位"企业入手，从促进产业发展的人才和服务入手，促进开发区内特色产业形成气候。"链长制"就是把焦点放在"产业链"的"链"上，由此拓展了供应链、采购链、服务链、人才链、资金链等多个链条，促进浙江省开发区及时将各类资源导入产业链及链上的企业中，帮助企业在疫情最困难的时期，迅速找到各类生产要素，保证"六稳"工作不因疫情而停滞。

"链长制"的本质是一种工作机制。"九个一"的工作机制使得开发区针对产业链的发展有科学的规划，有行之有效的机制，有支持促进的载体和共享平台，更重要的是形成了一批与产业发展同呼吸共命运的开发区人。在这一工作机制下，使得产业链上的任何"风吹草动"都会立刻进入开发区的日常管理体系中，纳入地方政府的响应机制中。这才有了浙江各地政府强力动员，为企业复工复产排忧解难、提供各类暖心服务的场景：萧山经开区制定《关于支持企业加快复工复产的若干政策》，明确提出给予产业链配套补助的措施；海宁、桐乡、嵊州、嘉兴等多地开发区出现了"包车包机包专列"；杭州湾上虞经开区10天内建成可容纳1500张床位的应急安置点，用于安置无隔离条件但有隔离需求的返工人员。

"链长制"的未来在协同发展上。当代世界产业分工体系复杂，任何一条产业链上都聚集了成千上万家企业。没有一家园区可以独立于其他园区完成产品的生产。与此同时，园区内的企业要想提升自身产品和服务的附加价值，提升自身在全球价值链上的位置，就一定需要更进一步加强与同一产业链上其他地区企业的协同工作。这次疫情的暴发，让举国上下意识到了产业链协同的重要性。在浙江"链长制"之下，为了促进企业复工复产，有的园区主动联系其他上下游园区，帮助企业上下游复工。如，余杭经开区的红外线测温仪企业出现"原材料电路板供应不上"问题，第一时间联系外省供应商确保供应链完整。浙江的"链长制"也使得浙江园区以国际性视野看产业链的联动，关注了与国际产业链上下游的联动，充实了国际产业合作园区的内核。这将为浙江园区未来"稳外资""稳外贸"的工作提供坚实的抓手。

强化产业链互联互通，推动长三角开发区协同发展

在本次疫情之下，我们更进一步认清了长三角区域内产业链互动的需要。产业链上下游物资哪里找，物资如何跨省调配，防疫物资上游的原料和终端产品如何交换等问题被摆上了台面。我们这才意识到原本在市场经济条件下自发运作的产业链体系是如此之复杂，也认识到了产业链在遇到天灾时的脆弱。这就需要长三角各个园区进一步把工作焦点放在"产业链"上。浙江省的优秀作业值得全长三角开发区的同行们一起来"抄"下去。

首先，要有一张产业链"底图"。各省开发区产业链的现状要摸清楚，尤其是今后10—20年间重点发展的产业，以及关乎国计民生的应急保障产业的发展和分布现状。长三角开发区各个园区可以加强自身摸底，各省汇总形成各省的"产业链地图"，进而形成涵盖长三角的"产业链地图"。这样改点状的产业分布概念为链状的产业链分布思路，变二维的"产业招商

地图"为多维的"产业链图"。

其次，要有一张产业链"蓝图"。各省需要有产业链发展的长远规划，不仅要考虑省内产业链分布，更需要把眼光放至长三角范围，在整个长三角范围统筹考虑某个产业的布局，统筹协调长三角各个园区的产业定位，甚至是产业链上的环节定位。使得产业链能够以最经济和最有效率的方式运行，各地区之间企业紧密结合在一条产业链上，形成共荣共生的产业生态，必将在产业领域深入推动长三角一体化进程。

再次，要有一张产业链"架构图"。从单个园区到地市、省级，乃至长三角范围，各自的角色定位、职责、作用是什么，需要有个有力的组织架构，浙江的"链长制"完美解决了这一问题。这一组织架构可以从两方面搭建，一是遵循开发区、地市政府、省级政府这一行政条线，各级都有各级链长，统筹产业链规划和发展事宜；二是从产业链角度，在同一产业链上的开发区可以组织产业链开发区联盟，以产业链核心部分所在开发区为链长，协调实施产业链发展的战略规划，促进企业向各链条环节集聚，形成长三角范围推动产业链发展的行业架构。

最后，得有一张产业链"路线图"。各级层面的工作保障机制是产业链落实的核心。**园区层面**需要跟着产业链走，与自己上下游的园区建立日常的交流沟通机制，共同为这一产业链和链上休戚与共的企业保驾护航。例如，本次复工过程中，G60科创走廊上的园区就通过"G60科创云平台"进行信息交流，以促进产业链上的企业一起开工，保障生产，诸如此类的模式值得在全长三角推广。**省市以及长三角层面**，需要形成区域内的园区协调与补偿机制，鼓励企业根据地区特色及产业特色迁移，减少各省市开发区之间互"挖"企业的内耗。

浙江省用功在平时的"链长制"工作，在面对疫情的大考中发挥了巨大的作用，作为长三角范围内的先行先试，取得了重要的成果。"链长制"作为一种制度创新，逐渐从地方经验成为全国经验。2019年9月，浙江省首创了系统性的"链长制"，下发了《浙江省商务厅关于开展开发区产业链"链长制"试点进一步推进开发区创新提升工作的意见》之后，同年11月《广西重点产业集群及产业链群链长工作机制实施方案》开始实施。2020年4月，江西省政府常务会议审议并原则通过了《关于实施产业链链长制的工作方案》。浙江省作为我国东部沿海经济发达地区，为中西部地区提供了发展的经验，以制度创新的模式助力全国"六稳"和"六保"工作。"链长制"作为一种制度创新，为浙江省全省"六保"工作提供了坚实的制度保障，同时也为全国"六保"工作贡献了浙江经验和浙江智慧。

产业链视角下生物医药园区"治链之道"

胡 晨

在当前全球经济不确定性显著增强、贸易保护主义不断抬头和新冠疫情影响的背景下,全球化遭遇更大逆风和"回头浪",供应链、价值链分工格局遭到破坏,给产业链带来冲击。世界贸易组织数据显示,仅2018年10月至2019年10月期间,世界各国出台包括关税、数量限制等形式的新设壁垒超过100项,涉及贸易总额7470亿美元,为2012年以来历史之最。[①] 我国高度重视产业链在经济社会发展中的重要作用,今年5月召开的中央政治局会议特别强调:要研究提升产业链供应链稳定性和竞争力,提升产业基础高级化、产业链现代化水平。

生物医药产业作为我国战略性新兴产业之一,近10年发展迅速,已积淀巨大动能。产业园区是生物医药产业发展的重要载体,是要素流动和技术产业化的主要平台,对生物医药产业的发展有重要作用。我国建设生物医药园区,可以回溯到2009年泰州国家医药高新区的批准设立,到目前全国省级以上生物医药园区数量超过400家。[②] 但在生物医药产业链建设过程中,部分园区暴露出了一些问题,如定位不准、协同不够、发展动力不足等。本文将基于产业链视角对生物医药园区在发展中面临的问题进行剖

---

① 数据来源:www.wto.org
② 数据来源:前瞻产业研究院。

析,并提出相应的对策建议。

一、产业链概述

产业链作为经济学概念,指的是以内部分工为基础、以供需关系为目标、以价值增值为导向的从原材料生产到终端产品销售流通、回收等环节的企业群体关联图谱。[①] 从价值创造来看,产业链自上到下是一个产品不断增值的过程;从参与主体来看,产业链中可以挖掘到各个企业关系结构和关联程度;从地理分布来看,可以从中探寻某个产业中各环节的空间分布。因此,产业链包含了价值链、企业链、空间链、供需链等维度概念。

产业链有别于供应链、产业集聚、产业集群等概念。相对于产业链,供应链更侧重于微观层面的企业运营、成本控制、流程操作等具体业务活动,产业链则关注战略层面的企业竞争力、技术优势等内容。产业集聚一般指的是某个区域内产业或相关企业在地理空间上的集合。当集聚态势继续发展,科研机构、中介机构、商协会等主体参与使企业间的柔性化分工、网络化协作不断深化,就形成了产业集群。从这个角度理解,产业集群可以包含一条或几条完整的产业链或产业链片段。[②]

二、生物医药产业链简析

生物医药产业链一般由医药产品前期开发研究、生产制造、销售流通、医药服务和产品消费等环节构成。各环节有不同主体参与完成,包括高校科研院所、企业、药店、医院等。从产业特征来看,生物医药产业总体具备弱周期、高壁垒、高投入、高收益的特征。

一是刚需大、弹性小,与宏观经济市场相关程度较低,属于弱周期;二是行业壁垒高,市场进入需要大量智力财力技术支持;三是产品研发周

[①] 张铁男,罗晓梅. 产业链分析及其战略环节的确定研究[J]. 工业技术经济,2005,24(6): 77 – 78.

[②] 刘贵富. 产业链与供应链、产业集群的区别与联系[J]. 学术交流,2010,201(12):78 – 80.

期一般较长，且研发投入远高于其他产业；[①] 四是考虑到目前新药专利保护期普遍为20年，因此专利保护下的原创溢价往往能带来较高收益。

从产业链细分领域来看，根据国家统计局发布的《战略性新兴产业分类（2018年）》，生物医药产业从属于生物产业，被进一步细分为生物药品制品制造、化学药品与原料药制造、现代中药与民族药制造、关键装备与原辅料制造、生物医药相关服务5个行业小类，另外还涉及生物医学工程，包括医疗设备及器械制造、植介入生物医用材料及设备等领域。而根据产品和服务类型，从产业规划角度一般将生物医药产业划分为两大板块六大领域：即"医"——医疗服务、医疗器械、医药商业（医药零售）；"药"——化学药、生物制药、现代中药。各领域以优势产品为核，以产品技术为联系向上联结、向下延伸形成细分领域的产业链条。

医药	医疗器械	医疗服务	医药商业
化学药	医疗设备	专科医院	零售
创新药	高端医疗设备（影像、超声）	眼科医院	药房
仿制药	高值医用耗体	牙科医院	批发
原料药、中间体	诊断设备	医疗美容医院	医药代理配送
生物药	康复设备	妇产儿科医院	医药电商
单克隆抗体	诊断试剂	综合医院	打通批发零售
重组蛋白药物	体内诊断	民营综合医院	其他医药商业
血液制品	体外诊断	公立医院	医药媒体、平台服务
细胞免疫治疗、基因治疗	生化诊断	外包服务	
现代中药	免疫诊断	CRO	
中成药	分子诊断	CMO	
中药饮片	POCT	第三方检测	
中药注射剂		医疗信息服务	

图一　生物医药细分领域

---

① 2018年欧盟发布的 *Industrial R&D Investment Scoreboard* 显示全球研发投资排名前50的公司中生物医药企业共15家，其中罗氏制药研发投入强度达19.5%。

三、生物医药园区"治链之困"

打造以生物医药为主导产业的特色园区和产业基地,成为当前各区域培育新发展动能的重要途径和工作热点。据统计,经国家发改委、工信部、商务部等认定发布的重点生物医药产业集聚区数量达70家左右。但考虑到生物医药的专业性,以及对产业链组织结构认识尚浅,园区在开展生物医药产业链培育发展工作中可能存在一些瓶颈和误区,以下将结合具体案例,从产业链"纵、横、内、外"四个角度进行阐述分析。

(一)纵:盲目追求产业链长度

案例一,华北地区某生物医药基地提出:"打造生物医药和大健康产业全产业链生态系统,加快实现全产业链集群化发展,形成从原材料供应—研发生产—外包服务—医药商业—医疗服务—产业服务的产业链,涵盖研究开发、生产销售各个环节。"

和其他产业相比,无论是前期开发研究还是后端医疗服务,生物医药产业链各环节对要素水平、要素浓度要求更高。围绕某些缺失薄弱过程进行必要的"补链""强链"的确符合产业发展需要,但单个园区是否有必要打造全产业链值得商榷。

一方面,在物流交通不断便利化的前提下,产业链呈现上、中、下游环节的区域分工态势。其本身符合市场发展规律,并能有效提高生产效率,降低交易成本。例如上海形成的"研发在张江、制造在金山"模式,就是区区联动、链内分工的典型案例。

另一方面,从比较优势角度来看,产业链布局也需要与园区自身资源禀赋相匹配,例如一线城市对人才的强劲吸引力自然而然促进了其在生物医药研发环节的资源集聚。因此,园区若想"单打独斗"培育生物医药的长链条,集中所有产业链环节,显然是与规模经济效益背道而驰的。只有当长三角、粤港澳这样更大空间尺度的一体化区域形成时,产业链各个环节才得以在区域空间内合理分布,"全产业链"概念才可能得以实现。

（二）横：盲目追求产业链宽度

案例二，某西部园区制定生物医药产业规划时提出："打造涵盖基因诊断、生物免疫、医疗器械、医疗保健等多个领域的千亿级生物医药产业集群。"

上文曾提到按照产品和服务类型的划分，生物医药产业包括生物制药、现代中药等六大领域，而每一领域涉及不同行业细分，如生物制药包括新型疫苗、大型分子药物研发、细胞治疗及制品、基因工程药物等。其中每一项的产业链都是庞大繁杂的，生产环节也不尽相同，需要各类不同要素配套投入支撑。另外，由于生物医药的高技术性，其对园区配套环境要求更高，如GMP厂房、医药污水处理系统等。园区空间范围和承载能力有限，若不"有的放矢"地对生物医药产业细分领域进行精准定位，盲目追求"高大上"的产业链宽度，宽泛囊括所有细分领域，就可能导致园区优势不突出，不利于资源有效配置，甚至可能造成同质化竞争的局面。

（三）内：主体培育碎片化

案例三，某园区提出："全力聚焦龙头项目和企业招引，聚焦世界500强、全球行业前50企业。"

引进具有行业代表性的"显性冠军"带动上下游集聚，打造品牌影响力，短期来看固然是生物医药园区打造产业链竞争优势的重要途径，但那些规模相对较小、受益于新兴技术推动的初创型企业，"隐形冠军"同样值得重点关注。

这些企业通常深耕狭长市场，通过技术研发有望实现"颠覆式创新"。因此，若过分追求"大好高"项目而忽视初创企业、中小企业、高成长性企业、瞪羚企业的梯度培育，就可能导致产业链中长期内生动力、可持续发展能力不足。

另外，在生物医药产业链的组织网络中，高校科研院所、投融资机构等主体的地位同样举足轻重，很大程度上是实现科技成果转化的"动力源""催化剂"。一味关注企业引进而导致研发、金融服务主体培育碎片化，同样容易面临"断链"风险。

（四）外：链条布局孤岛化

案例四，某东部地区两邻近地级市所属生物医药园区都提出以大宗原料药、化学制剂为重点领域打造生物医药产业集群，两地园区龙头企业及主要业务领域高度雷同，同质化竞争严重。

一方面，从区域角度来看，目前大部分生物医药政策工具以纵向供给为特征，即围绕研发创新、生产制造等纵向环节进行资源配置，但从区域统筹角度战略性鼓励错位竞争的相关措施较少，"看得见的手"在园区外部产业链协同方面"存在感"不强，这导致了链条布局容易孤岛化。

另一方面，从行业发展趋势来看，随着新一代信息技术、虚拟现实、大数据等技术改变产业模式和应用转化过程，多学科跨界催生了一系列新业态，生物医药产业链与其他外部行业链条的互动融合更不可忽视。

四、生物医药园区"治链之策"

综上所述，生物医药园区的治链之策，关键在于"十六字要诀"：**务实求真、精耕细作、科学统筹、洞察时势**。

（一）纵向避长：务实求真

探索制定实施精准招商策略。为避免产业链过长，需立足对园区企业发展现状、所处环节、上下游供应的全面分析，选好角度准确切入，从招商环节进行梳堵补缺。高附加值的新药创制固然能带来高溢价、高收益，但"小而美"的CDMO（医药研发外包服务）同样有助于提高效率。园区需积极推动与长三角开发区协同发展联盟、第三方招商服务机构等社会机构开展合作，利用其专业资源优势，聚焦上下游产业链条推进招商新模式。若产业能级较低，则鼓励企业技术改造和转型升级；若必要的产业服务缺失，则加快检验检测、安全评价、临床试验等平台机构引进。重点加强某些薄弱环节的企业招引，其目的并不是盲目"延链"，而是以问题为导向查漏补缺，提高产业链整体竞争力。

（二）横向避宽：精耕细作

制定生物医药产业链专项规划。生物医药产业链培育，是立足园区实际，深植资源沃土长期发展、渐进改进的结果，不能指望搬来一座"飞来峰"。第一要务是规划引领，即通过加强与行业组织、专家智库、咨询机构合作，制定生物医药产业链专项发展规划，不断完善园区开发建设单位、招商人员对生物医药产业认识。通过结合上位规划、区域竞合分析、产业基础分析、产业生命周期研判等方法，发挥地方优势，筛选并确立重点发展领域，擦亮产业"特色名片"。

（三）内部整合：科学统筹

坚持系统性思维推动各类主体培育。打造企业梯度培育体系，构建生物医药产业"众创空间—孵化器—加速器—产业园"的一体化发展布局和"官产学研用"的创新网络，并配套产业基金，导入天使投资、创业投资等金融服务机构，加大对医药领域双创企业、技术含量高且具有前景的科创项目支持引导。关注引进处在价值链后端的"隐形冠军"企业，为完善环节配套提供支持，从而确保生产环节运转有效、顺畅有序，各主体间不断发生化学反应。

（四）外部协同：洞察时势

积极参与区域平台组织建设。探索把握时机，牢牢把握长三角、粤港澳、京津冀区域一体化发展战略机遇，积极融入外部产业链分工合作，加快"拉手"而不是"松手"，加快协同发展而不是"独善其身"。参与长三角生物医药联盟、论坛活动和医药数据共享平台等区域性公共平台、行业组织建设，依托平台组织在科技成果转化与应用、推动行业标准制定、投融资对接合作、企业优势互补等方面的功能，整合提升生物医药产业链；加快"飞地建设"和"山海协作"，从更高层面统筹制定生物医药产业链一体化布局发展战略，从体制机制角度引导资源高效集聚。

五、结语

新常态下的生物医药产业正在成为我国国民经济平稳增长的主要动力。尤其是在 2020 年新冠肺炎疫情冲击下，如何提高产业链韧性、确保产业链安全、增强生物医药园区整体实力成为重要话题。只有综合认识园区的"治链之道"，方能行稳致远、开辟园区治理新境界。

我国人工智能产业发展的几个特点
——基于招聘市场大数据的分析

郑数言

2016年,深度学习驱动的AlphaGo打败围棋世界冠军李世石,人工智能(AI)迎来发展热潮。其后,AI热度一直不减,各种政策、大会、示范区等层出,媒体文章连篇累牍。艾瑞咨询数据显示,2019年中国AI企业吸引投资额达到898亿元。斯坦福人工智能研究中心报告认为,中国在人工智能应用方面已领先美国。那么,经历四年多的加速与成长,我国人工智能产业的发展呈现出什么特点?本文尝试利用网络招聘市场的大数据,通过关键词筛选,对我国2019年GDP排名前10位城市的8万多家企业的业务结构进行推断,在此基础上挖掘出我国人工智能产业在总体渗透率、地理格局、行业布局、技术格局、AI企业规模及资本属性六方面的特点。①

---

① 数据与分析方法:从国内某头部招聘网站获取2019年中国排名前10的十大城市(北、上、广、深等十城)的企业招聘信息大数据。该大数据涵盖"岗位名称""招聘单位""城市""薪资""招聘单位性质""招聘单位规模""行业"七个维度的信息。该数据集为截面数据,采集时间为4月份。虽然该截面数据并不包括全部企业,但一共59.5万条的数据量具有代表性。基于该数据,我们通过与人工智能产业相关的30多个关键词——如"人工智能""算法""自然语言处理"等,对"岗位名称"进行匹配,据此定位AI企业,在此基础上分析我国人工智能发展的几个特点。

一、总体渗透率——我国 AI 产业尚处于发展初级阶段

关于我国 AI 产业的总体渗透率，我们通过两个指标进行考察，第一个指标是招聘市场上 AI 人才需求数量占总人才需求比；第二个指标是 AI 企业数占总企业数的比例。分析发现，AI 人才需求数量为 5158，相对于总人才需求数的 563990，占比为 0.91%，占比很小；AI 企业数为 2261 家，总企业数为 85652 家，占比为 2.63%，比例也不高。从两个指标可以看出，我国 AI 产业的总体渗透率较低，仍处于发展的初级阶段。

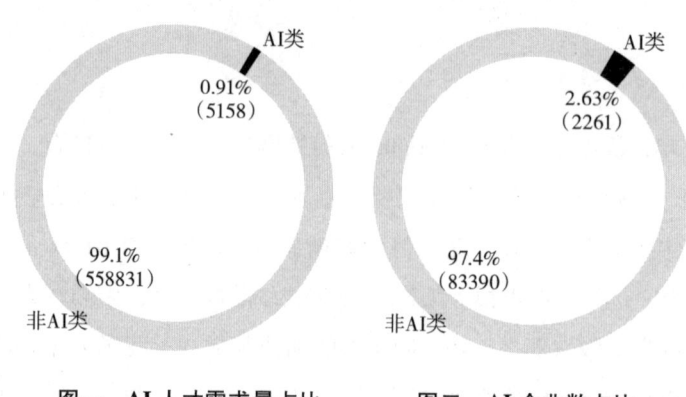

图一　AI 人才需求量占比　　图二　AI 企业数占比

AI 发展的初级阶段会持续较长时间。自 1948 年阿兰·图灵写出第一个国际象棋游戏程序以来，AI 的发展已经经历了三次热潮，中间间隔着两个寒冬。2016 年开始的 AI 发展为第三次热潮。然而，《经济学人》最新报告认为，由于技术缺乏突破、传统行业应用成效不明显等原因，本轮 AI 热潮在 2019 年进入了一个"小低谷"。但该报告同时也认为第三次 AI 寒冬并不会到来，更多的是会像当年电力一样，经过 30 年的蛰伏，然后步入全面的电气化时代。

二、地理格局——十大城市的 AI 发展水平不尽相同

2019 年，我国 GDP 从第一位在到第十位的城市分别是上海、北京、

深圳、广州、重庆、苏州、成都、武汉、杭州、天津。通过考察这十大城市的企业AI人才需求数、AI企业数，可以发现城市的AI发展水平与其GDP实力并不完全一致。

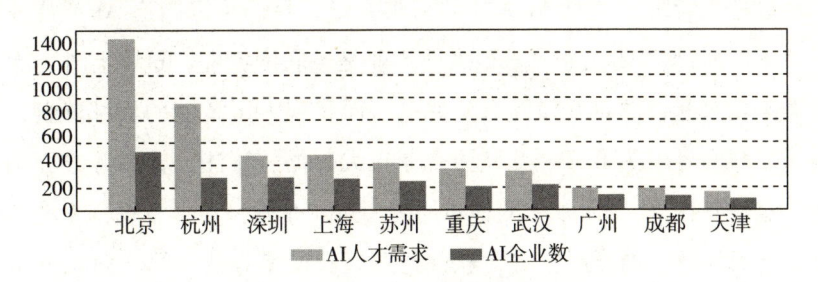

图三　中国十大城市的AI发展水平

从图三可以看出，北京在AI发展方面领先第二梯队的杭州、深圳、上海一个量级，北京的AI人才需求数遥遥领先，AI企业数指标也具有明显优势。北京的科创实力和氛围在全国独一无二，拥有北大、清华、中科院等优势科研资源，加上中关村区域成熟的科技创新生态，决定了其人工智能发展的领先地位。北京的人工智能头部企业数量最多，第一代表为百度，另外还有市值已经接近1000亿美元的字节跳动，以及机器视觉领域的独角兽企业旷视科技等。

人工智能发展第二梯队的城市为杭州、深圳、上海。其中，杭州的AI人才需求数最多，而在AI企业数方面，杭州则与深圳、上海不相上下。杭州的AI优势主要源自阿里巴巴、海康威视等企业。深圳则拥有互联网巨头——腾讯。值得注意的是上海，虽然其经济总量在全国城市中排名第一，但在上述人工智能发展指标方面，与北京尚有差距。

苏州、重庆、武汉、广州、成都、天津则位于第三梯队。这里，苏州作为非省会、非直辖市的二线城市，以其相对灵活的政策和较好的营商环境，使其在AI发展方面仅次于上海。掉队者为广州和天津，前者作为传统的"北、上、广"三城市之一，后者则为直辖市，但其AI发展水平已落后头部城市太多。

三、产业格局——互联网产业对 AI 最为得心应手

通过考察特定产业对 AI 人才的需求数量,我们可以知道 AI 的产业格局。如图四所示,AI 人才需求最大的产业是互联网产业,这不意外,人工智能的本轮兴起,源自互联网巨头谷歌,而我国人工智能的头部阵营,也同样为互联网界巨头 BAT。互联网企业在大数据、算法、算力等方面均有优势,这是其在 AI 方面领先的根本原因。第二是软件产业,头部企业有中科软、文思海辉、博彦科技等,软件行业擅长的是算法。第三是偏制造的电子技术产业,如海康威视、富士康、英业达、中兴通讯等,此类产业侧重于机器视觉设备、机器人等。随后是仪器仪表、通信、软件服务产业。

之后的建筑产业值得关注,因为建筑产业属传统产业,能够位列前10,算是一个被 AI 渗透的"另类"。数据穿透可以发现,建筑业涉足 AI 的企业有致力于发展建筑机器人的碧桂园机器人公司、发展建筑智能化的中国建筑设计公司、致力于算法研究的苏州金螳螂建筑装饰公司等。另外一个涉及 AI 的传统产业是教育业,如新东方等,其 AI 发展方向主要为机器人教学、编程教学等。

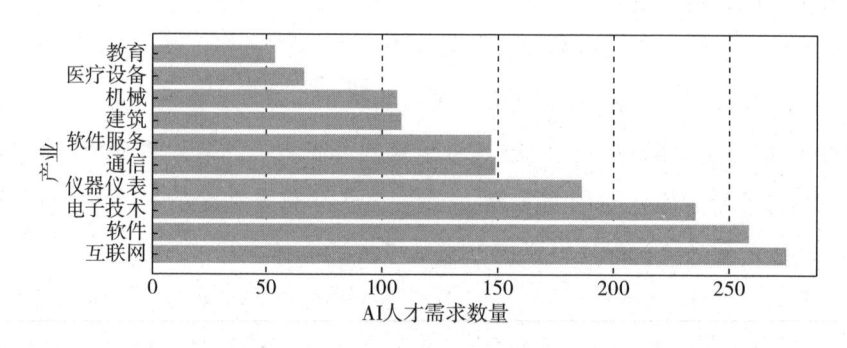

图四 AI 人才需求量前 10 位的产业

四、技术格局——AI 企业都在追求大数据和算法类技术人才

AI 属于硬核高科技,其开拓性前所未有。我们可以依据招聘大数据的

"招聘岗位"信息，统计出各 AI 开发技术岗位人才的需求数量，从而一窥 AI 的技术格局。从图五可以看出，"算法工程师"岗位的人才需求量最大。大数据、算法、算力是 AI 的三要素，这其中，以数学为基础的算法又是核心，因此，AI 企业"志在必得"的是算法人才。第二是"大数据开发工程师"。大数据是 AI 的另一个基本要素，没有大数据，AI 就没有赖以进行机器学习的原料与素材。中国的 BAT、美国的 FANNG 等，这些 AI 巨头，都依赖大数据流量不断积累市值和财富。第三是"图像算法工程师"，这与现阶段机器视觉的 AI 模式发展最快、应用场景最多有着密切关系。事实上，人才需求量前 10 的岗位，基本上都与大数据和算法有关。

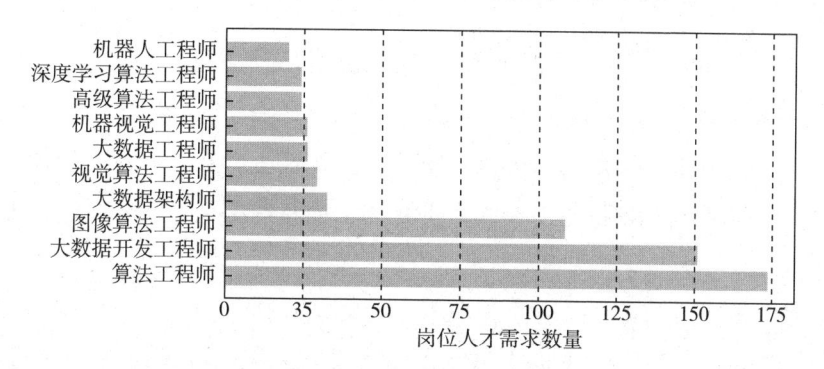

图五 需求量前 10 位的 AI 技术岗位

五、AI 企业规模特点——以中小企业为主

AI 属于新兴产业，创新创业型的中小企业相对集中。从图六可以看出，在 2000 多家 AI 企业中，绝大多数为 500 人以下的中小企业，其中 50—150 人的中小企业最多。中小企业较多，既符合行业的普遍特点，同时也意味着人工智能产业的不断创新迭代与活力。超过 10000 人的特大型企业数量很少，但他们都是 AI 界的大牛，比如 BAT、字节跳动、ViVo、ABB 机器人、西门子等。

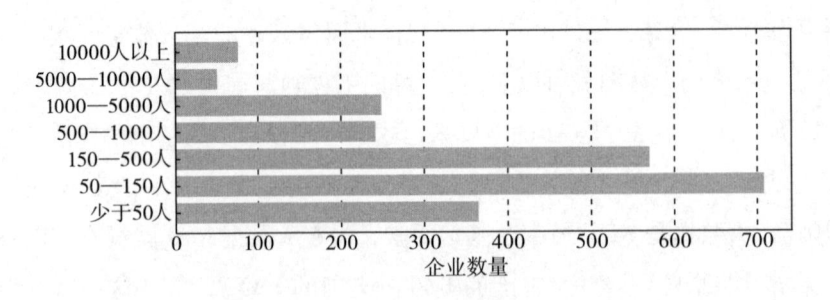

图六　AI 企业规模格局

六、AI 企业的资本特点——民企是主力

在科技创新方面，民营企业最有活力。招聘大数据显示出了这种格局。如图七所示，民营公司是 AI 的绝佳玩家，有 1484 家，占比 60% 以上，代表企业如字节跳动、腾讯、ViVo 等。事实上，在我国科技行业，民营企业一直都是创新的主力军，在讲究技术创新速度化、细分市场挖掘精细化的 AI 产业，体制灵活、技术专有的民企优势更加明显。公众资本的公司，即上市公司，有 211 家，占比不大，但基本都算是明星企业，如阿里、腾讯。国企也有致力于发展 AI 科技者，但占比不大，只有 196 家，代表性企业有中移物联、中电太极等。其他合资、外资企业占比则相对较小。

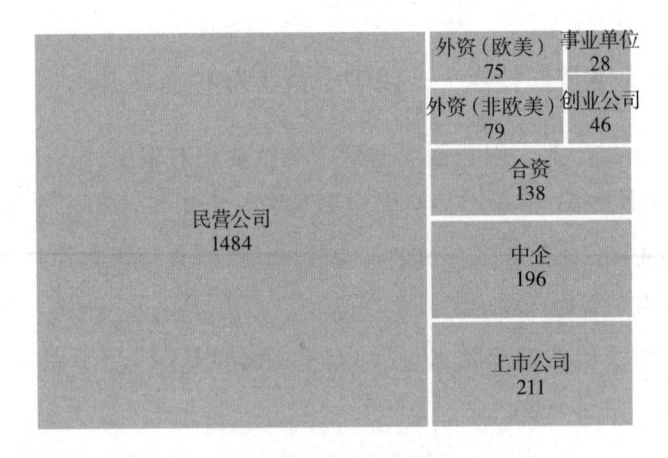

图七　AI 企业的资本属性分布

园区管理

"1+3+7+1+6" 自贸区新格局研究及未来展望

卢瑞轩

2019年8月26日，国务院批复同意新设6个自由贸易试验区，印发6个新设自由贸易试验区总体方案。至此，我国自贸区数量达到18个，形成了"1+3+7+1+6"的新格局。从2013年上海自贸区设立以来，我国自贸区完成了"由点到线，由线及面"的全方位布局，构建起**"东中西协调、南北统筹兼顾，江海陆边联动"**的高水平对外开放新格局，为我国进一步开发开放释放活力。

表1 六个新设自贸区及对应片区一览表

自贸区	片区
中国（山东）自由贸易试验区 （119.98平方公里）	济南片区
	青岛片区
	烟台片区
中国（江苏）自由贸易试验区 （119.97平方公里）	南京片区
	苏州片区
	连云港片区
中国（广西）自由贸易试验区 （119.99平方公里）	南宁片区
	钦州港片区
	崇左片区

续表

自贸区	片区
中国（河北）自由贸易试验区 （119.97 平方公里）	雄安片区
	正定片区
	曹妃甸片区
	大兴机场片区
中国（云南）自由贸易试验区 （119.86 平方公里）	昆明片区
	红河片区
	德宏片区
中国（黑龙江）自由贸易试验区 （119.85 平方公里）	哈尔滨片区
	黑河片区
	绥芬河片区

一、自贸区按区域功能分析

（一）沿海经济线

北起辽宁、南至广西，我国沿海省份已全部设有自贸区。沿海各省份根据不同的地理位置和空间布局，对自贸区的功能定位各有特色。其中天津自贸区要打造北方国际航运中心和国际物流中心；福建自贸区重点发展两岸合作示范区；浙江自贸区要建设成为东部地区重要海上开放示范区；广东自贸区着力打造粤港澳大湾区合作示范区；海南自贸区则发挥全岛试点的整体优势，紧紧围绕建设国家生态文明试验区、国际旅游消费中心等，把海南打造成为我国面向太平洋和印度洋的重要对外开放门户。

（二）沿江经济带

西起云南，东至上海入海口，目前，长江流域经济带已有四川、重庆、湖北、江苏、浙江等 7 个省份或直辖市设立了自贸区，基本形成了沿江经济带自贸区布局。其中，四川自贸区要打造长江口岸现代航运服务系统；重庆自贸区努力建成服务长江经济带发展的国际物流枢纽和口岸高地；江苏自贸区要推动长江经济带和长江三角洲区域一体化发展，主动服务长江三角洲区域重点产业的优化布局和统筹发展。

（三）东北亚经济圈

东北亚地区是亚洲经济与文化最发达的区域，和欧盟、北美一起并列为当今世界最发达的三大区域。东北三省已有辽宁、黑龙江设立了自贸区。辽宁自贸区推进与东北亚全方位经济合作，构建联结亚欧的海、陆、空大通道，着力打造提升东北老工业基地发展的新引擎。黑龙江自贸区则打造对俄罗斯及东北亚区域合作的中心枢纽。另外，山东自贸区要深化中日韩区域经济合作。

（四）东南亚大通道

在新设的6个自贸区中，有2个位于沿边的西南地区，将会使中国—东盟自由贸易区由广度向深度加速推进。云南自贸区着力建设联结南亚东南亚大通道的重要节点，推动形成我国面向南亚东南亚辐射中心、开放前沿。广西自贸区则发挥与东盟国家陆海相邻的独特优势，建设面向东盟的国际陆海贸易新通道，成为我国西南、中南、西北出海口，形成21世纪海上丝绸之路和丝绸之路经济带有机衔接的重要门户。

（五）内陆大开发

从全国自贸区布局图上看，自贸区由沿海逐步向内陆地区拓展，12个西部省份已有5个设立了自贸区。四川自贸区立足内陆、承东启西，将自贸试验区建设成为西部门户城市开发开放引领区、内陆与沿海沿边沿江协同开放示范区。重庆自贸区则要发挥重庆战略支点和联结点重要作用，带动西部大开发战略深入实施。陕西自贸区要发挥"一带一路"建设对西部大开发带动作用，努力将自贸试验区建设成内陆型改革开放新高地。

二、自贸区按招商引资分析

截至2018年底，根据《中国自由贸易试验区发展报告（2019）》显示，过去五年来，已设立的12家自由贸易试验区累计新设立企业61万家，其中外资企业3.4万家，以不到全国万分之二的面积，吸引了12%的外资，创造了12%的进出口额。

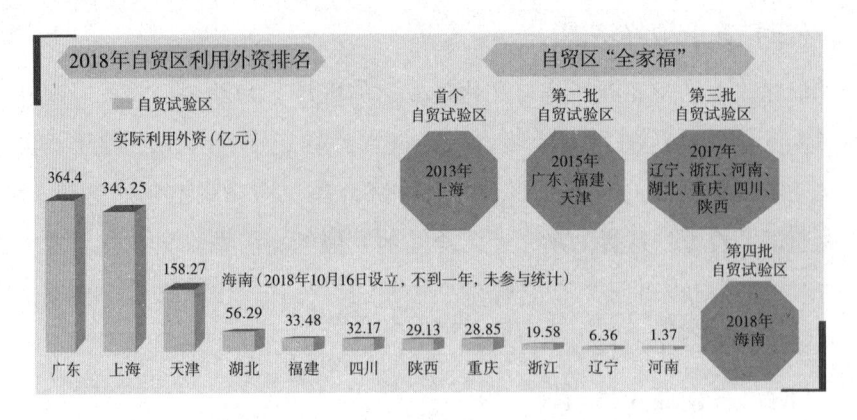

图一 2018年自贸区利用外资排名

2018年自贸区利用外资排名（实际利用外资，亿元）：广东364.4、上海343.25、天津158.27、湖北56.29、福建33.48、四川32.17、陕西29.13、重庆28.85、浙江19.58、辽宁6.36、河南1.37。海南（2018年10月16日设立，不到一年，未参与统计）。

自贸区"全家福"：首个自贸试验区2013年上海；第二批自贸试验区2015年广东、福建、天津；第三批自贸试验区2017年辽宁、浙江、河南、湖北、重庆、四川、陕西；第四批自贸试验区2018年海南。

资料来源：《湖北日报》。

2018年，我国第二批设立的自贸区共新设企业83869家，其中广东自贸区新设企业数量最多，远超同是第二批设立的天津和福建自贸区。天津自贸区新设企业数中，内资企业数10635家，外商投资企业数436家，其中年内新增高新技术企业170家。

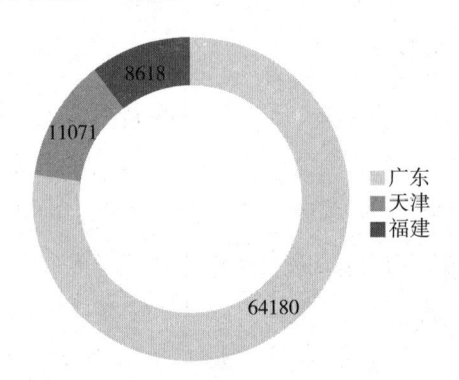

图二 2018年广东、天津、福建自贸区新设企业数

广东64180、天津11071、福建8618。

资料来源：各省自贸办、自贸区公开数据整理。

（一）广东自贸区向港澳借力

广东自贸区设立后，凭借区位优势以及不断完善的粤港澳合作机制，成为港澳资企业落户的热点地区。2017年至2019年9月，广东自贸区累计从港澳地区引进 11331 家企业。其中港澳青年创业团队主要分布于南沙粤港澳青年创业工场、前海青年梦工厂、横琴澳门青年创业谷。另外，2019 年广东自贸区因香港暴动等原因，自贸区新设香港企业数出现明显下降。

表 2 广东自贸区历年新设香港、澳门地区企业数

年份	香港	澳门
2017	3008	451
2018	5408	308
2019 年 1—9 月	1892	264

资料来源：广东省自贸办公开数据整理。

（二）福建自贸区招商引资超两万亿元

福建自贸区成立 4 年来，招商引资取得良好发展。尽管在 2018 年招商有所下降，但 2019 年有了明显起色。2019 年，福建自贸区新增企业 15808 家，累计 91178 家；新增注册资本 3283.9 亿元，累计 20282.8 亿元，首次超过两万亿元大关。由于受台湾关系等不确定性因素影响，在稳步推进招商方面，福建自贸区在未来会面临较大的外部压力挑战。

表 3 福建自贸区历年招商引资情况

年份	新增企业户数（家） 本年累计	新增企业户数（家） 挂牌以来累计	注册资本（亿元） 本年累计	注册资本（亿元） 挂牌以来累计
2016	34984	48550	6640.55	9447.72
2017	18202	66752	4535.09	13982.82
2018	8618	75370	3016.1	16998.9
2019	15808	91178	3283.9	20282.8

资料来源：福建省商务厅公开数据整理。

（三）浙江自贸区重点引进油品企业

2019 年，浙江自贸区新增注册企业（新增＋换发）6927 家，其中新增油品企业 2917 家，油品企业数占比不断增加。从挂牌成立至 2019 年底，浙江自贸区累计新增企业 18507 家，其中累计新增油品企业 5727 家，占比

30.95%，成为全国油品企业集聚度最高的地区，初步构建了具有国际竞争力的油气全产业链体系。这些都为今年国务院支持浙江自贸区油气全产业链开放发展奠定了很好的基础。浙江自贸区将在未来重点引进油气贸易国际战略投资者。

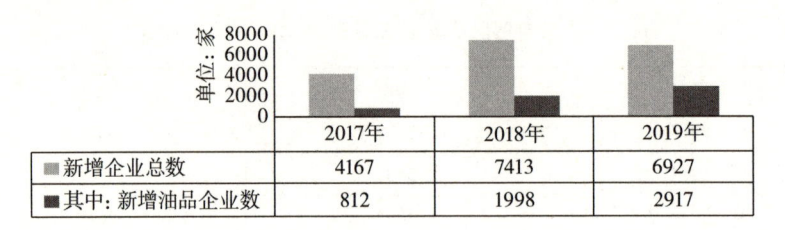

单位：家	2017年	2018年	2019年
新增企业总数	4167	7413	6927
其中：新增油品企业数	812	1998	2917

图三　浙江自贸区历年新设企业数情况

资料来源：浙江自贸区公开数据整理。

三、自贸区按进出口贸易分析

自贸试验区作为对外开放的新高地，是稳住外贸外资基本盘的重要阵地。截至2018年底，我国11个自贸试验区（不包括海南自贸试验区）创造了全国12%的进出口总额。2019年，自贸试验区进出口总额占到全国的13.1%，实现平稳增长。从单个自贸区进出口总额情况分析，我国自贸区差异显著，在同是第三批设立的自贸区中，陕西自贸区2018年实现进出口总额2649.79亿元，而浙江自贸区则是642.17亿元。这与自贸区本身划定的区位以及自贸区内的产业定位有极大关系。另外，广东自贸区进出口贸易额始终在自贸区中排名前列。

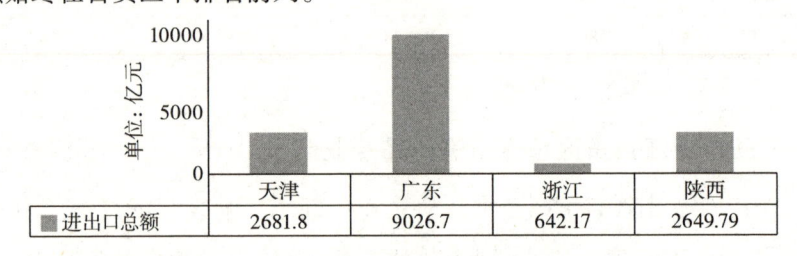

单位：亿元	天津	广东	浙江	陕西
进出口总额	2681.8	9026.7	642.17	2649.79

图四　2018年四个自贸区进出口贸易情况

资料来源：根据各省自贸办、自贸区公开数据整理。

四、以上海自贸区建设为例分析

上海自贸区是全国的试点,在自贸区新格局中一直扮演着先行者的角色,在探索中国对外开放的新路径和新模式方面具有借鉴意义。作为全国最早设立的自贸区,上海自贸区的建设发展取得众多成就但也面临压力。以下统计数据范围均为上海自贸区未扩区前,涉及外高桥保税区、洋山保税港区以及浦东机场综合保税区。

固定资产投入情况:2014年至2019年,总体来讲上海自贸区固定资产投入稳中有升。其中,2015年浦东机场综合保税区投入较少,仅为1700万元。2017年外高桥保税区加大对固定资产投资力度,投入资金41.76亿元,占整个自贸区固定资产投入的96.35%。2018年,随着浦东机场综合保税区建设资金投入增加,全年固定资产投入11.22亿元,上海自贸区的功能也将更加完善。

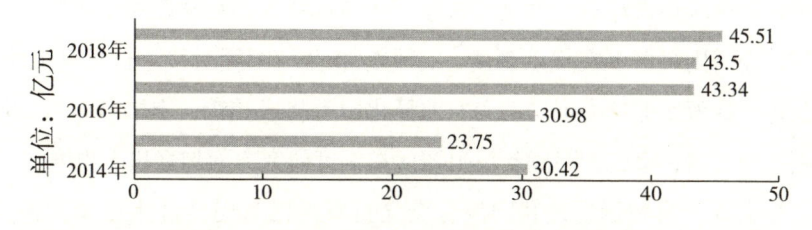

图五 上海自贸区历年固定资产投入情况

吸引投资情况:截至2018年底,上海自贸区世界500强投资企业共533家,累计引进外资项目16799个,累计落户内资企业31396家。随着全国新设自贸区的增加以及上海自贸区诸多创新举措在全国复制推广力度加大,上海自贸区的吸引力有所下降。2019年,自贸区新增外资项目361个,同比下降35.4%,上海自贸区在吸引内外资企业方面面临挑战。

上缴税收情况:上海自贸区建设6年来,税收基本呈逐年上升趋势,年均增长率为4.57%。2018年实现税收1868.35亿元,其中外高桥保税区完成1314.95亿元,同比增长4.22%;洋山保税港区完成490.7亿元,同比增长11.52%;浦东机场综合保税区完成62.7亿元,同比增长24.51%。

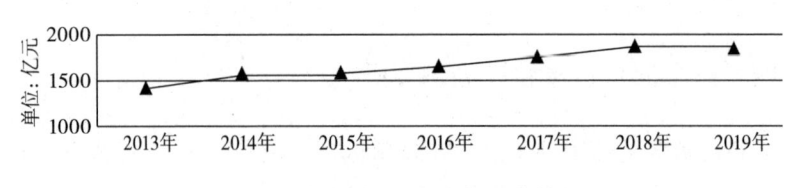

图六　上海自贸区历年上缴税收情况

五、自贸区的未来展望

全国自贸区遍地开花，能否全部结出果实还未知。就像当年的5个经济特区一样，也不是每一个都发展得很好。现在我国已设立了18个自贸区，国家把政策条件给到这些省市，每个自贸区都有其自身优势，形成百舸争流的新局面，能不能真正发展起来就要靠自身真本事了。

随着自贸区的不断增加，我国将从过去的履约式开放转向自主开放，未来还会不断拓宽开放的领域。之前的开放注重发展贸易便利化，未来会更加重视各个领域要素流动自由化。另外，我国自贸区正在从政策引资转向制度引资，今后则会更多在规则制度、行业标准上与国际对接。自贸区的增多，既是每个自贸区的压力也是动力，差异化引资将成趋势，全国自贸区的制度创新指数排名，会继续激励新设自贸区在制度研究方面加强投入力度。

新设6个自贸区后，我国没有设立自贸区的省份实际上已分为两大板块，其中一块是安徽、江西、湖南、贵州四个省份被形成的包围圈。2020年4月13日，国务院同意设立江西内陆开放型经济试验区，意在走出一条内陆省份双向高水平开放的新路子。因此，其他未设自贸区的省份，今后可围绕战略定位、结合自身资源禀赋和比较优势，开展差别化的探索设立新型试验区。

"三十而立",高质量发展再出发
——解读《关于促进国家高新技术产业开发区高质量发展的若干意见》

胡 晨

一、"国发7号文"的政策背景

1988年第一个国家级高新技术产业开发区(以下简称"国家高新区")——北京市新技术产业开发试验区(现为北京中关村海淀园)经国务院批准成立,至此正式拉开了国家高新区蓬勃发展的序幕。至今,国家高新区在全国范围内已有169家[①]。

设立国家高新区的初衷是促进高新技术产业发展、培育高新技术企业。鉴于国家高新区是我国实施创新驱动发展战略的重要载体,为大力支持高新区创新发展,国家出台了一系列政策深化改革、优化高新区发展环境,汇总如下:

表1 国家高新区相关政策汇总

时间	发文机关	政策名称
2020.07	国务院	《关于促进国家高新技术产业开发区高质量发展的若干意见》(国发〔2020〕7号)

---

① 统计截至2020年7月。

续表

时间	发文机关	政策名称
2013.03	科技部	《国家高新技术产业开发区创新驱动战略提升行动实施方案》（国科发火〔2013〕388号）
2007.03	科学技术部、国家发展改革委、国土资源部、建设部	《促进国家高新技术产业开发区进一步发展增强自主创新能力的若干意见》（国科发高字〔2007〕152号）
2002.01	科技部	《关于进一步支持国家高新技术产业开发区发展的决定》（国科发火字〔2002〕32号）
1999.08	科技部	《关于加速国家高新技术产业开发区发展的若干意见》
1996.02	科技部	《国家高新技术产业开发区管理暂行办法》

建设30余载，在政策的有效支持和引导下，国家高新区已经成为我国国民经济发展的重要支撑和增长点。2018年国家高新区生产总值（GDP）规模总计11.1万亿元[1]，同比增长10.5%，占全国GDP比重的12.3%，增速高出全国GDP平均增速4个百分点。企业研发经费占全国企业研发经费支出的48.9%；园区高新技术企业数量占全国认定高新技术企业37%；企业有效发明专利数占全国总量的30.9%。

二、"国发7号文"的政策特点

2020年7月17日，国务院发布《关于促进国家高新技术产业开发区高质量发展的若干意见》（国发〔2020〕7号）（以下简称"国发7号文"），从"提升自主创新能力""激发企业创新发展活力""推进产业迈向中高端""加大开放创新力度""营造高质量发展环境""加强分类指导和组织管理"6大方面提出18条具体举措，赋予国家高新区新使命和新定位。与2019年国务院针对国家级经开区发布的"国发11号文"异曲同工，"国发7号文"规格之高、扶持力度之大、突破性之强，前所未有、意义重大，高新区发展将迎来新的历史节点。

---

[1] 数据来源：《国家高新区创新能力评价报告（2019）》。

与以往政策相比，国发7号文具备以下四大特点。

（一）历史阶段新

站在"三十而立"的全新节点，国发7号文的发布意味着国家高新区正式从高速增长转向高质量发展。新时代面临新要求，文件明确提出国家高新区要成为创新驱动发展的示范区、高质量发展的先行区，从重点领域、关键环节探索突破新机制、新路径，为如何提供创新驱动示范、实现高效能治理提供遵循。

（二）发文规格高

以往政策多以科技部主导，或牵头联合各部委发布，而此次发文机关为国务院，为国家高新区相关专项政策中规格最高。实际上早在7月1日，国务院常务会议已经释放重要信号，李克强总理对促进国家高新区深化改革扩大开放、推动高质量发展进行专门部署，体现对国家高新区建设工作的高度重视。

（三）制度突破强

"国发7号文"破除僵化理念，打破机制障碍，针对至今仍存争议的部分领域提出多项具有突破性和创新性的制度，例如探索职务科技成果所有权改革、建立高新区与省级部门直通车制度等。文件进一步明确了深化改革方向，在充分赋权的前提下鼓励高新区先行先试。

（四）发展举措实

除提纲挈领的战略性谋划之外，"国发7号文"提出多条便于操作实施的举措，如明确国家高新区企业境外高端人才经批准后申请工作许可年龄可放宽至65岁，明确高新区人才可申办5年以内居留许可等，使国家高新区未来开展工作"干有方向、定有标尺"。

三、"国发7号文"的政策亮点

基于"国发7号文"的四大特点，不难看出该政策将成为国家高新区迈入未来第四个十年发展阶段的顶层设计和长远擘画，是自上而下统筹协调的重要依据，是引领国家高新区发展的纲领性文件。因此，如何吃透文件精神、积极贯彻落实"国发7号文"提出的各项任务举措将成为近期国家级高新区及地方各部门的重要任务。

具体来看，"国发7号文"共涵盖6大方面、18条具体举措。通过对政策原文深度解读，礼森智库认为国发7号文"两大聚焦、两大突出"的亮点值得关注。

亮点一：聚焦创新驱动潜力释放

激活创新资源集聚新路径。文件系统性地指出：支持以骨干企业为主体，联合高等学校、科研院所建设市场化运行的高水平实验设施、创新基地，培育新型研发机构等产业技术创新组织。

"市场化""新型研发机构""风险分担""所有权改革"等关键词首次写入国家高新区相关文件，紧扣目前各类创新主体亟须破解的"难点堵点"，为国家高新区在促进创新资源集聚过程中如何探索高效路径、激发主体动力给出重要提示。推动科研设备市场化是当下利用"共享经济"概念满足研发检测需求、降低企业创新成本、推动科研单位嫁接市场资源的多方共赢举措。其次，引入主体多元、机制灵活的产业研究院、研发中心、独立研究者等新型研发机构，可以充分发挥优势、破除发展瓶颈，提升高新区创新体系效能。这些试验性改革举措在国务院文件中进一步体现为高新区深化创新资源统筹改革。

释放科技成果转化新活力。文件提出要探索职务科技成果所有权改革。

今年5月18日，科技部等九部门印发《赋予科研人员职务科技成果所有权或长期使用权试点实施方案》，对科技成果所有权归属问题提出开展试点改革。而"国发7号文"对科技成果所有权改革的再次强调，无疑从政策保障上为高新区科技成果转化改革注入"强心剂"，为激发科研人员原始创新再添"催化剂"。

亮点二：聚焦双创服务能级提升

聚焦创业孵化服务提质。"国发7号文"鼓励通过众创、众包、众扶、众筹等途径孵化培育科技创业团队并扩大首购、订购等非招标方式的应用，加大对科技中小企业采购力度。围绕专业领域建设专业化众创空间和科技企业孵化器。

文件明确高新区创业孵化服务质量提升要求。"四众"平台建设首次出现在 2015 年国务院印发的《关于加快构建大众创业万众创新支撑平台的指导意见》，其内涵是汇众智促创新、汇众力增就业、汇众能助创业、汇众资促发展，实质在于对社会资源的充分调配。将"四众"建设纳入"国发 7 号文"，体现科技中小企业培育工作在高新区发展中的重要地位，标志着未来推动双创服务转型升级需要重点关注提升资源调配能力，考验高新区利用大数据、人工智能等新型数字技术为企业和市场资源搭建高效对接渠道的能力。另外，众创空间、孵化器在经历了初始阶段的"野蛮生长"后逐渐回归理性，商业模式走向完善和成熟。政策鼓励建设专业化众创空间和孵化器，符合当前发展趋势，为高新区提升运营能力和服务专业化水平指明转型方向。

聚焦科技金融服务拓能。"国发 7 号文"鼓励商业银行在国家高新区设立科技支行，同时支持金融机构在国家高新区开展知识产权投融资服务，支持开展知识产权质押融资，开发完善知识产权保险。

鼓励设立科技支行、知识产权投融资，是结合科创小微企业"轻资产"特点，对其在发展初期面临融资困难的扶持手段新突破、新模式。数据显示，截至 2018 年全国银行业金融机构已设立科技支行、科技金融专营机构等 743 家。在此背景下，高新区开展科技金融服务创新有助于完善服务链条，加快"知识"到"资本"的规模化转变。

亮点三：突出深化管理体制机制改革

加快整合提升。"国发 7 号文"鼓励以国家高新区为主体，整合或托管区位相邻、产业互补的省级高新区或各类工业园区。

与经开区类似，近年来高新区在发展过程中面临园区数量多、规模小、能级弱、管理散等问题，而该文件的提出能有效利用国家级高新区制度优势，精简园区管理机构，打造高能级开放平台，因此未来一段时间国家高新区有望加快整合提升步伐。

加快放权赋能。"国发7号文"指出:"建立授权事项清单制度,赋予国家高新区部分省级和市级经济管理权限。建立国家高新区省级有关部门直通车制度。"

目前管理权限下放主要体现在财政和行政审批两大方面。例如苏州工业园区、杭州高新区等园区已实现实行地(市)级以上独立财政和行政审批权。充分鼓励国家高新区放权赋能,可以提高行政服务效率,保障园区高效运作。

加快先行先试。文件提出支持符合条件的地区依托国家高新区申请设立综合保税区,打造国家自主创新示范区。同时鼓励国家高新区复制推广自由贸易试验区、国家自主创新示范区相关改革试点政策。

区别于高新区,自创区"特"在"自主创新"激励政策的先行先试,而自贸区"特"在贸易和行政审批制度的先行先试。迈入高质量发展阶段,鼓励"双区叠加""三区叠加"能有效促进优势互补,通过制度创新助推国家高新区实现产业发展和科技创新的历史性跨越。

亮点四:突出优化管理考核评价办法

推进以升促建。"国发7号文"指出:根据不同地区、不同阶段、不同发展基础和创新资源等情况对符合条件,有优势、有特色的省级高新区加快"以升促建"。

从国家高新区数量变化来看,2010年、2015年获批高新区数量达空前水平,当年分别新增27个、31个。根据《国家高新技术产业开发区"十三五"发展规划》,到"十三五"末国家高新区数量预计达到240家左右。而自2019年以来,并无新增获批的国家高新区。因此结合内外部发展形势,考虑到疫情冲击下国际环境严峻以及国内经济内生发展需求,国家高新区有望成为推动中国经济韧性发展的重要力量,在近期迎来新一波扩容,这为省级高新区争取更高站位优势和更多资源倾斜创造良好机会。

加强动态管理。文件提出将制定国家高新区高质量发展评价指标体系,建立动态管理和退出机制。

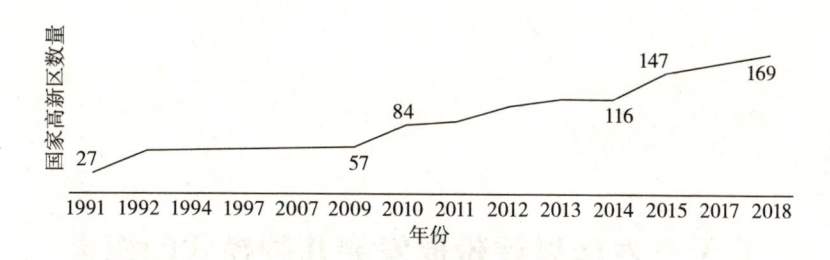

图一　1991—2018年国家高新区数量变化

此前科技部按4大模块40个指标对国家高新区进行年度综合考核评价，但并无公开发布的排名榜单及"上进下退"机制，一定程度容易造成"大而不强、多而不优"的粗放式发展局面。未来国家高新区考核一方面将强化指标导向，制定高质量发展评价指标体系和差异化考核评价办法，从而实现对不同类型高新区的分类指导；另一方面将"重拳出击"，建立倒逼机制，从而充分激发国家高新区在科技型企业培育、创新创业服务质量提升等各方面动力活力。

关于开发区以评价促发展几种模式的探索

管锡清

全国各省市都在提高资源利用效率，促进社会高质量发展，开发区又是各省市最重要的社会经济发展的载体之一，国家各部委、各省市将开发区评价作为促进开发区高质量发展的重要方法之一，极力通过评价促进开发区全面提升综合发展水平，带动当地社会经济发展。

一、开发区评价体系的三个维度

（一）评价体系的指向性

开发区评价体系第一个维度就是指标的**指向性**，主要是看指标侧重过程评价还是发展结果评价。

1. 开发区评价指标的过程指标

"过程"是指事物发展所经过的程序、步骤、阶段。在质量管理学中"过程"定义为：利用输入实现预期结果的相互关联或相互影响的一组活动。开发区评价的过程指标是指开发区在开发建设发展过程中形成的条件、环境、基础。

过程指标是与开发区发展有直接关系的内外因素。例如实到外资指标反映的是开发区引进外资企业实际到位的资金，引进的外资企业普遍质量较好，其到位资金较多，这对开发区的发展促进作用极大。但实到外资与实缴内资资本金内涵基本一致，都是开发区内企业资金到位情况，它是企业发展的基础，也是开发区发展好坏的基础。

过程指标可以发现或诊断开发区开发建设发展过程存在的不足之处，具有很强的指导性与可操作性。例如高新技术企业、科技小巨人企业等企业资源指标；硕士及以上学历人才数量、入选国家及本市相关人才计划的人员等人才资源指标；环保投入资金、研发资金等资金资源指标；区内企业发明专利授权数、研发机构数、省级及以上研发机构总数、孵化器、众创空间数量等科创资源指标。这些资源指标都是促进开发区高质量发展的必要条件，而不是充分条件，它们都能间接反映开发区综合发展水平。

2. 开发区评价指标的结果指标

"结果"是指在一定阶段，人或事物发展所达到的最后状态。开发区评价的结果指标指开发区通过开发、建设、发展所取得的成果、成就。

结果指标反映开发区在截至某个时点时该指标的数量。例如进出口金额指标反映开发区全年进出口的金额情况；上缴税金为开发区一年实际上缴到税务部门的资金。

结果指标直接反映开发区综合发展水平，可以明确指出开发区综合发展水平处的位置、存在的差距和奋斗的目标，具有重大的指导性与目标性。

3. 开发区指向性评价体系分类

评价体系的指标指向性将评价体系分为三种类型。

第一类注重发展过程指标的考核。以国家级经济技术开发区综合发展水平考核评价和浙江省开发区综合考评为代表，其考核体系侧重于开发区的发展过程指标，通过对过程指标的考察，确定开发区综合发展水平的高低。例如国家级经济技术开发区综合发展水平考核评价共有53个指标，其中过程指标有32个，占全部指标的60.38%，注重实际使用外资金额、孵化器、众创空间数量、高新技术企业数等过程指标。而浙江省开发区综合考评指标体系过程指标有20个，占比为55.55%，指标权重为550，评价体系比较注重开发区的实际外资、技改投入率、新批大好优项目、固定资产投资等过程指标。

第二类注重发展结果的考核。这种评价以结果指标作为考核评价体系的主要指标。以安徽省开发区综合考核为代表。其评价体系中的结果指标有15个，占21个正式评价指标的71.43%，指标权重为66%。安徽省的综评体系有一个特色就是有另外14个附加评价指标，在原100分的基础上增加10分附加分，这14个附加指标都是过程指标。将附加分指标加进来，安徽省综评体系结果指标权重占比达到了60%。

第三类注重发展结果与过程指标的考核。以上海市开发区综合评价体系为代表，评价体系以结果指标为主，同时也注重过程指标，特别是注重科技创新等过程指标。上海市开发区综合评价体系中结果指标有26个，指标数占比为52%，指标权重占比为54.78%，较好地平衡了结果指标与过程指标之间关系。

(二) 评价体系的相对性

指标的相对性是指评价指标选用总量指标与相对指标情况。

1. 开发区评价总量指标

总量指标是用来反映社会经济现象在一定条件下的总规模、总水平或工作总量的统计指标，是用一个绝对数来反映特定现象在一定时间的总量状况，它是一种最基本的统计指标。总量指标是认识社会经济现象的起点，是实行社会经济管理的依据之一，也是反映社会经济发展取得成就最重要的指标。

2. 开发区评价相对指标

相对指标亦称"统计相对数"，是指两个有联系的现象数值相比得到的比率，反映现象的发展程度、结构、强度、普遍程度或比例关系。相对指标通过数量之间的对比，可以表明事物相关程度、发展程度，它可以弥补总量指标的不足，使人们清楚了解现象的相对水平和普遍程度，例如速度指标，更能反映园区的发展前景。

相对指标把现象的绝对差异抽象化，使原来无法直接对比的指标变为可比。例如不同的开发区由于园区规划面积不同，直接用总产值、利润比较评价意义不大，但如果采用一些相对指标，如单位土地产值、人均劳动生产率等进行比较，可以相对科学公平地对园区发展水平做出合理评价。人均发明专利拥有数（四上企业平均拥有发明专利数）比累计拥有发明专利数能更好说明两个园区的科技创新成果。相对指标能对总体内在的结构特征进行说明，为深入分析事物的性质提供依据。

3. 开发区相对性评价体系分类

根据指标的相对性，将综合评价体系分为两种类型。

第一类是相对性指标权重大的评价体系。浙江省开发区综合考评体系与上海市开发区综合发展评价作为代表。浙江省开发区综合考评体系，相对指标为 21 个，指标权重占比为 55%；上海市开发区综合发展评价指标体系中，相对指标为 26 个，指标权重占比为 54.4%。

第二类是总量性指标权重大的评价体系。以国家级经济技术开发区综合发展水平考核体系与安徽省开发区综合考核体系为代表。安徽省开发区综合考核体系正式的 21 个指标中，有 9 个指标为总量指标，其权重占比超过 60%；国家级经济技术开发区综合发展水平考核体系 53 个指标中，有 27 个总量指标（含 3 个是与否指标），占比 50.94%。这两个评价体系中权重最大的前两个指标都是总量指标，其中安徽省综评体系为全区经营（销售）收入、税收收入，权重占比为 20%；国家级经济技术开发区综合发展水平考核体系最重要的指标基本都是总量指标，例如地区生产总值、实际使用外资金额、出口总额、进口总额等总量指标。

（三）评分的标准化

评分的标准化就是原始数据标准化，是指对原始数据的预处理计算。由于评价指标取值的量纲、单位不同，指标的数值大小和离差不同，不同指标之间的这种差异不具有分类意义。因此，需要对评价指标的原始数据进行变换处理，称为原始数据标准化。例如评价体系中工业总产值与发明专利拥有数是不能相加得一个总数，因此评价体系都需要评价标准化。

根据评分标准化的方法不同将评价体系分为两类。

第一类为组内对比，动态计算。国家级经济技术开发区综合发展水平考核评价体系就是这类评分代表。其指标得分是根据园区指标的数据在组内相对的位置确定，即园区的数据与组内最大值与最小值之间相对位置而确定得分。因为每次评价，每个指标的组内的最大值与最小值都可能变化，因此某个园区一个指标两次评价的数据一样，但得分可能不一样，这种评分方式强调评价园区的相对位置，促进园区动态发展。

第二类为设置标杆，促进达标。上海市开发区综合评价体系是这种评分标准化的代表。这种评分方式设置每个指标的标准分分值，评价园区达到标准分分值获得对应的标准分。

二、开发区评价体系模式

根据开发区评价指标的指向性与相对性将开发区评价体系分为四种模式。

表1 开发区评价体系模式矩阵

相对性＼指向性	过程指标	结果指标
总量指标	引领模式 （国家级经开区评价体系）	做大模式 （安徽省评价体系）
相对指标	做强模式 （浙江省评价体系）	做优模式 （上海市评价体系）

第一种模式：引领模式。以商务部国家级经济技术开发区综合发展水平考核评价体系为代表，引领模式评价引导开发区争先做强，不断优化园区发展的基础与条件，使开发区成为当地社会经济发展龙头，特别是引领模式结合组内对比评分标准，进一步加强评价促进发展的动力，形成一种开发区你追我赶的争先态势。该评价模式适用于位于不同省或市的同一类型的开发区。

第二种模式：做强模式。以浙江省开发区综合考核体系为代表，做强模式的评价体系是在开发区具有一定的经济规模与效益的情况下，通过评价促进开发区不断提升、完善与优化园区发展的基础与动力，改进薄弱之处，促进开发区不断提升综合发展水平。这种模式可进一步完善，例如更加强调过程指标和相对指标，结合组内对比的评分标准，更有利于评价结果的指导性和公平性，使根据评价结果进行的奖惩更为公平合理。该评价模式适用于位于同省或市的开发区，主要目标为提升开发区的发展基础。

第三种模式：做大模式。以安徽省开发区综合考核体系为代表，做大模式的评价体系是大力提升开发区的经济规模与效益，通过评价促进开发区不断发展壮大，提升园区社会经济规模。该评价模式适用于位于同省或市的开发区，主要目标为提升开发区的经济规模与效益。

第四种模式：做优模式。以上海市开发区综合发展评价为代表，做优模式评选出优秀的开发区，促进开发区人人争优，在争优的过程促进开发区的发展，提升开发区的综合发展水平。这种模式适用同省或市多种类型的开发区的评价，通过设置优秀开发区的标杆，促进开发区发展。

三、开发区评价体系选用模式的结论

开发区的发展是一个不断向前的动态过程，具有多种类型，开发区的规划面积与行政管理运行体制机制也多样化，开发区所处的发展阶段也不同。因此，对开发区进行评价要根据评价的目标选择好评价的模式，以达到评价促发展的最终目的。

早期开发区的"分开—合力"党政关系

金 刚

一、天津开发区 2001 年前的发展情况

（一）早期的两个阶段

1984—1991 年是全国开发区的初创期，也是天津开发区的初创期。在这个阶段，天津开发区主要学习深圳蛇口工业园区和国外出口加工区的经验，对姓"社"与姓"资"的问题有困惑，担心外资企业不来开发区投资，没有形成支撑开发区发展的产业聚集效应。

1992—2000 年是天津开发区快速发展的时期。1992 年，邓小平第二次南方谈话在全国掀起了对外开放和引进外资的新一轮高潮。以 1992 年摩托罗拉在天津开发区投资为标志，大哥大和寻呼机风靡中国大江南北，确立了天津开发区电子信息产业在全国的重要位置。天津开发区的主要经济指标在全国开发区中排名首位。天津开发区形成了电子信息、机械制造、生物医药、食品饮料等产业群。在这个阶段，天津开发区成为具有高新技术、有一定产业集聚的大型工业园区，对于如何向新城区转型有困惑。

（二）2001 年天津开发区的综合经济实力达到最高峰

从 1997 年起，原国家外经贸部正式对国家级开发区进行投资环境综合评比，天津开发区在总指标和综合经济实力两项指标方面长期保持第一。

2001年，天津开发区综合指数、综合经济实力得分分别为683.9分和290分，其中综合经济实力得分甚至高于第二名广州开发区的152.4分、第三名大连开发区的118.5分之和。这一年，在综合经济实力类的14项指标中，天津开发区均排在第一位。

从2002年起，包括国内生产总值、工业增加值等14个分指标，其中的11个指标天津开发区仍排在第一位；可支配财力和合同引进外资居于第2位，排名榜首的分别是广州开发区和昆山开发区；内资企业注册资本落后于北京、烟台、宁波和哈尔滨四个开发区排名第5。

表1　2001—2002年度天津开发区综合经济指标评价情况对比表

	2001年		2002年	
	得分	排名	得分	排名
综合得分	290.00	1	278.67	1
国内生产总值	30.00	1	30.00	1
其中：工业增加值	20.00	1	20.00	1
区内就业人数	15.00	1	15.00	1
税收收入	30.00	1	30.00	1
其中：涉外税收收入	15.00	1	15.00	1
可支配财力	25.00	1	24.54	2
工业总产值（现价）	20.00	1	20.00	1
工业销售收入	15.00	1	15.00	1
工业企业利润收入	15.00	1	15.00	1
外资企业工业销售收入	15.00	1	15.00	1
出口总额	20.00	1	20.00	1
合同引进外资额	20.00	1	19.49	2
实际使用外资额	25.00	1	25.00	1
内资企业注册资本	25.00	1	14.64	5

2002年天津开发区综合经济实力指标得分有所下降，主要原因是广州开发区体制改革，实行"四区合一"的管理模式，多种功能区合并，提高了区域竞争力。在国家级开发区投资环境综合评比中，广州开发区的综合经济实力不断提升，2002年得分为167.85分，低于天津开发区的278.67

分，但天津开发区的领先优势较 2001 年有所缩小。到了 2004 年，天津开发区的总指数和综合经济实力得分分别为 708.7 分和 190.91 分，第二名广州开发区的得分分别为 602.8 分和 179.88 分，天津开发区较广州开发区的领先优势进一步缩小。

二、分开合力的党政关系

（一）天津开发区早期党政关系呈现职能分开的特点

工委作为天津市委的派出机构主要把大方向和干部任命，其中干部任命涉及"官帽子"。除此之外，开发区工委还有两项重要职能，对内加强机关党建工作，由机关党委承担；对外开展非公党建，由开发区合资企业党委推动。

天津市人大颁布了《天津经济技术开发区管理条例》，将部分市级权限下放开发区**管委会**，管委会作为天津市政府的派出机构，实行管委会主任负责制，依照授权对开发区统一管理，其中编制执行预决算和审核批准投资项目涉及"钱袋子"。

在快速发展阶段，开发区主要领导党政职务"分灶"。依据《天津经济技术开发区志》的资料，在开发区的初创期，工委、管委会主要领导党政职务"一肩挑"，但在之后的快速发展阶段，出现主要领导党政职务"分灶"。

表2　工委、管委会主要领导党政职务

任职时间	书记	管委会主任	党政任职
1984.12—1986.1	Z＊＊（天津开发区临时委员会）	Z＊＊	"一肩挑"
1986.1—1987.6	Z＊（天津开发区临时委员会）	Z＊	"一肩挑"
1987.7—1988.5	Z＊（天津开发区工委）	Z＊	"一肩挑"
1988.5—1992.4	Y＊＊（天津开发区工委）	Y＊＊	"一肩挑"
1992.4—1992.9	E＊＊（天津开发区工委）	Y＊＊	"分灶"
1992.9—1994.12	E＊＊（天津开发区工委）	E＊＊	"一肩挑"
1994.12—1996.6	E＊＊（天津开发区工委）	P＊＊	"分灶"

续表

任职时间	书记	管委会主任	党政任职
1996.6—1998.11	Z＊＊（天津开发区工委）	P＊＊	"分灶"
1998.11—2000.9	Z＊＊（天津开发区工委）	L＊	"分灶"
2000.9—2006.3	P＊＊（天津开发区保税区工委）	L＊	"分灶"

注：上述领导的姓用字母代替，名用＊代替。

再进一步挖掘，把天津开发区35年来的主要领导党政任职情况，与开发区初创期（1984—1991年）、快速发展期（1992—2000年）、繁荣期（2001—2009年）和繁荣之后的调整期，包括后续发展期（2010年至今）及2015年天津港"8·12"事故之后的时期，画出一张坐标图，横轴是时间和发展阶段，纵轴是党政任职情况，是"一肩挑"或者"分灶"，发现一些有趣的现象：

（1）在初创期，主要领导"一肩挑"；

（2）在繁荣期，主要领导"分灶"；

（3）在一个阶段向另一个阶段过渡的3年内，主要领导"一肩挑"；

（4）在繁荣之后的调整期，主要领导"一肩挑"与"分灶"更换频繁。

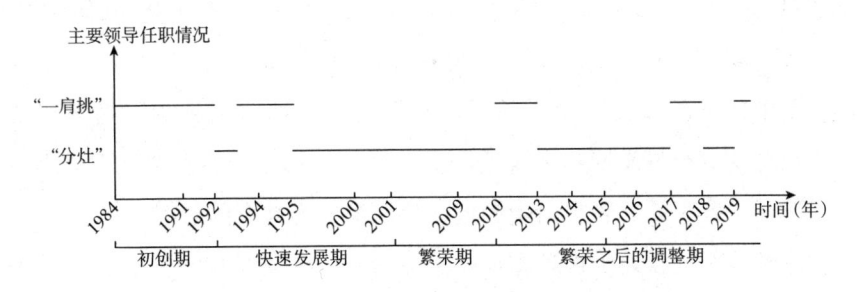

图一 天津开发区35年来的主要领导党政任职情况

开发区工委部门少、管委会机构多。依据《天津经济技术开发区志》的资料，在开发区建区之初，党委的内设机构与管委会合署办公，随着事业的发展，工委的内设机构从管委会分设出，控制在5个部门以内，而管委会的内设机构和事业单位则有膨胀的趋势。

表3 天津开发区党政机构情况

党委	管委会	党政机构比例
1984年,天津开发区管委会的办公室、人事室、政研室代行临时委员会的党委办公室、组织部和宣传部。 1986年,临时委员会下设党委办公室,与合资企业工作处合署办公。 1987年,成立机关党委、开发区总公司党委和开发区合资企业党委。	1984年,管委会的办事机构有6个,即办公室、规划设计室、企业管理室、总会计师室、人事室、研究室。 1985年,管委会的办事机构有12个,增加了律师事务所、公证处、工程建设质量监管站、环境保护办公室、工商行政管理局、财政局。	1984年,0:6 1986年,1:12
1989年,天津开发区工委下设办公室、组织处、宣传处、纪检组,1993年纪检组与监察局合署办公。	1990年内设机构和事业单位17个,1995年含挂靠单位处级职能部门达到36个。	1990年,4:17 1995年,4:36
2000年,天津开发区保税区工委下设办公室、组织处、宣传处、企业工作部、纪工委（监察室）。	2001年,天津开发区管委会系统有32个行政和事业单位,其中13个内设机构,公检法系统有5个部门。	2001年,5:32

（二）合力发展经济是党政的共识

研读《邓小平文选》第三卷,发展是第一要务,其中经济建设是中心。中共中央关于在十三大提出党的基本路线,即"一个中心,两个基本点",以经济建设为中心,坚持四项基本原则,坚持改革开放。在历年天津开发区年度工作要点中,不管是2001年之前还是之后,都把招商引资工作放在重中之重,都注重投资环境、开发建设、城区形象等营造环境工作,党建对区域经济发展起到保障作用,在工作总结和要点中往往排在最后,天津开发区工委、管委会始终把发展经济作为共有的目标。

天津开发区的党建工作理念也体现了促进经济发展的思想。在20世纪80年代末期,工委提出了天津开发区外商投资企业"一点三为"的党建工作思路。"一点",即始终把提高企业经济效益,促进企业发展,作为外商投资企业党建和思想政治工作的结合点;"三为",即为外资企业所需要,为员工所欢迎,为外商所理解。在此基础上,开发区进一步提出了非公有制经济党组织的"三个定位",即非公有制经济党组织要成为职工的政治核心,企业投资者和经营管理者的政治向导,联系政府、企业和员工的纽带。上述理念,党组织是为企业服务的机构,解决了外资企业要不要建立党组织的顾虑,有助于企业文化建设,劳资关系和谐,发挥基层党组织的政治引导和模范作用。

开发区人力资源改革的路径探析

田 平

开发区是体制创新的前沿阵地,有敢为人先、先行先试的优良传统,有深化改革的成熟经验和良好氛围,敢于涉险滩、啃硬骨头。开发区管辖范围不大,各项改革的推行比较可控,有利于降低风险,缩小影响面,以小范围起步,降低改革的成本,减少改革的震荡。下面从各地开发区的实践出发,对开发区人力资源管理体制改革的现实路径进行梳理,并对决定改革成败的核心条件做出分析。

一、开发区人力资源管理体制改革的现实路径

(一)实行"三个分离",推动人力资源管理从"有差别"向"无差别"转变

开发区作为上一级政府的派出机构,行政编制、事业编制及内设部门均比同级行政区大为精减,这就造成体制外用人占比很高,有的开发区派遣制人员远远多于正式编制人员,既有编制内人员抱着铁交椅进取心不足的问题,也有编制外人员因为同工不同酬而工作积极性不高的问题。在不少开发区,体制内难以形成竞争,对体制外也形不成吸引优势,干部交流不顺畅,很多年轻干部进不来、上不去,队伍的结构性问题突出。由于没有刚性的约束机制,造成了在一些单位,推诿扯皮现象严重,一遇急难险

重任务，局长推给处长，处长推给科长，科长推给雇员，雇员推给临聘人员，拿钱多、待遇好的，反而并不是工作的主力军。在机关工作中不仅没有"正激励"，反而有不少反向的"负激励"。

针对这种情况，一些开发区探索实行"三个分离"，就是全部实行干部编内任职与岗位聘职相分离、档案工资与实际薪酬相分离、干部人事档案管理与合同聘用管理相分离。也就是说，每个人都是无差别的人力资源。不论是公务员还是事业编制人员都不能再拿"铁工资"。通过招聘程序从开发区区外调入的人员，其身份和职级封存入档，全部参加开发区岗位聘任制，执行岗位聘任有关规定。由开发区调至区外的人员，退出岗位聘任制，恢复档案身份和职级并进入原体系使用。打破行政事业、编内编外身份界限，实行全员岗位聘任制，在编内职务有空缺时，根据绩效考核情况可以按规定晋升职务或专业技术等级，并作为编内职务存入档案，以此作为在编人员晋升、交流、调整档案工资和办理退休时的依据。在编人员到退休时，才能恢复按级别拿工资的待遇。企业化改革后，官员身份被归档放在一边，相对于级别，能力变得更为重要。

（二）实行双轨运行，推动职业发展路径从"单轨道"向"立交桥"转变

从国际经验来看，对公务人员的职业发展一味搞"单行道"，不如建立身份转换的"立交桥"。新加坡在公务员薪酬收入与经济发展绩效之间建立了正相关关系，在经济高速成长期，公务员与私营企业从业者一样享受经济"花红"。正如新加坡的教育体系是终身教育立交桥（一个人可以在职业教育、专业教育和社区教育之间"调台换挡"）一样，新加坡的公务员也可以在政府公务员与国有企业、私营企业之间"转轨变道"。新加坡重视对在职公务员的培训，让他们掌握多方面的知识和技能，注意为他们找机会、搭平台，到了一定年龄鼓励和支持他们离开公务员的队伍，到新加坡的国有企业、私人公司或者社会机构谋求新的发展。就连新加坡的国务部部长和副总理级的高官，到了一定年龄都会退出公务员的职位，建立新的职业通道。

由于现在开发区的公务人员一定程度上还是"终身制",没有很好地建立起能进能出的正常更新和交流机制,这就造成公务人员普遍缺乏持续学习的动力,知识更新不够,在日新月异的发展面前,很难与时俱进。特别是机关工作,总体上来看,职务提升的机会有限,更多时候要看年限、论资历。公务员与事业单位、企业之间总体流动不畅,那些年龄偏大、升迁无望的公务员很容易进入消极状态。只能在公务员的职位序列上挤来挤去,这是一个大问题。

解决这个问题,就是要在开发区探索实行管理序列与专业序列两条职业发展路径,建立职业发展的双通道。职业发展的一条通道是管理序列,另一条通道是专业序列,两条通道分别满足员工职业发展的不同价值需求。无法晋升管理职务的员工,可以通过晋升专业职级获得合理的待遇与尊严。按这个路子走,可以最大限度地激发市场活力和社会创造力,最大限度地发挥人才的作用,做到人尽其才、才尽其用。

(三)实行绩效薪酬,推动公务员由"铁工资"向"活薪酬"转变

按照"以岗位定薪、以业绩定薪、以能力定薪"原则,实现收入与业绩、责任紧密挂钩,真正做到能力越大,业绩越好,收入越高。

一是根据岗位定考核。在开发区实行全员KPI(关键绩效指标)考核,各个部门根据开发区的发展战略明确主要责任,将员工的业绩考评建立在可量化的基础上。将薪金设计向园区基层、产业发展、招商引资等一线倾斜,开发区①内设园区绩效可以上浮一定比例,尽一切办法释放体制活力,让干部员工动起来。

二是根据考核定薪酬。不论有没有编制,实行同工同酬,根据业绩考核决定薪酬。开发区可以建立包括领导班子成员在内的全员绩效工资薪酬体系,引入KPI考核原理实施全员关键绩效考核,构建与KPI挂钩的薪酬

---

① 这里的开发区是指政区合一的开发区,意思是相应的行政区内的开发区人员绩效上浮一定比例。

体系，考核结果与绩效工资、评先评优、奖惩激励等挂钩，并作为职务调整、岗位变动以及续聘、解聘的重要依据。

三是根据业绩定去留。推行末位淘汰机制。被考核人员分成最好、中间、落后的三档，各占一定比例，考核落后的人员实行末位淘汰。

二、开发区人力资源管理改革成败的策略分析

（一）用"冷冻—复苏"机制，破解"合规"与"合脚"的矛盾

开发区的人力资源管理体制改革，必须符合国家对于公务员编制、薪酬、考核、选拔任用等一系列规定，必须"合规"，否则就会撞红线，引发不稳定因素。但是处处按条条框框来，就很有可能不"合脚"，不能调动干部的积极性，甚至给干部的未来职业发展和社会保障造成遗留问题，带来很大的风险。

因此，要正确处理依法合规与体制创新的关系，采用"冷冻"与"复活"相结合的办法。采用全员考核制，不管是不是公务员，在接受考核和按考核绩效领取薪酬上是一视同仁的，无论是开发区内本来就有的公务员还是新从区外调来的公务员，都把原来的公务身份、级别和待遇"冷冻"起来，也就是纳入档案封存，身份定位从静态转向动态。同时，一旦从现有职位上退休或者调到区外，原来的公务员身份和级别还可以复活、可以还原。这是改革的神来之笔，这样做既不违反现有的法律法规，又能增强现有干部队伍的活力。"冷冻"的是僵化的级别，活化的是宝贵的人力资源，是人才这个干事创业最活跃的因素。从"冷冻"到"复活"，这是干部工作的辩证法，也是人力资源管理的辩证法。

（二）用"双轨道—立交桥"机制，兼顾事业发展与干部成长这两个因素

开发区的改革开放就是从打破铁饭碗开始的，打破铁饭碗才有活力。从一开始就没有铁饭碗，这是开发区的一大优势。但是改革过去了40多

年，旧的铁饭碗没有了，新的铁饭碗又形成了，企业的铁饭碗少了，机关事业单位的铁饭碗又形成了。现在还要再次毅然决然地打破铁饭碗，从根本上打破，把铁饭碗连根拔了。

这当中无疑会有巨大的阻力和风险，减少阻力的办法，就是给体制内人员以职业变道的机会，把职业发展的独木桥变为立交桥。过去国有企业改革中，国有企业负责人都是有行政级别的，后来有的人回到体制内，有的人下海，而另外一些被民营企业兼并的国有企业中管理人员则是取得了适当的经济补偿。新时代条件下，对公务员的退出机制当然不适合买断，但是采用职业发展立交桥是一个现实的办法，为了把人力资源的优势充分发挥出来，我们需要更多这样的立交桥。

（三）用"消化—优化"机制，平衡人员存量与增量的关系

开发区人力资源管理改革的主要目标是建立"人员能进能出、干部能上能下、待遇能高能低"的新机制。在现实生活中，虽然干部选拔任用条例和公务员法都规定了公务员的退出机制，但在实际工作中，除非违纪违法和干部另有高就，公务员总的退出渠道是不畅通的，还没有形成有效的更新代谢和激励约束机制。

这种情况带来了一系列的问题。对机关来说，造成编制拥堵，机关人员产生严重的结构性问题。不少开发区机关反映，想用的进不来，不能用的走不了。由于机关实行严格的编制管理，提前退休等通道也已关闭，特别是各种政策性安置的压力很大，刚性很强，造成机关人员在年龄、专业和知识结构上的严重问题长期得不到解决。同时，也造成工作推诿，机关效率低下。对于机关的看法，不能理想化，不能想象所有的人都想干活、会干活，问题在于只有把想干活、会干活的人用好，让不想干活也不会干活的人别捣乱就行了。

新人新办法，老人老办法，就是一条很好的路子。这是改革推行的辩证法，只有这样才能照顾不同群体的利益关系，才能把改革推向前进。不引进增量，难以有活力；不安置存量，难以保稳定。特别是从长远来看，存量是减少的趋势，是退出的趋势，而增量是增强的趋势，是扩大的趋

势。稳住了存量，不触及既得利益，但是在增量上创新，慢慢地消化存量，这是开发区的体制改革不能不面对也必然需要去解决的问题。新的增量越来越发挥主导作用，这样的改革就是前进的，也是成功的。

开发区 REITs 先行先试

周思飏

4月30日，中国证监会、国家发改委联合发布《关于推进基础设施领域不动产投资信托基金（REITs）试点相关工作的通知》。同时，中国证监会就《公开募集基础设施证券投资基金指引（试行）》公开征求意见。这标志着我国公募基建 REITs 正式启航。实际上早在2015年1月，住建部发布关于加快培育和发展住房租赁市场的指导意见，提出要推进房地产投资信托基金（REITs）试点。但试点意见提出后不久，中央就明确了"房住不炒"的宏观基调，房地产领域的 REITs 搁浅至今。前不久启动的基建 REITs 是我国经过5年多的慎重考虑所进行的公募 REITs 的一次有益探索，无论是对今年的"六稳"和"六保"工作，还是对我国基建及房地产领域的金融创新都有十分重大的意义。

一、开发区在本次 REITs 试点工作中肩负重任

在《关于推进基础设施领域不动产投资信托基金（REITs）试点相关工作的通知》中明确了试点应该率先在国家级新区、有条件的国家级经济技术开发区开展试点，聚焦于国家战略性新兴产业集群、高新技术产业园区、特色产业园区等。开发区又一次站在了我国金融创新的前沿。这次试点工作对开发区来说，是一次重要的历史性机遇，根据 REITs 试点工作中

原始权益人至少保留20%的要求，这次试点工作实质上是赋予了开发区4倍的杠杆率。这将有助于缓解开发建设的资金缺口，减轻"重资产"开发压力，进而使得开发区能投入更多资源进入运营管理、企业服务、培育孵化等领域，从而促进产业发展。

从市场角度看，开发区参与REITs试点根本上需要为市场投资者带来收益，保证资金的收益率；从政府政策角度看，开发区作为联通基础设施、产业乃至城市开发的重要枢纽型载体，肩负本次REITs试点工作的重任，需要达成三点目标。

首先要充分利用开发区长久以来建设运营基础设施的经验，用好金融工具，促进开发区内基建和新基建的提升。开发区一直以来是我国城市化进程中基建领域的领军者。在今年中央新基建的要求下，开发区也应当承担责任，用好金融工具，加快5G、人工智能、工业互联网等在园区内的落地进程，成为我国新基建的示范区。

其次要充分利用开发区服务企业、培育企业的职能，力保产业链供应链稳定，力保园区内的市场主体，促进重点领域企业成长，培育创新型企业。开发区需要利用金融工具优势，利用REITs缓解开发区资金压力，腾挪资金，将更多自有资金资源投入企业扶持中去。园区拥有与企业亲密接触的天然优势，相比于银行、投行等机构，更能够了解区内企业的运行情况与需求。通过园区将资金投入实体企业中，能够更好地消除企业与资本方的信息差，更好地利用资金资源，将之导入最具发展前景的实体企业中去。

最后要防止资金大规模流入房地产开发领域中。在当前的宏观形势下，4月份我国M2同比增长11.1%，同时为了应对疫情，我国各级财政加大了对于企业的资金扶持力度。从事实上看，我国已经使用了宽松的货币政策与财政政策以做好"六稳"和"六保"工作。与此同时，我们要警惕资源流入房地产业，防止房地产对实体经济的资源挤占。尤其是本次REITs试点工作中，原始权益人最少需要持有20%，相比于我国对房地产企业的要求（在房地产开发过程中至少需要25%的自有资金，且使用权益类工具融资不得超过50%），REITs赋予开发区的杠杆率更高。开发区作为我国产业政策执行的末端，在使用REITs过程中要严守"房住不炒"的宏观基调，谨防以"产城融合"名义向房地产市场"灌水"。

二、REITs试点园区应具有丰富的金融市场经验

开发区作为REITs试点，其必须具有丰富的金融市场经验，得到资本市场的认可。礼森认为，REITs试点工作十分重要，应当先从我国在上证A股市场上市的开发区入手，以符合市场的期待，促进产业园区类REITs得到市场的认可，打响头炮。当前在上证A股市场上共有14家开发区类股票，根据他们的年报，2019年的相关营收、净利润和净利润率如表1所示。

表1　14家上证A股上市开发区类公司2019年盈利情况

序号	上市公司	股票代码	所属开发区	营业总收入(元)	净利润(元)	净利润率
1	南京高科	600064	南京经济技术开发区	2930211247.54	1875359893.93	64.00%
2	海泰发展	600082	天津高新区	677644002.47	14976965.45	2.21%
3	东湖高新	600133	东湖高新区	9423207629.11	243419017.72	2.58%
4	长春经开	600215	长春经济技术开发区	186666622.16	76998066.69	41.25%
5	空港股份	600463	北京天竺空港经济开发区	1095013465.27	-29279369.36	-2.67%
6	市北高新	600604	上海市北高新技术服务业园区	1090382410.24	267986691.37	24.58%
7	浦东金桥	600639	上海金桥出口加工区	3352382770.97	1080636613.28	32.23%
8	外高桥	600648	上海外高桥保税区	9005157046.62	921028883.43	10.23%
9	电子城	600658	中关村科技园电子城	1824873688.51	338156840.31	18.53%
10	陆家嘴	600663	上海陆家嘴金融贸易区	14772938775.58	4968083411.44	33.63%
11	苏州高新	600736	苏州高新区	9137754086.71	536367716.76	5.87%
12	上海临港	600848	上海临港产业区与漕河泾开发区	3949773008.68	1481252822.48	37.50%
13	张江高科	600895	上海张江高新区	1476684651.88	531436394.85	35.99%
14	中新集团	601512	苏州工业园区	5310784512.40	1544419950.06	29.08%

开发区要发行REITs，其作为上市公司的盈利能力将成为市场对其REITs产品购买欲望的决定性因素。只有盈利能力强的开发区才能获得市场的青睐。礼森认为，尽管开发区行业有其特殊的政府功能属性，但是由

于其拥有部分的房地产行业的特征，10%左右的净利润率是对开发区类上市公司盈利能力的一个重要要求（上市房地产企业平均净利润率在10%左右）。10%以上的净利润率才能证明企业良好的盈利能力，从而吸引公众认购其REITs。故而，从资本市场的偏好来看，南京高科、市北高新、浦东金桥、外高桥、电子城、陆家嘴、上海临港、张江高科和中新集团将会是REITs试点的重点相关企业（长春经开尽管在2019年的年报中表现亮眼，但是其于2020年5月6日收到了退市风险警示）。其中除电子城外，其他均位于长三角地区。

结合《关于推进基础设施领域不动产投资信托基金（REITs）试点相关工作的通知》中对长三角地区的重视，可见以上的几家上市公司所在的国家级经开区将会成为此次REITs工作的探路先锋。

三、REITs试点园区必须引导资金进入实体经济

前文已经提出，本次REITs发行试点工作给予了相关企业4倍的杠杆。这一重要的金融工具并不是要刺激楼市，而是要引导相关资金进入实体经济，为"六保"工作服务。政府政策为开发区设定的目标中，"大干快上"基础设施建设是开发区基本都能做到的，但是如何引导资金进入实体经济，同时遏制资金进入楼市的冲动是开发区面临的一大难题。开发区需要用好这次金融创新的机会，利用好REITs带来的资金压力缓解机遇，引导更多资金进入实体经济。

（一）工程建设挤占了开发区大量的资金资源

从上市公司的年报上看，工程建设确实挤占了开发区大量的资金资源，使得开发区面临巨大的压力。

表2　14家上证A股上市开发区类公司工程建设对资金资源的挤占情况

序号	上市公司	股票代码	总现金支出（元）	工程建设项目（元）	挤占效应
1	南京高科	600064	13570297885.53	10852017765.76	79.97%
2	海泰发展	600082	2234208697.25	2763369927.37	123.68%

续表

序号	上市公司	股票代码	总现金支出（元）	工程建设项目（元）	挤占效应
3	东湖高新	600133	16999797149.27	10786940367.71	63.45%
4	长春经开	600215	1233609541.52	1209814116.22	98.07%
5	空港股份	600463	2740701214.89	1887823749.05	68.88%
6	市北高新	600604	4337216275.67	12940056343.27	298.35%
7	浦东金桥	600639	10493286630.35	17301556427.04	164.88%
8	外高桥	600648	27322969068.69	25740068945.56	94.21%
9	电子城	600658	6009512243.06	8214974100.94	136.70%
10	陆家嘴	600663	58230239404.89	60094451503.94	103.20%
11	苏州高新	600736	36426952692.62	29174492932.77	80.09%
12	上海临港	600848	18592370629.72	27852158894.58	149.80%
13	张江高科	600895	16369334802.93	17160217835.68	104.83%
14	中新集团	601512	9915245146.55	12811606798.39	129.21%

数据为2019年年报中的数据。

根据会计准则及开发区类上市公司的特点，我们将它们资产负债表中的存货、投资性房地产、固定资产与在建工程项目加总，得出工程建设类总额，这些代表了开发区为购入土地进行土地开发、进行基础设施建设、进行标准厂房开发以及一定的房地产开发所投入的金额（尚未销售出去的）。这些资产掌握在上市公司手中，流动性较差，对其资金资源有强大的挤占效应。通过将工程建设类总额与上市公司的总现金支出（通过上市公司现金流量表加总得出）进行比较，就可以直观地反映出工程建设类"重资产"投入项目对上市公司资金的挤占效应。

礼森发现，平均来看14家上市公司中，工程建设类对其资金的挤占效应达到了121.10%，即一家公司一年花出去的总现金都不足以支撑对工程建设类项目的投入，证明了"重资产"投资对开发区资金造成的巨大负担。REITs的推出，给予了这些企业缓解资金压力的巨大优势，有利于企业腾挪资源，聚焦于服务实体企业。

（二）开发区需要提升自身服务企业的能力

礼森智库在去年针对开发区类IPO的专门研究中就指出，开发区开发主体需要聚焦于服务园区内的企业、孵化园区内的企业。本次REITs试点工作中，实质上对开发区培育企业的能力提出了更大的要求。REITs在给了开发区类企业巨大的资金杠杆的同时，也要求企业把资金导入实体经济中。只有那些能充分体现服务实体经济意愿且有服务企业、孵化企业能力的开发主体才能够坚守住"房住不炒"的总体基调，才适合开展REITs试点工作。

表3 14家上证A股上市开发区类公司投资收益及土地性收益情况

序号	上市公司	投资收益（元）	投资收益占比	土地性收益（元）	土地性收益占比	利润总额（元）
1	南京高科	1405652784.03	68.41%	603462005.89	29.37%	2054879283.34
2	海泰发展	701965.23	2.88%	148805232.87	609.86%	24399798.18
3	东湖高新	-150881678.76	-36.24%	445491878.93	107.00%	416358983.26
4	长春经开	53727617.07	48.99%	55144129.31	50.28%	109676398.30
5	空港股份	-7947598.88	-28.53%	65651230.81	235.64%	-27860478.12
6	市北高新	142483173.74	37.65%	309767519.20	81.86%	378425460.39
7	浦东金桥	37242829.09	2.59%	772554154.11	53.79%	1436358090.58
8	外高桥	17696314.24	1.33%	100279.13	0.01%	1327624028.95
9	电子城	3320468.70	0.68%	685235826.70	141.04%	485841352.89
10	陆家嘴	601219142.40	9.48%	4594153955.72	72.45%	6341012075.39
11	苏州高新	-133666019.97	-14.82%	2684780865.28	297.75%	901683378.70
12	上海临港	467800000.00	109.48%	1586998083.62	371.40%	427299522.88
13	张江高科	513215291.21	60.08%	387478764.39	45.36%	854189768.93
14	中新集团	787569709.69	41.43%	1630134883.09	85.76%	1900878805.18

注：表格中的正负号表示对总体利润是贡献还是削减。

将有关于园区开发、园区物业销售（不含租赁）、房地产销售等收益列为土地性收益，同上市公司现金流量表中的投资收益进行对比，就可以发现上市公司的主要盈利方向是依靠传统"卖地"还是依靠投资园区内的企业。只有投资收益占比高的开发区才能够证明自身将更多资源导入到园区内的实体企业中的决心和能力。

礼森发现，对有的开发区（东湖高新、空港股份、苏州高新）来说，投资收益为负，证明了这些开发区缺乏孵化企业、投资企业的能力。而上海临港（109.48%）、南京高科（68.41%）、张江高科（60.08%）、中新集团（41.43%）、市北高新（37.65%）这些开发区，其投资收益占到了利润总额的很大一部分，充分说明了其对园区内企业的投资意愿与投资能力之强大。资本市场与政策层有理由相信这些开发区能够充分利用好REITs这一金融工具，坚守"房住不炒"的宏观政策，引导资金进入实体经济，服务产业发展。

此次REITs试点工作对开发区而言是福音，更是一份责任。在为开发区缓解"重资产"投资的资金压力，为资本市场带来收益展望的同时，REITs更是对开发区提出了重要要求，要开发区严守"房住不炒"的底线，引导资金进入实体经济中去。礼森认为对开发区来说，第一批REITs试点需要在上证A股上市的优质开发区中去寻找盈利能力强且有投资实体经济意愿和能力的园区。通过对2019年上市公司年报的研究发现，**上海临港（上海临港产业区及上海漕河泾开发区）、南京高科（南京经济技术开发区）、张江高科（上海张江高新区）、中新集团（苏州工业园区）和市北高新（上海市北高新技术服务业园区）最适合成为第一批REITs试点的开发区**。金融创新是改革创新的重要部分，也需要开发区勇担重任，长三角开发区需要不忘开发区改革创新的初心，积极探索，为中国REITs的发展贡献自己的经验。

基于 PDCA 循环法探索园区应急管理体系新思路

蒲雅丽

"应急管理是国家治理体系和治理能力的重要组成部分，承担防范化解重大安全风险、及时应对处置各类灾害事故的重要职责，担负保护人民群众生命财产安全和维护社会稳定的重要使命。"

——2019年11月29日中央政治局第十九次集体学习

当前，社会环境的复杂性和不确定性增加了很多突发性风险。人群的聚集、企业的集聚、化学品的生产、货品的仓储、自然灾害及建筑、交通、厂区等的安全，对园区的应急管理提出严峻的挑战。风险所产生的事故通常并不是导致伤亡和损失的唯一因素，应急处置的不力引发的连锁反应，进而产生的一系列次生或衍生事故亦是事故后果严重的重要因素之一。公共卫生安全事件突发，从侧面考验着每一个园区的应急管理能力；安全生产的愈加重视，也体现出园区"基于风险的思维"日益深化。

事实证明，高效的应急行动不仅可以挽救生命、保护财产，亦是园区稳定、持续发展的必然要求。应急管理体系作为应急救援行动的支撑力量，其完善程度极大地影响了事故的严重性。而当前园区现有应急管理体系还比较模糊，协同性和灵活性还有待加强。基于此，本文以全面质量管理中的 PDCA 理念为基础，立足园区实际，探索园区应急管理体系的新思路。

一、PDCA 循环法与园区应急管理体系

PDCA 循环，即持续改进（Continual Process Improvement）循环模型，由美国质量管理专家休哈特博士首先提出，后由戴明博士采纳、宣传，获得普及，因而也被称为"戴明环"，是全面质量管理应遵循的科学程序，目前已被广泛应用到管理及管理以外的诸多领域。

PDCA 循环包含 P 计划（PLAN）、D 执行（DO）、C 检查（CHECK）、A 反馈（ACTION）四个基本环节。其中计划是质量管理的首要环节，是决定全面质量管理成败的关键，其主要内容包括发现问题、确立管理目标、制订可行性计划等。执行是 PDCA 中落实计划的阶段，是将计划环节中确立的可行性方案转化成现实的过程。检查是依据计划和目标，对执行过程进行评估与监督，以保证组织执行工作的有序开展。反馈是对整个过程进行总结反思的阶段，分析执行中发现的问题并进行及时修正，进而为下一步质量管理改革奠定良好基础。整个 PDCA 循环不是一次性完成的，而是呈现螺旋上升趋势。新的 PDCA 循环将在上一循环未解决问题的基础上，持续进行改善，周而复始，循环反馈，最终使得质量和管理水平得到提高。

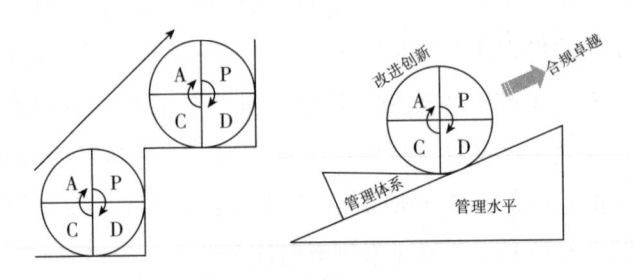

图一　PDCA 循环示意图

园区应急管理体系是应对突发事件应急处置的一整套流程规范，包括**应急管理的标准体系、组织体系、责任体系、预案体系、服务体系**等。随着形势的变化和园区内风险意识的不断加强，园区应急管理体系需要不断修正和完善，添加与时俱进、客观反映园区应急管理实际的新内容。目

前，应急管理的科学化和规范化已成为应急管理发展的客观需求，将质量管理的理念引入园区风险管理体系中具有明显的可行性和适用性。一方面，应急管理的科学化管理要求与 PDCA 质量持续改进目标相契合；另一方面，PDCA 讲求质量管理的阶段性和周期性，而园区应急管理从风险的识别到应急管理问题反馈，亦是多环节构成的循环性管理体系，两者在管理流程上具有高度的一致性。因此，科学应用 PDCA 循环法将有效提高园区应急管理体系建设的水平。

二、PDCA 循环法在园区应急管理中的应用

基于 PDCA 管理视角，园区应急管理流程可由应急防范、应急处置、应急评估和应急反馈四部分组成。

（一）PLAN——应急防范阶段

应急防范阶段是整个园区应急管理体系的核心。由于风险的爆发具有突发性和不确定性，作为园区管理层，无论是公司还是管委会，都需要树立未雨绸缪的风险事前防范意识，强化应急常态化管理。在此阶段，园区管理层需要加强以下三个方面。

1. 组建规范化的应急管理部门

为妥善应对园区内各类突发事件和重大安全风险，应加快制定园区安全风险管理工作手册，建立健全园区风险防控机构和应急管理指挥部门，调配专业人才，科学设定内部机构职责，明确机构职能及功能定位，负责各类突发公共事件应急管理的预防，做好协调有关应急物资储备、应急专家队伍建设、应急预案演练、应急知识宣传培训等工作，提高园区处置突发事件能力。

2. 建立风险识别和预测预警机制

风险源是事故突发的根据，目前园区中常见的风险源多涉及安全生产、安全施工、安全仓储、安全出行、环境风险等方面。从源头控制的角度来说，园区管理层应结合园区内企业类型和产业类型，加快风险识别和

预测预警机制的构建。通过建立集约化可视化安全监管信息共享平台对园区内风险点进行有效甄别和实施监测，实现分色预警、分级响应，及时做到事前防范和风险控制。同时，也要根据所在地气候、地质等自然因素，结合本省市应急管理工作，对可能发生的自然风险和公共卫生事件加以预测和防范。

3. 完善应急预案编制

基于潜在风险源的特征，立足园区应急管理基础和现状，加快园区总体应急预案和安全生产类、自然灾害类等专项应急预案的编制工作。明确应急预案的目标、范围、定位、框架等关键因素以及机构设置、预案流程、职责划分等具体环节，使预案符合园区实际情况和特点，从而保证预案的适时性、可操作性和实效性。

（二）DO——应急处置阶段

应急处置是落实园区应急管理预案的重要环节。在应急处置过程中，园区需做好合理统筹和多方协调工作，确保应急处置发挥最大效力。在此阶段，园区需在前期工作的基础上完成以下四个机制的构建。

1. 应急信息收发机制

突发安全事件后，应急信息的准确获取和透明发布对后续应急处置工作的安排关系重大，加之园区内企业集聚、人员密集，及时的信息发布也有利于各企业实施相应应急响应措施。因此，园区管理层应加快完善事故灾害分类管理、分级预警、平台共享、发布规范的应急信息收发机制，开发包括信息获取、信息评估、信息发布等功能的集成性应急信息平台，对获取和预报的苗头性敏感信息加以评估，及时回应园区企业和社会关切，力求做到准确、及时、全面、透明。

2. 应急资源分配机制

资源的有效利用取决于园区管理层在紧急情况下的综合协调和调配能力。通过建立园区应急物资储备系统，完善对应急物资数据库和跟踪机制的建立，逐步形成布局合理、种类齐全的应急物资储备体系，避免出现应急物资短缺情况。

3. 应急管理联动机制

园区应急处置工作应该由以园区为主转为多元共治，加强各部门间以及园区与企业间的信息沟通和协调，鼓励企业积极参与并配合园区安全风险防范工作。同时，加强园区与区、镇相关政府部门的互联互通，借助市、区级应急管理局、公安、消防、住建、环保等多方力量，实现应急处置的多元共治格局。

4. 应急工作服务机制

在进行应急处置的同时，不可忽略园区企业服务的重要性。通过加强应急工作服务机制的建立，加强与在园企业的有效对接，优先解决企业所需、所急，营造良好的生产环境。

（三）CHECK——应急评估阶段

鉴于风险的不确定性和园区应急管理能力有限，在应急管理实际执行过程中会出现诸多新问题、新情况，因此，对应急处置过程的评估和检查是推动园区应急管理体系不断完善的关键支撑。通过有效的质量管理和绩效考核，查明应急管理体系中的漏洞和不足，为后续的优化提供方向。具体工作内容包括以下两点。

1. 明确评估组织体系

构建合理的评估组织体系，明确园区作为评估主体的主要应急管理方，规范评估程序，辅助园区整体应急工作绩效评估的开展。同时，建议引入第三方监督评估机构，确保评估工作更公平、更公正、更有效。通过绩效评价的结果，发现园区目前在应急管理方面的薄弱环节，消除管理死角，优化管理流程，减少风险所造成的损失。

2. 制定评估指标体系

从应急管理流程角度而言，以质量提升为理念，针对体系要素的完整性、逻辑结构的合理性、运行机制的有效性等，构建全方位的应急管理绩效评估指标体系，作为衡量园区应急管理能力的依据，为应急管理问题的发现和改进提供工具支持。

（四）ACTION——应急反馈阶段

完善的绩效评估需要反馈沟通，这也是 PDCA 法所强调的持续优化的基础。园区应急管理体系内所有涉及部门都应参与到对评估结果的讨论、分析中，找出目前园区应急管理的症结所在，进而提出下一步的改进措施和优化方案，进入下一轮的 PDCA 循环，以此不断提升园区应急管理能力。该阶段除基本的沟通反馈、明确优化方案外，还需加强以下两方面的建设。

1. 强化应急管理责任链

针对目前的应急管理体系，需进一步明晰管理部门、应急救援部门、物资保障部门、企业服务部门等多层次、多部门之间的权责关系，落实各环节的责任和措施，形成内外、上下、左右的无缝隙责任链条，确保应急管理责任传递、相互制约，避免管理真空或相互脱节。

2. 完善应急管理奖惩制度

宽松的责任追究制度会导致工作人员"不作为"，同样，过于严苛也会打击工作人员积极性，不敢决策。基于现有工作内容和基础，对园区应急管理奖惩制度做进一步完善，以"奖"激发园区应急管理人员的创新潜能和积极性，以"惩"督促园区应急管理人员改正行为，进而助推园区应急管理体系走向科学、走向成熟。

应急反馈
(a) 强化应急管理责任链
(b) 完善应急管理奖惩制度

应急反馈
(a) 组建规范化的应急管理部门
(b) 建立风险识别和预测预警机制
(c) 完善应急预案编制

园区应急管理体系

应急评估
(a) 明确评估组织体系
(b) 制定评估指标体系

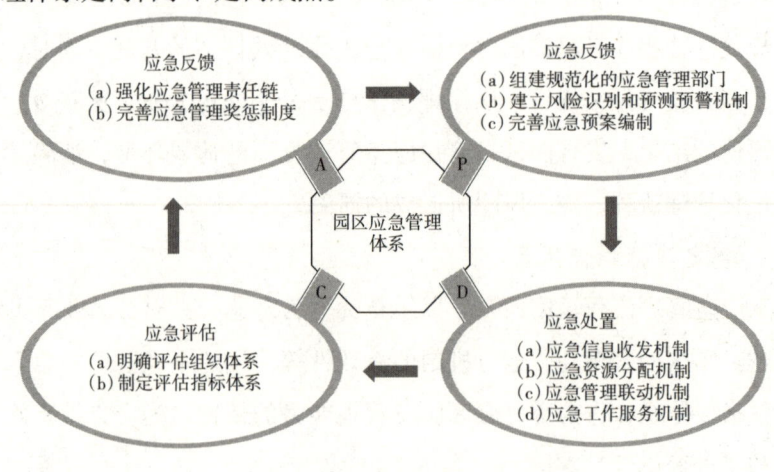

应急处置
(a) 应急信息收发机制
(b) 应急资源分配机制
(c) 应急管理联动机制
(d) 应急工作服务机制

图二　PDCA 循环应用于园区风险管理

园区作为国家风险防范和应急管理的重要角色，不仅需要为企业提供安全、优质的入驻环境，同时也要考虑到区域整体的安全性、稳定性发展。应急管理是一项长期的工作，只有通过 PDCA 循环法不断完善应急管理体系，才能有效提升园区应对突发事件的处置效果，才能为高质量发展奠定稳固的基石。

产业园区土地调查图形更新方法及常见问题解决方案

龙 涛

产业园区土地调查图形更新工作是园区的一项常规工作，有利于园区掌握土地利用现状，为提高土地节约集约利用水平、提升园区综合实力奠定了基础。笔者在进行土地调查及信息更新工作的过程中，探索出了一套切实可行的图形处理方法。

一、土地调查图形更新方法

各个园区进行图形更新工作的基础资料为"一图两表"，即地块图、地块表和企业表。其中，图形包括JPG格式的地块图和CAD格式的地块图，CAD格式的地块图是我们需要在此基础上进行地块更新的底版。

（一）图形配准

图形配准是我们进行图形更新工作最基础、最关键的步骤。我们拿到地块图后会发现，JPG格式的底图带有道路、河流等图形要素，我们可以很清楚地判断地块的位置、大小以及地块是否有压盖道路、河流、绿化等情况，但是CAD格式的地块图却只有孤零零的地块而没有任何图形要素作为参照，这就为我们进行图形更新带来了极大的麻烦。例如，地块实际上已经偏离了其实际所在的位置或压盖道路，我们能够在JPG格式的地块图上发现问题，但无法在 CAD 格式的地块图中进行准确的更改。这就需要我们进行配准，将 JPG 格式的图形配准到 CAD 文件中，这样就可以以 JPG 底图作为参考，进行 CAD 图形的调整。

（a）JPG图　　　　（b）JPG影像图　　　　（c）CAD图

图一　工作基础资料中的三类地块图①

导入 JPG 底图。将 CAD 格式文件打开后，在开始进行配准工作前，需要将作为底板的 JPG 图导入 CAD，具体操作方法：菜单栏中插入—光栅图像参照—选取需要作为底版的 JPG 文件位置—确认（注意：插入的 JPG 图片的方向不能改变，否则无法进行配准），此时，我们可以成功将 JPG 图形插入到 CAD 文件中了。

JPG 底图配准。JPG 图形插入到 CAD 文件中后，JPG 底版和原有 CAD 的地块位置、大小不是对应的，需要将 JPG 图形配准到 CAD 地块上。具体操作方法：命令窗口中输入 al—回车或空格（此时鼠标变为一个小方形）—选择上一步插入的 JPG 底图—回车或空格—JPG 底图上选取控制点（选择能够明确判断出与 CAD 图形位置对应的控制点，例如某个地块或园区边界的拐角，控制点不少于两个且控制点选取应尽量分布均匀）—回车或空格。如果操作正确，此步骤可以成功将 JPG 图形配准到 CAD 图形上。

（二）显示调整

JPG 图形配准到 CAD 图形上后，由于叠放次序、线型的颜色、线宽等

---

① （a）可以根据图形中的要素（道路、河流等）判断地块位置、形状的准确性；（b）可以根据卫星影像判别地块位置、形状的准确性；（c）无法判断地块位置、形状的准确性，调整图形时也没有参考。

原因，我们无法直接看清配准后的结果，需要进行进一步的调整。

图层顺序调整。JPG 图形配准到 CAD 图形上后，由于图形叠放次序的问题，JPG 图形会将原有的 CAD 地块覆盖，此时只要调整一下图形叠放次序即可，具体操作方法：选中 JPG 图形—鼠标右击—绘图次序—后置。此步骤可以将 JPG 图形后置，置于原有 CAD 地块之下。

图形边框调整。上一个步骤操作完成后，我们其实已经成功将 JPG 图形配准到 CAD 地块图中了，但是由于 CAD 地块边界为白色，且线形很细，在配准后的 JPG 图形上无法看清，所以需要调整 CAD 地块边界的颜色，方便看清地块边界进行后续的操作。具体操作方法：选中所有 CAD 地块—调整地块颜色—调整线宽。

经过以上步骤，我们可以完成图形配准及显示调整工作，下一步，就是具体进行图形的更新，使其完全符合园区目前土地的实际情况。

（三）图形更新

在图形配准后，有了参照的底图，我们可以很清晰地看出哪些地块需要删除或调整，以及如何进行调整。

需要删除的地块。对于原有 CAD 中的地块，如果在园区中实际不存在，则可以直接进行删除，注意删除时要连同地块编号一并删除，同时对应的地块表中，此地块也要进行删除，否则无法保证图中地块与地块表中地块形成一一对应的关系。

新增的地块。对于园区某区域实际存在但图中没有画出的地块，需要在图中画出并进行重新编号。同样，新增地块也要在地块表中体现，各项指标数据均应按照要求进行更新。

压盖道路、河流、绿化的地块。基础资料中的工作底图并不是完全准确的，可能本身存在较多压盖道路、河流、绿化的地块，需要园区根据实际情况调整。如果地块因为偏移的原因造成压盖，则可以根据园区控规图或实际测绘结果进行调整；如果地块压盖道路、河流、绿化的部分属于多余的部分，则可以将多余的部分切掉；如果地块本身就是压盖道路、绿化、河流的（即道路、绿化、河流是地块的一部分，多见于园中园），则不需要调整。需要注意的是，地块调整后，地块表中地块面积也要做相应调整。

需要调整边界的地块。基础资料中图形地块与园区实际地块边界不一致的，需要进行边界调整，地块边界调整后同样要注意地块面积的变化。

二、图形准确性自检方法

我们将图形更新完成后，进入图形自检阶段。由于图形压盖情况在图形配准后已经可以检查出来并进行更改，所以接下来的自检任务重点在于检查地块是否有拓扑错误以及 CAD 图中地块、CAD 图中地块编号、地块表中地块是否是一一对应的关系，这是图形能否顺利通过审核的关键所在。

（一）拓扑检验

拓扑检验主要是检查地块是否有压盖等问题，在 CAD 中无法进行直接的拓扑检验，需要将 CAD 转化为 Arcmap 可读取的图层，并在数据库中进行拓扑检验。此步骤较为烦琐，这里不做具体介绍，园区可用放大图形的方法粗略检查地块是否有压盖，并进行调整。

（二）检查 CAD 图中地块数与地块编号数是否一致

如果地块更新准确，则 CAD 图中地块数、地块编号数量是一一对应的关系。那么如何进行检查呢？如果机械地通过一个个数的方式，不仅工作量大、容易出错，而且不易发现重合的地块和编号，此方法不可取。建议操作方法：选中所有的地块—右击—快捷特性，这样我们可以从对话框中看到我们所选取的地块总数，同样的方法也可以统计出所有的地块编号总数。

（三）检查 CAD 图中地块编号与地块表中编号是否一致

在 CAD 图中地块数、地块编号数一致的情况下，我们再检查其与地块表中的地块是否一一对应。具体方法是在 Excel 中统计地块数量，然后与图中编号数量对比，判断其是否一致。理论上来讲，这个步骤仅检查了数量是否一致，并未检查其编号是否是一一对应的关系，笔者在进行成果审核时，是利用地理信息系统软件 Arcmap 对 CAD 编号读取至数据库，然后将编号导出至 Excel 后进行升序排序，再与升序排序后的地块表进行对比，以此来保证 CAD 中的地块与地块表中完全一一对应。此步骤较为烦琐，这里不做详细介绍，建议园区在图形更新时，及时将对应的地块表中的信息进行更新，可以有效避免数量一致但编号不一致的问题。

三、土地调查图形更新常见问题及解决方案

笔者在土地调查图形更新工作过程中发现了较多的问题，现将各类常见问题、产生这些问题的可能原因以及解决方案进行总结，以下全部是笔者遇到过的情况。

（一）CAD 图中地块数大于 CAD 图中编号数

原因一：有一个或多个地块没有地块编号。这是产生这类问题最直接的原因。**解决方案**：找出未编号的地块，并进行编号，同时要在地块表中添加此地块信息。

原因二：有两个或多个相同地块完全重合。这也是产生这类问题常见的原因之一，这种情况比较少见，但是很不容易被发现。如果仅仅通过肉眼进行数的方式，将永远无法找出完全重合的地块。**解决方案**：这种情况最科学的做法是利用 Arcmap 进行拓扑检验，但是步骤较为复杂，园区不一定有掌握此项技能的人才。这里推荐一个比较笨拙但可行的方法：将地块及编号分为两部分（例如左右两半部分），框选左半部分地块—用上文介绍的方法统计地块数量—框选左侧地块编号—统计地块编号数量。如果这个步骤统计的地块数量与地块编号数量不等，说明问题地块出现在左半部分，然后依次类推，逐步缩小范围找到重合地块并保留一个，其他的进行删除。

原因三：存在不易察觉的破碎微小地块，且没有编号。这一般是在地块切割、合并或者擦除操作时产生的极其微小且破碎的地块，这些问题可

能原始底图中已经存在，极难察觉。**解决方案**：与原因二中的解决方案类似，最科学的做法是利用 Arcmap 进行拓扑检验或者分片区逐步缩小范围，找到问题区域并进行调整。

(二) CAD 图中地块数小于 CAD 图中编号数

原因一：**有地块编号但无对应的地块**。这与上文第一个问题中的第一种情况类似。**解决方案**：找出有地块编号但无对应地块的区域，若此地块编号下实际不存在地块则直接删除，同时检查地块表中是否存在，如果存在则删除；若此地块编号下实际存在地块，则需要补充地块，并在地块表中增加相应信息。

原因二：**有两个或多个相同的编号完全重合**。这与上文第一个问题中的第二种情况类似，解决方案也可参考上文。

(三) CAD 图中地块数大于地块表中地块数

原因一：**CAD 图中有地块没有在地块表中列出**。此类问题较为常见，即图中的地块没有完全在地块表中体现，可能在更新图形过程中没有将对应的地块表进行更新（一般在新增地块时）。**解决方案**：找出没有列入地块表中的地块，并更新到地块表中。地块数量较多的园区可能很难在图中找到未被列入地块表中的地块，较为简便的方法是在 Arcmap 中读取图中各个编号，通过 Arcmap 数据库导出编号至 Excel，再与地块表中地块编号进行对比，找出地块表中缺失的地块。

原因二：**CAD 图中有两个编号一样的地块**。这是一个极为容易忽略的情况，如果 CAD 图中有两个编号一模一样的地块，而地块表中却只有一个地块编号的信息，则会出现这类问题。**解决方案**：参考原因一的方法，在 Arcmap 数据库导出的 Excel 中找到两个相同的地块编号，我们只要根据地块编号在 CAD 图中找到对应的位置，将其中一个编号重新编号，并更新至地块表中即可。

(四) CAD 图中地块数小于地块表中地块数

出现此类问题最主要的原因是在 CAD 图中删除地块时，没有相应地在地块表中删除。**解决方案**：参考问题三中原因一的方法，通过 Arcmap 数据库导出的 Excel 中的编号与地块表中的编号进行对比，可以找出地块表中多余的地块，进行删除即可。

总结：在 CAD 图中进行图形更新和检查的主要步骤可以总结如下：图形配准—图形更新—图形自检—图形修改（如果有问题），实际上在 Arcmap 中同样可以进行，且借助 Arcmap 强大的图形处理、数据管理功能及拓扑检验的方法，会比在 CAD 图中方便很多，由于此软件会使用者较少且安装复杂，这里不再详细介绍。

长三角地区历年出让工业用地规模及价格特征分析

龙 涛

一、2018 年长三角三省一市工业用地出让对比

2018 年，长三角三省一市共出让工业用地面积 436127.5 亩，出让土地宗数为 10419 块，土地成交总金额达 942.9 亿元，平均出让价格为 21.6 万元/亩。

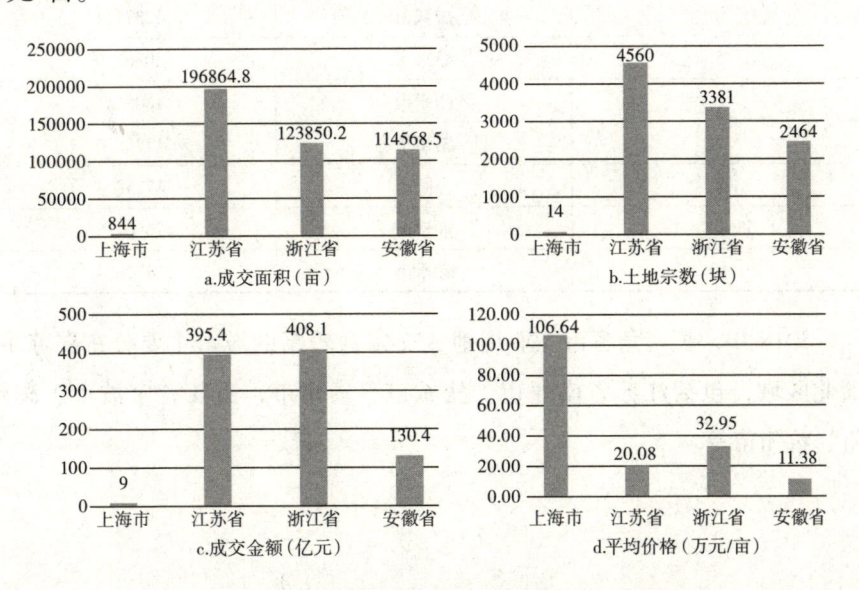

图一 2018 年长三角三省一市工业用地出让对比情况

从三省一市的角度上看，主要存在以下特点：（1）2018年江苏省工业用地成交面积、成交土地宗数最多，浙江省次之，但浙江省工业用地成交总金额和平均出让价格却高于江苏省；（2）上海市的工业用地成交面积、出让土地宗数和成交总额都是最低的，但是上海市平均土地出让价格却远远高于其他三个省份；（3）除上海市以外，安徽省的工业用地成交面积、出让土地宗数、成交金额平均价格均是最低的。

二、2018年长三角各市工业用地出让分布特征

2018年，长三角各市工业用地成交面积较高的城市主要分布在江苏省的南通市、徐州市、盐城市和苏州市；浙江省北部的宁波市、嘉兴市和湖州市；安徽省东部的合肥市、滁州市等。

表1 成交面积前十位的城市

排名	城市	面积（亩）
1	南通市	28263.1
2	宁波市	24199.9
3	徐州市	23594.3
4	盐城市	22871.1
5	嘉兴市	20363.9
6	苏州市	18086.1
7	湖州市	17368.4
8	合肥市	17258.1
9	常州市	16564.5
10	滁州市	14726.4

2018年，长三角各市工业用地成交宗数较高的城市主要分布在苏中、浙北区域，包括江苏省南通市、盐城市、泰州市，浙江省宁波市、湖州市、杭州市等。

表 2 成交宗数前 10 位的城市

排名	城市	宗数（块）
1	南通市	776
2	宁波市	717
3	盐城市	627
4	泰州市	496
5	湖州市	478
6	杭州市	448
7	宣城市	447
8	嘉兴市	436
9	苏州市	414
10	徐州市	350

2018年，长三角各市工业用地出让总金额较高的城市主要分布在上海市周边区域，包括浙江省宁波市、嘉兴市、湖州市，江苏省南通市、常州市、苏州市等。

表 3 出让总金额前 10 位的城市

排名	城市	出让总金额（亿元）
1	宁波市	84.8
2	嘉兴市	60.6
3	南通市	55.7
4	湖州市	50.5
5	常州市	48.5
6	台州市	47.5
7	苏州市	47
8	杭州市	41.1
9	无锡市	38.7
10	泰州市	35.8

2018年，长三角各市工业用地出让平均价格较高的城市主要分布在上海市、浙江省，平均价格最高的为上海市，且远远领先于其他城市。其次为浙江省的台州市、温州市、杭州市、宁波市等，总体上浙江省要高于江

苏省，安徽省最低。

表4 出让平均价格前10位的城市

排名	城市	出让总金额（万元/亩）
1	上海市	105.7
2	台州市	50.3
3	温州市	44
4	杭州市	36.5
5	宁波市	35
6	南京市	34.4
7	金华市	33.1
8	绍兴市	32.9
9	无锡市	32.8
10	舟山市	30.6

三、长三角三省一市历年出让工业用地变化特点

长三角三省一市历年工业用地成交面积变化呈现以下特点：（1）上海市历年工业用地成交面积呈稳步下降的趋势，预计未来工业用地出让面积将进一步减少；（2）江苏省历年工业用地成交面积均处在较高水平，但总体上呈现下降趋势，2016年后开始缓慢上升；（3）浙江省和安徽省2011年后工业用地成交面积总体上呈现下降的趋势，且安徽省高于浙江省，但2015年后两省工业用地成交面积均开始上升，同时浙江省的上升速度高于安徽省的上升速度，并在2017年超过安徽省；（4）2014年工业用地成交面积各省市均有大幅度下滑，土地市场总体进入低迷期。

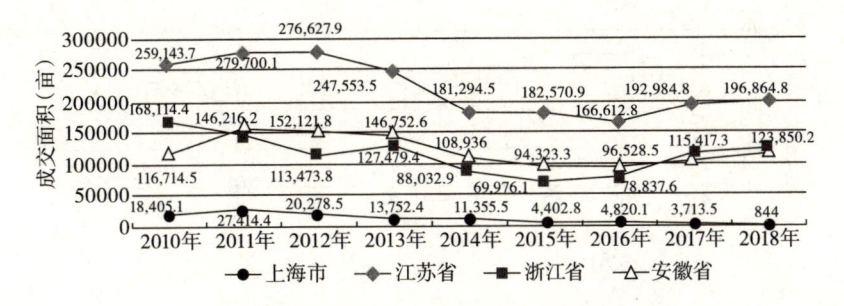

[图二数据]
- 上海市: 2010年 18,405.1; 2011年 27,414.4; 2012年 20,278.5; 2013年 13,752.4; 2014年 11,355.5; 2015年 4,402.8; 2016年 4,820.1; 2017年 3,713.5; 2018年 844
- 江苏省: 2010年 259,143.7; 2011年 279,700.1; 2012年 276,627.9; 2013年 247,553.5; 2014年 181,294.5; 2015年 182,570.9; 2016年 192,984.8; 2017年 166,612.8; 2018年 196,864.8
- 浙江省: 2010年 116,714.5; 2011年 113,473.8; 2012年 127,479.4; 2013年 88,032.9; 2014年 108,936; 2015年 69,976.1; 2016年 78,837.6; 2017年 115,417.3; 2018年 123,850.2
- 安徽省: 2010年 168,114.4; 2011年 146,216.2; 2012年 152,121.8; 2013年 146,752.6; 2014年 —; 2015年 94,323.3; 2016年 96,528.5; 2017年 —; 2018年 —

图二 长三角三省一市历年工业用地成交面积变化情况（亩）

长三角三省一市历年工业用地出让宗数变化呈现以下特点：（1）江苏省历年工业用地出让宗数仍然是三省一市中最多的，其次是浙江省、安徽省和上海市；（2）三省均呈波动下降趋势，上海市呈稳步下降趋势。

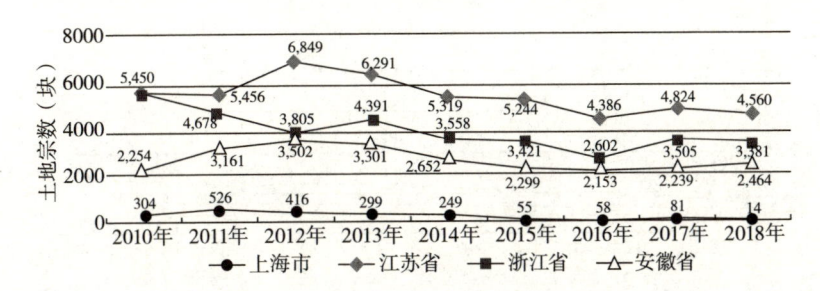

[图三数据]
- 上海市: 2010年 304; 2011年 526; 2012年 416; 2013年 299; 2014年 249; 2015年 55; 2016年 58; 2017年 81; 2018年 14
- 江苏省: 2010年 5,450; 2011年 5,456; 2012年 6,849; 2013年 6,291; 2014年 5,319; 2015年 5,244; 2016年 4,386; 2017年 4,824; 2018年 4,560
- 浙江省: 2010年 4,678; 2011年 3,805; 2012年 —; 2013年 4,391; 2014年 3,558; 2015年 3,421; 2016年 2,602; 2017年 3,505; 2018年 3,581
- 安徽省: 2010年 2,254; 2011年 3,161; 2012年 3,502; 2013年 3,301; 2014年 2,652; 2015年 2,299; 2016年 2,153; 2017年 2,239; 2018年 2,464

图三 长三角三省一市历年工业用地出让宗数变化情况（块）

长三角三省一市历年工业用地成交金额变化呈现以下特点：（1）上海市由于成交面积一直在减少，导致工业用地成交金额也呈现下降的趋势；（2）自 2011 年至 2015 年，三省工业用地成交金额总体上呈下降趋势；（3）浙江省和安徽省在 2016 年、江苏省在 2017 年工业用地成交金额开始上升；（4）2017 年以前，江苏省工业用地成交金额领先于浙江省，但在 2017 年，浙江省工业用地成交金额大幅增长，超过了江苏省并在 2018 年继续保持领先优势。

长三角三省一市历年工业用地平均出让价格变化呈现以下特点：（1）上海市历年平均出让价格均保持绝对领先优势，2015 年大幅上涨，随后在 2016 年和 2017 年有所下降，但 2018 年又出现了反弹，且达到了近 9 年历

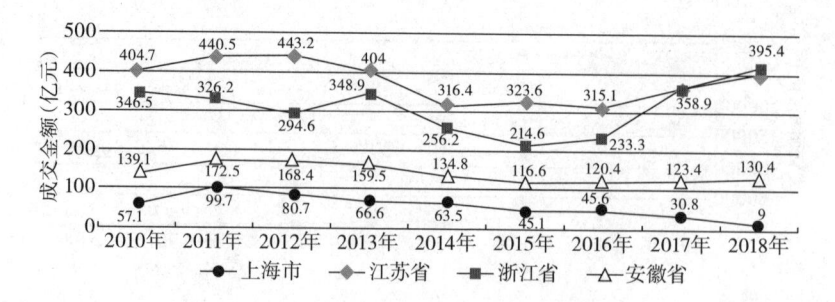

图四 长三角三省一市历年工业用地成交金额变化情况（亿元）

史最高值；（2）三省历年平均土地出让价格浙江省最高，其次是江苏省和安徽省；（3）江苏省和安徽省历年平均土地出让价格整体上呈现稳步小幅上升趋势，安徽省则基本稳定在11万—12万元/亩。

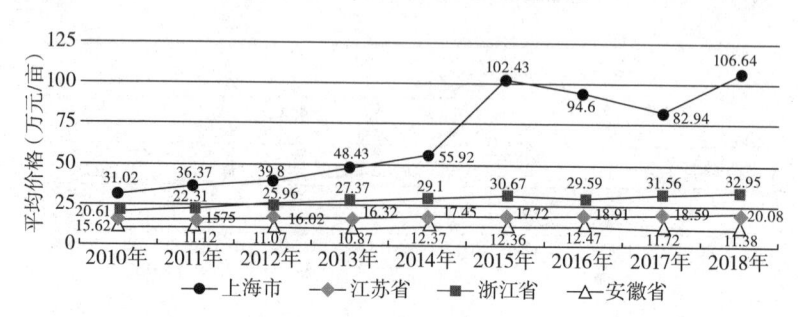

图五 长三角三省一市历年工业用地平均出让价格变化情况（万元/亩）

创新园区

第四次工业革命浪潮下的科创园区：颠覆 OR 重塑？

张腾飞

一、前言

第四次工业革命，是继蒸汽革命（第一次工业革命）、电力革命（第二次工业革命）、计算机和信息技术革命（第三次工业革命）之后，以数字技术、材料科学、量子计算、纳米科技等为突破口，推动行业融合、颠覆生产方式的新一轮革命。从某种程度上来说，科创园区不仅是新技术突破的策源地，更是推动技术成果整合应用的催化剂和承载地。本文旨在通过构建分析框架，洞察第四次工业革命浪潮下科创园区的转型变革之路。并以上海市北高新园区为例，从商业模式、园区运营、园区服务等三个方面整理数字化转型经验。

二、"BOS" 框架构建

"第四次工业革命"概念由克劳斯·施瓦布[①]（Klaus Schwab）在2016年世界经济论坛上首次提出。其引发了大数据和区块链等数字技术的出现

---

① 世界经济论坛. 第四次工业革命：它意味着什么，如何应对[EB/OL]. https://www.weforum.org/agenda/2016/01the-fourth-industrial-revolution-what-it-means-and-how-to-respond,2016.

和应用,并持续对现代社会的各个方面产生深远影响。为探究新一轮革命对科创园区的影响,礼森智库通过相关文献研究,总结提炼以上海市为代表的科创园区的实践经验,**首次创造性提出"BOS"框架**。该框架通过将新一轮革命带来的影响、变革、转型、提升归结到**商业模式**(Business Model)、**园区运营**(Operation)和**园区服务**(Service)三大领域,来解释第四次工业革命对科创园区治理模式的颠覆与重塑。

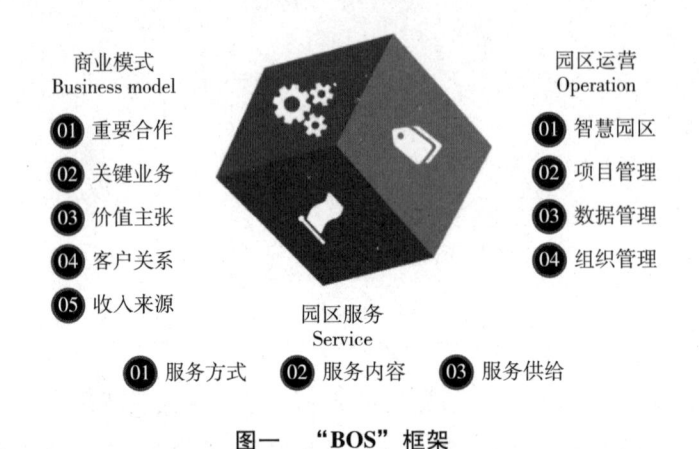

商业模式 Business model
01 重要合作
02 关键业务
03 价值主张
04 客户关系
05 收入来源

园区运营 Operation
01 智慧园区
02 项目管理
03 数据管理
04 组织管理

园区服务 Service
01 服务方式
02 服务内容
03 服务供给

图一 "BOS"框架

(一)"B"(Business)——商业模式

围绕第四次工业革命中科创园区的商业模式变革,礼森智库将从商业模式画布视角展开探讨。商业模式画布由亚历山大·奥斯特瓦德(Alexander Osterwalder)[①]提出,旨在通过构建可视化战略管理模板开发描述、评估构建商业模式语言。商业模式画布由9大模块构成,包括客户细分(Customer Segments)、价值主张(Value Propositions)、渠道通路(Channels)、客户关系(Customer Relationships)、收入来源(Revenue Streams)、核心资源(Key Resources)、关键业务(Key Activities)、重要合作(Key Partners)和成本结构(Cost Structure)。

---

① 奥斯特瓦德(Osterwalder,A.),皮尼厄(Pigneur,等.商业模式新生代:有远见者、游戏规则改变者和挑战者的手册[J].非洲企业管理杂志,2011,5(7):22-30.

商业模式画布 (Business Model Canvas)					
重要合作 (Key Partners)	关键业务 (Key Activities)	价值主张 (Value Propositions)	客户关系 (Customer Relationships)	客户细分 (Customer Segments)	
^^	核心资源 (Key Resources)	^^	渠道通路 (Channels)	^^	
成本结构(Cost Structure)				收入来源(Revenue Streams)	

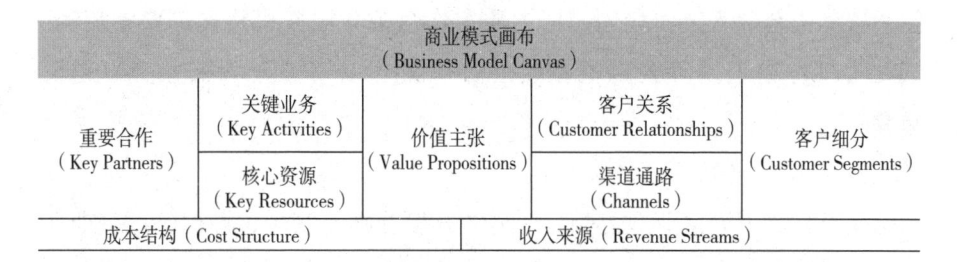

图二　商业模式画布

在描述科创园区商业模式变化时，相关证据表明**第四次工业革命并非在9大模块都作用显著，而主要从重要合作、关键业务、价值主张、客户关系以及收入来源5大方面推动园区转型。**

1. 重要合作

在传统模式下，政府部门统筹产业布局、提供政策支撑、管理行政审批，始终是科创园区的"重要伙伴"之一。例如，为扶持新兴产业发展，推动"中国制造2025""长三角区域一体化发展"等顶层战略设计，国家及省市部门通常向科创园区运营机构和入驻企业从租金、税收、专项资金扶持、行政审批等方面提供支持。此外，科创园区强调与龙头企业构建紧密联系，甚至为吸引龙头企业落户出台"一企一策""一事一议""专人驻点"等特殊扶持。龙头企业不仅带动财政税收，而且在吸引产业链上下游配套企业集聚等方面发挥重要作用，是建立产业生态和创新协作系统的关键组成部分。

而第四次工业革命中，除政府和龙头企业外，其他大量实体机构也开始成为科创园区的"重要合作伙伴"。第一，例如5G技术的引入和商业化，高校科研院所开始高频参与技术研发、成果转化环节，通过组建合作经济体、成立工作站等方式与科创园区、入驻企业形成广泛互动。第二，移动设备，物联网（IoT）和互联网日益消除物理世界、数字世界和生物世界之间的界限，同类型科创园区间的跨区域联系变得更为密切，通过开展在线资源对接、"区区联动、品牌合作"等园区协同从而实现更有效的资源流动。第三，颠覆性创新导致企业业务转型升级加快，需要更多的风险投资和资金导入。而科创园区本质上作为中介服务机构促进要素流动，因此与银行和风投等金融机构建立合作关系以完善金融服务变得越发重要。

2. 关键业务

传统模式下园区业务更侧重于地产开发和物业管理，即单纯向创业团队和高科技公司租售生产办公空间。在第四次工业革命中，需求侧变化导致科创园区逐渐"去房地产化"。首先，除一般物业服务外，入驻企业在生物医药、新材料等新兴产业共性化技术需求等方面对科创园区服务能力提出更高要求，一系列产业协同创新中心、共性技术平台、检验检测实验室和中试基地等服务平台应运而生。其次，园区业务重点逐渐向"品牌打造"转变，例如上海在"上海制造三年行动计划"中提出的"名园建设"，培育世界级品牌园区。此外，变革下科创园区业务重心向资源对接转变，资产、数据、人才和资本要素日益丰富，需要园区帮助入驻企业加快打破信息不对称壁垒，增强统筹对接能力。

3. 价值主张

"价值主张"的内涵是通过深刻理解客户细分需求，传递商品或服务价值。第四次工业革命中互联网技术进一步促进社会资源优化配置，"共享经济""区域协同"等概念再次迎来风口，"众创空间""创业咖啡馆""共享办公"等概念遍地开花，传统行业壁垒被打破重塑。在此背景下，科创园区如何突破同质化竞争，通过挖掘异质性资源禀赋，打造垂直行业生态来维护竞争优势成为构建园区商业模式的重要命题。

4. 客户关系

企业是科创园区最主要的客户。过去，由于渠道有限，科创园区运营机构只能对区内企业进行数据收集、跟踪分析。尤其在招商过程中，信息获取匮乏。同时，园区商务洽谈、资源对接等活动通常采取线下面对面、实地走访等交流方式。而第四次工业革命则极大改变了园区与企业的互动模式。一方面，人工智能与大数据不断提高行业透明度，挖掘与区域产业发展匹配的招商线索，可以实现园区与企业精准对接。另一方面，打造园区信息管理平台实现了对入驻企业的实时跟踪,"云招商""在线招商""线上论坛"等新模式如雨后春笋,打破物理空间制约,实现对园区在客户关系管理中的赋能。

5. 收入来源

传统模式下科创园区收入来源主要是物业收入和政府补贴。第四次工业革命浪潮中新技术的相继涌现带动资本进入,同样改变了科创园区盈利方式。部分园区通过提供基于产业特性的专业技术服务、增值服务,以及对园区初创企业投资拓展收入渠道,从而形成可持续的多元盈利结构。例如"基地+基金"等模式,定期向有潜力的初创团队进行多轮投资,依靠其研究成果变现获得投资收益。

(二)"O"(Operation)——园区运营

总体来看,第四次工业革命对科创园区运营产生带来四方面变革,即智慧园区、项目管理、数据管理和组织管理。

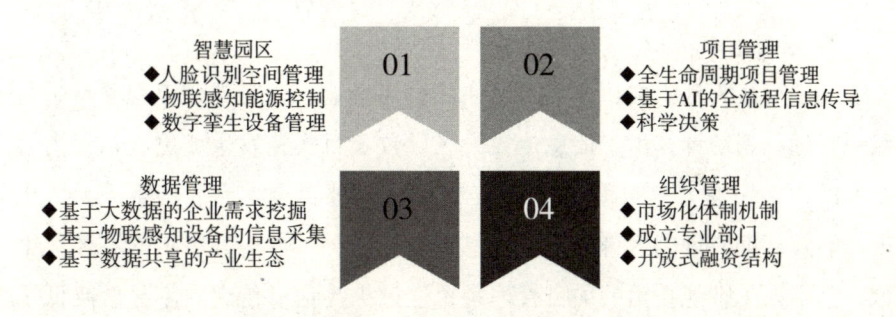

智慧园区
◆人脸识别空间管理
◆物联感知能源控制
◆数字孪生设备管理

01

02

项目管理
◆全生命周期项目管理
◆基于AI的全流程信息传导
◆科学决策

数据管理
◆基于大数据的企业需求挖掘
◆基于物联感知设备的信息采集
◆基于数据共享的产业生态

03

04

组织管理
◆市场化体制机制
◆成立专业部门
◆开放式融资结构

图三 第四次工业革命中科创园区运营变革

1. 智慧园区

随着大数据和云计算技术应用,科创园区运营进入智慧化时代。例如在空间管理方面,基于人脸识别的园区通行和员工打卡,基于5G和机器人的安防巡逻和楼宇监测,基于云边协同和传感监控的应急管理,等等。在能源控制方面,可以借助物联网和大数据技术实时感知园区能源消耗情况,并依托设备运行、人流密度等分析诊断模型以及人工智能实现智能自控、精准功能。在园区设备管理方面,结合数字孪生和物联接入实时感知照明、闸机等设备运行状态,提前诊断设备故障,调整运行策略,提高管理效率。

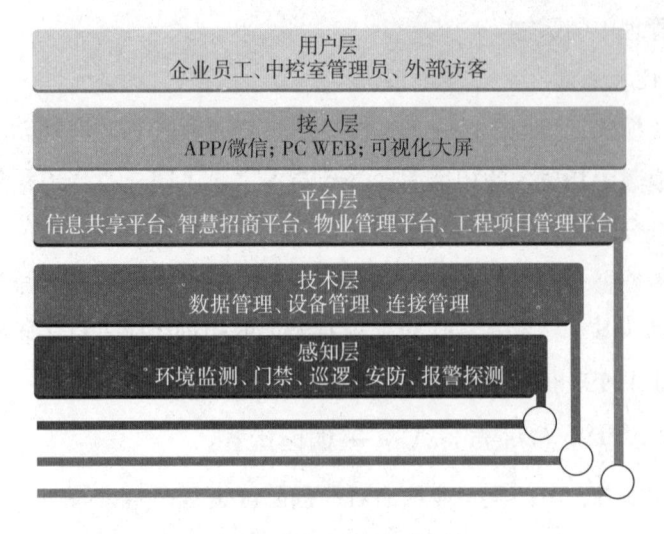

```
┌─────────────────────────────────────┐
│ 用户层                               │
│ 企业员工、中控室管理员、外部访客      │
├─────────────────────────────────────┤
│ 接入层                               │
│ APP/微信;PC WEB;可视化大屏          │
├─────────────────────────────────────┤
│ 平台层                               │
│ 信息共享平台、智慧招商平台、物业管理平台、工程项目管理平台 │
├─────────────────────────────────────┤
│ 技术层                               │
│ 数据管理、设备管理、连接管理          │
├─────────────────────────────────────┤
│ 感知层                               │
│ 环境监测、门禁、巡逻、安防、报警探测  │
└─────────────────────────────────────┘
```

图四　科创园区智慧管理架构

2. 项目管理

基于行政管理需要,科创园区往往会对企业在建、拟建工程项目进行跟踪管理。据统计,由于信息传导失真导致项目实施发生变更或错误占总成本的3%—5%[①]。伴随着第四次工业革命,项目全生命周期管理系统出现,能够帮助科创园区打造集成信息创建、传导、分析和展示的一体化平台。基于人工智能技术的项目管理系统通过提高信息传递效率显著降低了成本,对不同层级管理人员设置不同访问权限,甚至可以通过 VR 技术、全息投影技术生动了解项目建设阶段和各种数据。

3. 数据管理

科创园区日常运营离不开各项数据,包括自身经营数据、入驻企业成长数据、外部行业数据等。因此,立足于信息化赋能,科创园区在第四次工业革命带来了分别以入驻企业、园区管理机构、园区外部机构三大群体

---

① Qi, S.（2018）. *Research on Informationalization in Project Management. Construction and Decoration.* 529（20）, 216.

为对象的数据管理新模式。一是利用多维分析深度挖掘入驻企业需求，通过采集企业基本概况、股权结构、融资信息等数据对企业进行科学评价；二是基于园区物联感知设备的信息自动采集，为园区管理机构自身提供科学决策；三是嫁接外部数据库打造产业上下游平台，为园区招商、孵化加速、企业成长等不同阶段提供行业生态多渠道服务。

4. 组织管理

科创园区运营机构，作为管理实体，其组织架构同样在新一轮工业革命中发生了一系列变化。从内部来看，与传统开发区作为政府派出机构并设置管委会不同，上海部分科创园区开始探索更加市场化、精细化的体制机制模式。例如成立科技投资公司、招商分公司等专业部门，甚至通过运筹上市（IPO）来加速形成开放式融资结构。

(三)"S"（Service）——园区服务

围绕科创园区服务，为适应满足第四次工业革命中入驻企业的新需求，园区服务方式、服务内容、服务供给三方面发生了变化。

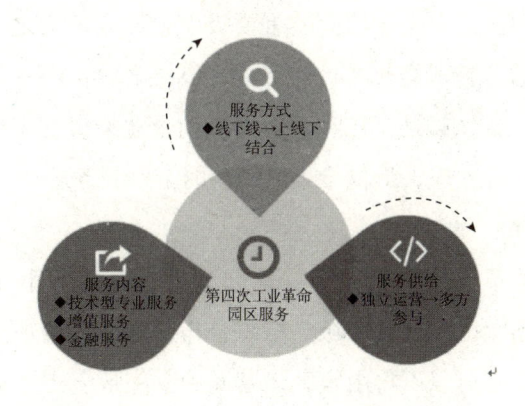

图五 第四次工业革命科创园区服务变革

1. 服务方式

首先，数据赋能极大提高园区与企业间的服务供需匹配效率，传统服务方式由"线下"转为"线上"PC端、移动端。科创园区通过打造各类"云"服务平台，基于信息互联、数据共享，为企业提供不同场景定义服务。例如上海天地软件园打造的"在线店小二"服务平台，就能根据不同登录人员的身份和需求识别,实现包括政策信息、扶持信息等消息的精准推送。同时基于 AIoT 生态平台构架,可以在园区完成无感支付、会议室在线预订、项目对接等功能[①]。

2. 服务内容

新技术浪潮使科创园区服务重点发生转移。除传统物业基本服务外,企业对与行业相关的技术型服务需求更大,如生物医药产业的检验检测、新药审评审批服务,移动互联网产业的专利申报、知识产权服务等。尤其是针对部分高技术壁垒、高研发投入行业,通过打造功能平台、共性技术平台能有效降低企业成本,提高竞争优势。例如作为上海市首批 26 家特色园区,上海宝山超能新材料科创园针对石墨烯新材料打造了中试基地和石墨烯分析检测中心,联合企业突破行业核心共性技术。

此外,金融服务逐渐成为科创园区服务重要内容之一。技术创新引发金融体系结构改革进一步深化,科创板、公募基建 REITs 等相继推出,科创园区创新金融服务产品,帮助企业吸纳外部多样化资本要素不仅符合发展趋势,更是园区面向企业招商的重要吸引力和竞争力之一。例如上海财大科技园建立的"持股孵化+产业咨询+科技金融咨询+新三板研究"科技金融大服务平台,就是在自身金融类初创企业集聚的基础上,通过放大企业金融优势杠杆效应,提供全生命周期的金融服务。

3. 服务供给

第四次工业革命带来的一个关键转变是更有效的市场细分和劳动分工,这使得科创园区在地理区域、组织合作上都变得前所未有的开放。因此,服务的供给方可以不再由园区运营商独立完成,更多第三方机构如独立实验室、咨询公司、科技转移中介等,灵活地通过入驻、合作等方式参与科创园区服务体系建设。例如,上海张江生物医药基地与区内企业伯豪生物合作,建立了"常见肿瘤和遗传性疾病基因检测中心",为初创企业提供免费、专业的检测服务。

---

① 来自公开消息整理。

三、开放式创新生态系统

开放式创新生态概念相对于封闭式创新而言,是由切萨布鲁夫(Chesbrough Henry)[①]在其《开放式创新:进行技术创新并从中盈利的新范式》(*Open Innovation: the new imperative for creating and profiting from technology*)一书中首次提出。开放式创新理论主要从资源视角强调来自内/外部的知识资源在创新过程中有目的地在企业流入或流出,并重点指出外部资源对企业创新的重要性。

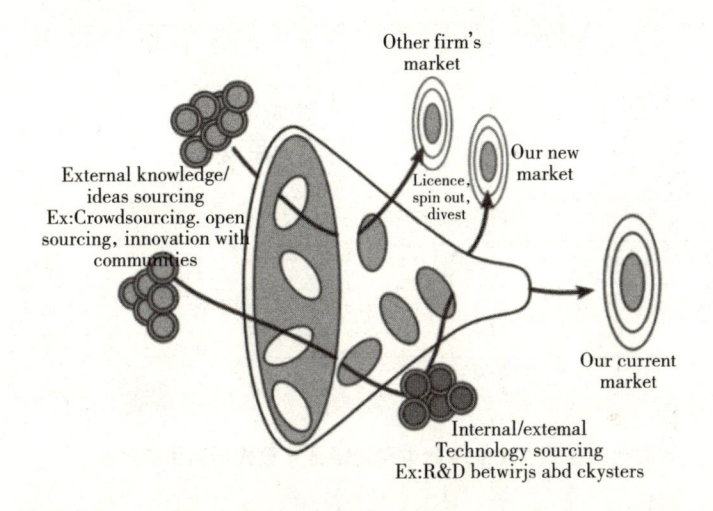

图六 开放式创新模型

图片来源:Chesbrough,H(2003)。

结合图六,开放式创新模型分为输入端、过程端、输出端。输入端主要由内/外部技术库(Internal/External Technology Base)构成;过程端主要完成外部技术在企业的内化(External Technology Insourcing)、内/外部技术的风险评估(Internal/External Venture Handling);输出端主要包括存量市场(Our Current Market)、新兴市场(New Market)及跨界市场(Other

---

[①] Chesbrough,H(2003). *Open Innovation – The new imperative for creating and profiting from technology.* Boston: Harvard Business School Press.

Firm's Market)。而开放式创新过程实际上就是技术与知识,尤其是外部技术作为原始输入,通过对其风险评估,以及外部技术企业内部转化的过程,最终协助企业强化存量市场,拓展新兴市场,并探索进入跨界市场的"漏斗状"模型。

第四次工业革命模糊了科创园区的物理边界,其业务模式、运营流程及提供服务的变化极大地促进了知识资源在园区内外部的流动传播,并重构了不同主体、新型创新机构间参与、协同、合作的机制,这些改革、重塑、再造的最终结果就是推动形成了开放式创新系统(如图七所示)。

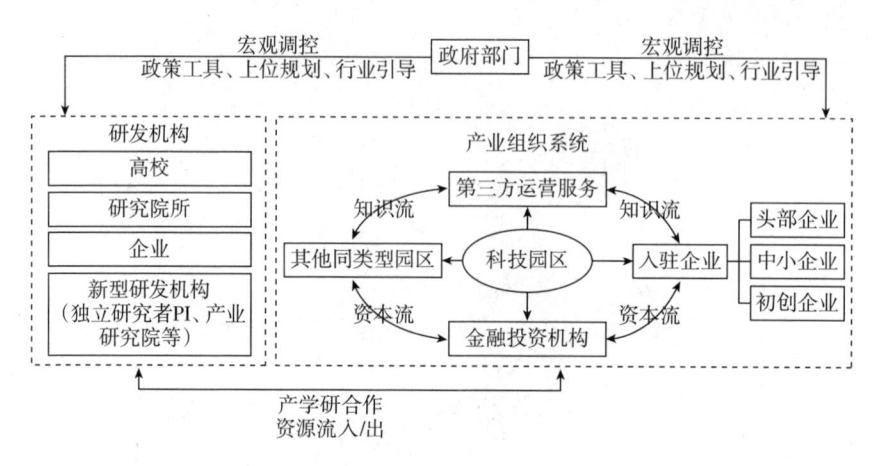

图七 第四次工业革命中科创园区开放式创新生态系统

机构边界开放下的知识、信息、资本快速流动是第四次工业革命的重要特征,更是实现开放式创新生态的重要前提。传统模式下,科创园区衡量自身创新体系,都以内部已有企业作为"护城河"。而开放式创新生态体系下,科创园区内外部结构发生重组,创新路径、创新环节、创新主体被解构、重构。有效嫁接内外部资源成为加快创新体系构建的关键。

首先,科创园区通过主动导入第三方运营服务机构,与外部园区、金融投资机构、研发机构形成合作关系,打造"内部+联合+外部"的路径促进知识技术、创新资源的内外流动。例如,外部高校研究团队通过科创园区作为中介进行对接,将科技成果通过作价投资、成果转让等方式转移给园区内部企业,以实现成果产业化。而反过来,园区企业得到市场需求实时反馈，能为科技研究提供实用指导。其次，在开放式生态系统中，创新环节可以通过科创园区内外部机构协作完成。例如英特尔在其处理器产品的基础研究环节，借助其在高校布局的开放性实验室寻求技术创新，并通过战略决策实现外部技术"内部化"。最后，开放式创新生态系统将外部机构，如独立研究者等新型研发机构，纳入创新主体行列，从源头上增强了科创园区创新的有效性。

四、"BOS"框架下的案例研究

为进一步理解和应用"BOS"框架，礼森智库以上海市北高新园区为案例来具体分析新工业革命如何推动科创园区的数字化转型。

上海市北高新园区成立于1992年，规划面积3.13平方公里，是上海中心城区科技创新元素浓厚、高新技术产业集中的代表性区域。

（一）"B"（Business）——商业模式

市北高新园区的商业模式转型主要体现在其关键业务、收入来源等方面。从关键业务来看，目前园区形成了"三大主业"，包括产业地产开发运营、产业投资孵化、产业服务集成。在产业投资孵化方面，市北高新园区参与设立上海火山石一期股权投资合伙企业，发起"市北高新大数据产业投资基金"，同时依托一批集孵化、加速、投资等核心功能于一体的创新服务功能性平台，持续深化产业投资及培育力度。在产业服务集成方面，公司积极搭建一批包括上海市公共数据开放应用示范区、上海区块链生态创新中心、5G+8K上海市超高清视频产业示范基地、大数据创新学院等在内的功能性服务平台，揭牌成立"综合服务中心""政企通办公室"，初步形成品牌价值和定向输出。从收入来源看，根据园区运营主体——市北高新集团的下属上市公司市北高新股份有限公司（600604）2019年度财报数据显示，2019年园区主营业务收入10.78亿元，同比增加112.59%。而在"去房地产"趋势下，2016—2019年园区服务相关营业收入占比持续稳定增加，到2019年租赁及其他服务业占主营业务收入比重为

44.87%，盈利结构逐渐趋向多元化。

表1 市北高新区2016—2019年营业收入结构变化

	2019年			2016年		
	营业收入（万元）	同比增幅（%）	占营业总收入比重（%）	营业收入（万元）	占营业总收入比重（%）	比重变化
分行业						
房地产业	60291.36	395.94	55.13%	88250.6	75.02%	↓
租赁及其他服务业	47466.27	23.19	44.87%	29378.79	24.98%	↑
分产品						
园区产业载体销售	60239	595.09	55.07%	88250.6	75.02%	↓
住宅销售（车位）	52.31	-98.5	0.05%	—	0.00%	↑
园区产业载体租赁	44167.93	33.4	41.76%	21019.59	17.87%	↑
其他服务业	3298.35	-39.16	3.12%	8359.2	7.11%	↓

（二）"O"（Operation）——园区运营

从组织管理来看，过去科创园区以设立园区管理委员会作为政府派出机构，或依托高校事业单位设立平台公司等方式成立主体负责科创园区运营。而市北高新园区的管理运营主体为上海市北高新（集团）有限公司，是上海市静安区国资委履行出资责任的国有独资企业，集团下属拥有两家上市公司——上海市北高新股份有限公司（600604）和上海数据港股份有限公司（603881）。集团与旗下企业围绕总体发展战略，各有侧重分工。其中市北高新集团致力于成为"国内领先的精品园区综合运营商"，形成"产业地产运营+增值服务运营+产业投资运营+品牌输出运营"的多元化业务发展模式。市北高新股份则明确"地产+投资"双轮驱动的经营策略。数据港重点形成以定制化为主的全生命周期业务模式，在国内IDC数据中心市场树立品牌形象，巩固细分行业龙头地位。结合2019年"国发11号文"《关于推进国家级经济技术开发区创新提升打造改革开放新高地的意见》，园区运营管理机构进行开放型市场化重组，可以有效破除体制机制梗阻，实现资源的更高效配置。尤其在第四次工业革命推动下，通过灵活设置组织架构创造新价值机遇是提升园区影响力的重要途径。

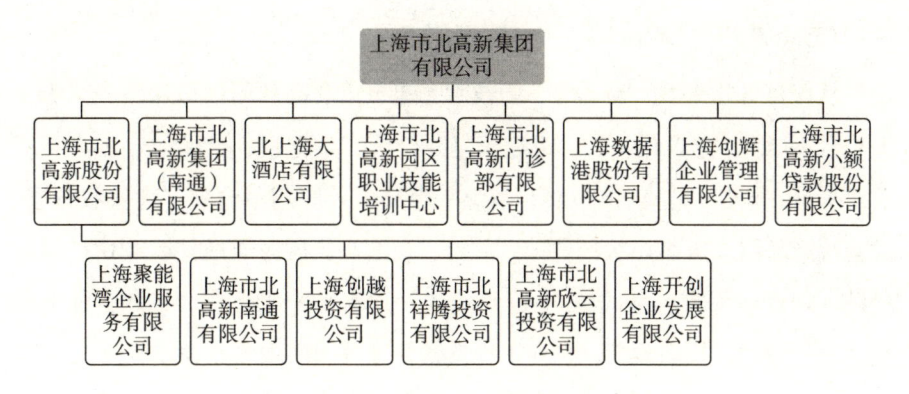

图八　市北高新区组织架构

从智慧园区建设来看，市北高新园区搭建以"大数据＋物联网＋BIM＋GIS"为核心的智慧园区管理平台，通过运用大数据与人工智能等技术手段，围绕"智慧安全、智慧环境、智慧交通"三大模块，在园区网格化管理、安防道路监控、电梯专项监控、生态园区环境指数监测、应急指挥系统与综合报警系统以及能耗精细化管理等方面实现了整个园区的智能化管理。此外，依托市区两级大数据中心以及 APP 服务平台，实现各联办部门业务数据信息实时传递、同步办理，提高企业服务智能化、便利化的程度。

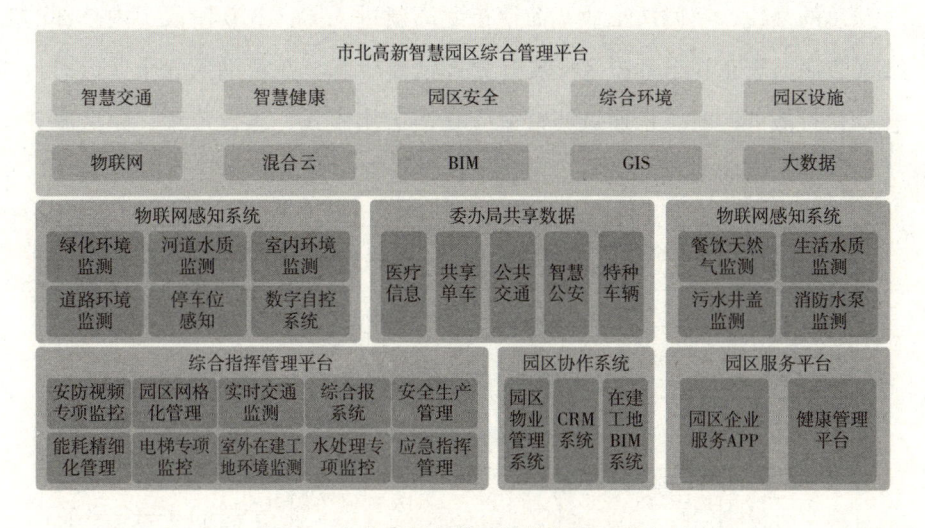

图九　市北高新智慧园区综合管理平台

(三)"S"(Service)——园区服务

从服务方式来看，新动能、新技术趋势下市北高新园区运营服务"上云上平台"，即打造"政务云、医疗云、办公云、教育云、金融云"五大在线服务平台，构建"基础设施层、系统平台层、云应用平台层、增值服务层、配套端产品层"五个层级产业链。此外，市北高新园区通过打造ERP（企业资源计划管理系统），从根本上提升园区管理水平和服务能力，涵盖征地动迁、资产管理、招商管理、物业工程设备管理等园区主要业务环节。

从服务供给来看，市北高新园区通过与外部资源合作提升服务质量、推动园区成长。例如，园区与海通证券、国浩、毕马威等8家知名机构共同组建"市北高新助力科创引培联盟"，挖掘优秀产业投资标的，构建科创企业全生命周期"培育+投资"体系。例如，园区还与英特尔公司共同成立"市北高新—英特尔联合众创空间"，并由市北高新园区、英特尔、开源加速器（微能投资管理有限公司）联合运营，三大主体分工明确。市北高新园区配备加速器办公场地，而英特尔为入驻创业团队提供大数据技术支持和智能硬件，开源加速器则承担日常运营、项目早期发现培育管理等。

总的来说，第四次工业革命使市北高新进入园区3.0阶段，内外部的要素资源共聚正在推动园区形成开放式创新生态。在帮助入驻企业应对行业变化挑战的同时，也通过调整适应其在运作模式、运营流程、园区服务方面纵向、横向变化，进一步增强了自身竞争实力。

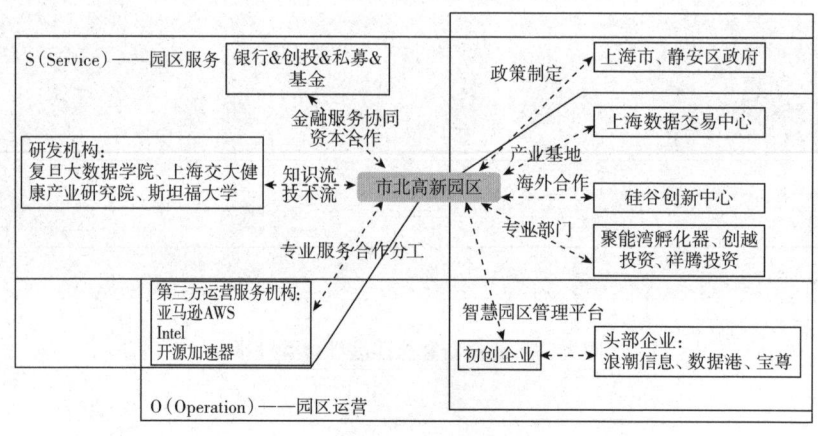

图十 市北高新园区开放式创新生态

五、结语

综上所述,第四次工业革命浪潮正在打破行业、规则、空间束缚,知识资源流转速度加快、趋势越发复杂多变。而科创园区基于其作为中介载体的本质,需要在商业模式、运营、服务方面更显灵活、柔性,构建互利共赢的开放式创新生态系统,以帮助内外主体实现资源技术的高效配置和规模效应。

我国孵化器发展现状分析

马彤晖

从 1987 年第一家企业孵化器落地，到 2014 年李克强总理提出"大众创业，万众创新"后企业孵化器进入了迅猛发展的时期，截至 2018 年底，据国家科技部火炬中心统计我国企业孵化器达到 4849 家，位列世界第一。孵化器也从政府主导的项目，进化成了以民营企业经营为主的众创空间、联合办公。孵化器为初创期科技中小企业提供便利，至今已累计孵化十几万家科创企业。

数据表明，超过半数的孵化器政府补助占净利润的比例超过 50%，也就是说超过半数的孵化器业绩依赖于政府补贴。在这一情况下，亟须研究孵化器的现状，推动孵化器转型。

一、孵化器的发展历程

美国首先提出企业孵化器（Business Incubator）的概念，将科技企业孵化器称为企业创新中心或技术孵化器等，之后孵化器的概念传入中国并得以发展。科技部《关于进一步提高科技企业孵化器运行质量的若干意见》指出，科技企业孵化器是为新创办的科技型中小企业提供物理空间和基础设施，提供服务支持，降低创业者的创业风险和创业成本，提高创业成功率，促进科技成果转化，帮助和支持科技型中小企业成长与发展，培养成功的企业和企业家和扶植高新技术中小企业的服务机构。[①]

1987年,我国第一家孵化器——武汉东湖新技术创业者中心在武汉诞生。1988年8月,国务院将中国科技企业孵化器建设列入国家科技产业发展计划的"火炬计划"。经过30年发展,中国科技企业孵化器逐步发展到北京、上海、天津及全国各地,规模跃居世界前列。2014年9月,李克强在天津的夏季达沃斯论坛上发出"大众创业、万众创新"的号召,随后企业高管、科技人员、大学生和留学归国人员等纷纷加入创业大军,涌现大众创业、万众创新的时代大潮。也就是在那个时候,中国遍地出现了孵化器、众创空间、联合办公等围绕着双创做的创业平台,可以说整个孵化器行业在双创的氛围烘托当中快速崛起。到2018年末全国共有孵化器4849家,其中1429家为专业孵化器,孵化面积13623万平方米,孵化器总收入463亿元,实现纳税额37.2亿元。

二、孵化器发展模式的进化趋势

孵化器经过几十年的发展由孵化器1.0进化为孵化器4.0。在孵化器发展之初,门槛并不高,找到一个场地,整几把桌子和椅子,接个网络就可以开张经营了,孵化器1.0还主要是靠着政府补贴,为创业者提供一个地理位置较佳的办公场地,做着"二房东"的角色。这类孵化器在建设初期主要是由政府来支持推动,之后在各级政府的鼓励引导下,许多社会资本进入科技企业孵化器领域,出现了民营企业、国有企业、合资企业和社团组织等建立的孵化器,但政府在科技企业孵化器体制改革、政策优惠和考核评价上仍然发挥着重要作用。再加上我国企业孵化器的经营采取"事业单位"式的模式,缺乏追求利润的意识和相应的能力,孵化器1.0模式的价值创造能力十分低弱。[②]

[①] 科技部. 科学技术部关于印发《关于进一步提高科技企业孵化器运行质量的若干意见》的通知. http://www.most.gov.cn/fggw/zfwj/Zfwj2003/200512/t20051214_54925.htm

[②] 林强,姜彦福. 中国科技企业孵化器的发展及新趋势[J]. 科学学研究,2002(2):198-201.

但随着业务延伸，仅仅提供场地是无法帮助创业者孵化出好的项目，为此孵化器2.0模式除了提供场地还开始提供财务、人力等基础服务，中关村创业大街、SOHO3Q就是运用这种模式的经典案例。

孵化器3.0模式则解决了初创企业的启动资金或者资金链管理的问题，采取"天使基金+孵化器"模式，通常由民间资本或教育类机构引进成功创业者、大型企业高管或创业投资人等具有丰富行业或创业经验人士作为导师，传授管理、运营等经验，预估创业障碍，降低创业风险，提升创业成功率，实现创业者和投资人双赢。36氪、创新工场、启迪之星、洪泰创新空间、联想之星等孵化器就是运用这种模式的经典案例。

发展4.0模式的孵化器，其核心不再是空间、服务、投资，而是资源。相比较于之前的模式下孵化器提供单一资源的特征，4.0模式的孵化器与创业者的需求更加吻合，并直指初创企业发展的核心问题，能够为其提供重度服务和精准孵化。重度服务包括提供链接和分享服务，通过加强创业导师指导、创业培训等活动并引入第三方专业机构，为创业者提供创业经验、人脉等资源。针对企业资金需求直接入股或其他资本对接进行精准孵化。

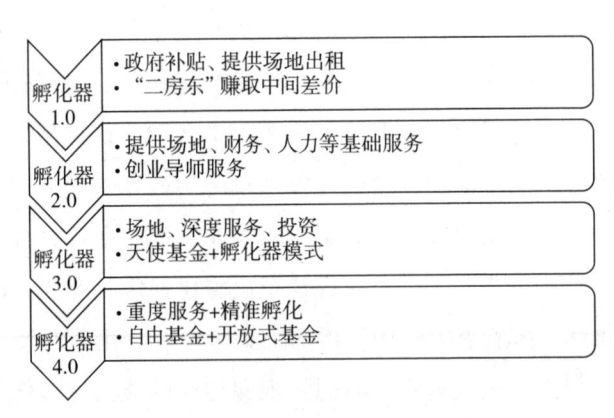

孵化器1.0	• 政府补贴、提供场地出租 • "二房东"赚取中间差价
孵化器2.0	• 提供场地、财务、人力等基础服务 • 创业导师服务
孵化器3.0	• 场地、深度服务、投资 • 天使基金+孵化器模式
孵化器4.0	• 重度服务+精准孵化 • 自由基金+开放式基金

图一　孵化器发展模式的进化趋势

三、孵化器的发展规模基本情况

我国科技企业孵化器数量规模持续扩大，1987年全国只有两家科技企业孵化器诞生，2001年首次突破300家，达到324家，到2018年底数量已达到4849家，呈现高速增长态势。尤其是2014年后，受国家经济发展和"双创"政策的推动，孵化器数量增长迅猛，每年新增科技企业孵化器数量均超过700家。

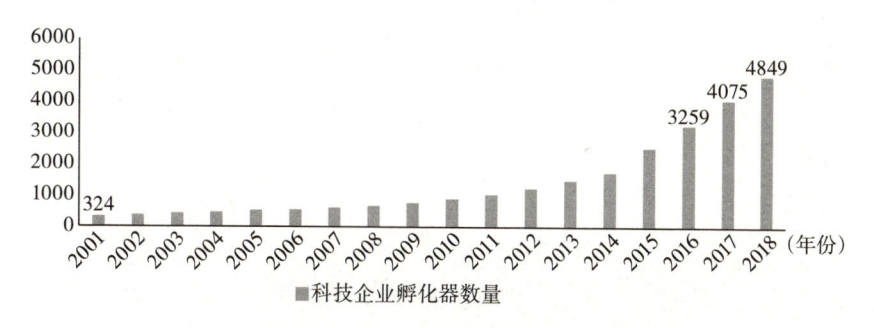

图二　2001—2018年科技企业孵化器数量分布（单位：个）

从2001—2018年国家级孵化器数量分布情况来看，国家级孵化器数量持续不断增长，到2018年突破1000家。但国家级孵化器相较全国孵化器增速较慢，占全国孵化器的比例出现了先增长后下降的趋势，尤其近几年下降趋势明显。出现下降的趋势主要是近几年全国孵化器遍地开花、增长太快，但是达到申请为国家级孵化器水平的孵化器增速较慢，也反映了国家为保证孵化器发展质量有意识地控制新增国家级孵化器数量。

孵化器的发展离不开孵化空间场地的支撑。1987年，武汉东湖新技术创业者中心的孵化场地面积仅有650平方米；到2018年，我国科技企业孵化器的孵化场地总面积已达到13623万平方米，大大提高了科技企业孵化器的孵化能力。从2001—2018年孵化器场地面积发展速度来看，2014年前科技企业孵化器的孵化面积呈现稳步递增，2014年后孵化场地面积实现了飞速增长。

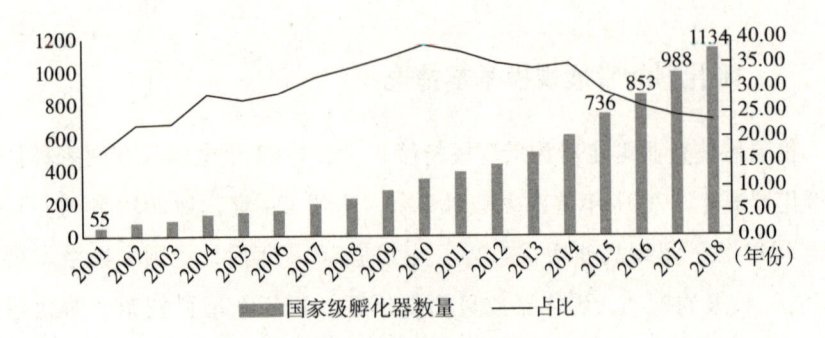

图三 2001—2018 年国家级孵化器数量分布（单位：个、%）

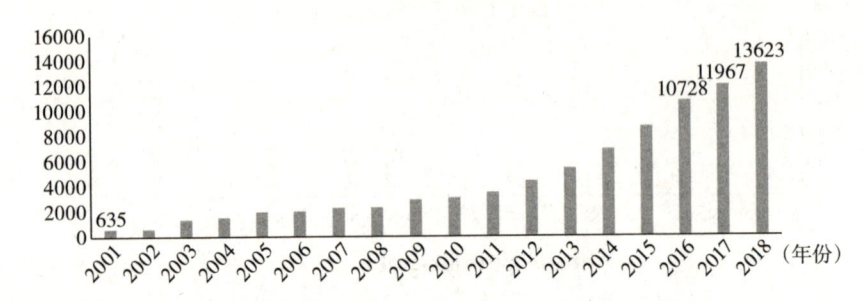

图四 2001—2018 年孵化器场地面积（单位：万平方米）

从孵化器在孵企业数量来看，2011—2018 年孵化器孵化能力不断提升，可孵化企业数不断增加，到 2018 年底，孵化器在孵企业数突破 20 万个。从增速来看，2014 年前在孵企业保持缓慢增长，2014 年后年平均增速超过 30%，越来越多的初创企业选择入驻孵化器享受孵化器带来的政策红利及服务。

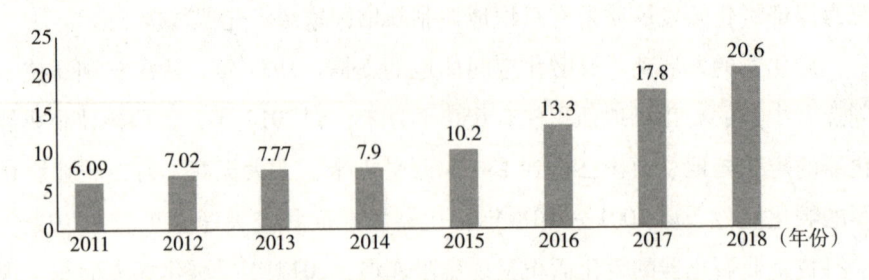

图五 2011—2018 年在孵企业数量（单位：万个）

四、国家级科技企业孵化器的区域、等级分布情况

我国国家级科技企业孵化器主要集中于我国东部沿海地区，江苏、广东两省国家级科技企业孵化器数量排名位居前二，均超过百家；排名第三的山东省共有82家；北京市和上海市排名为第五、第六，国家级孵化器数分别为56家、49家；西部地区仅有陕西排名前10，共有31家国家级孵化器；海南、西藏等地的国家级孵化器仅有1家。

现阶段我国国家级科技企业孵化器发展范围遍及全国各地，但区域发展不平衡现象明显。我国科技企业孵化器区域分布特征明显，主要分布在科教资源丰富和经济发达的省份，如江苏、山东和广东等。青海、宁夏和西藏等经济欠发达地区虽然均建立了国家级科技企业孵化器，但数量偏少，难以形成孵化产业集聚效应。

为加强对科技企业孵化器自身建设，提升服务创新能力，完善创业生态体系，科技部每年根据《国家级科技企业孵化器认定办法》（国科发高〔2010〕680号）和《科技部火炬中心关于印发国家级科技企业孵化器评价指标体系（试行）的通知》（国科火字〔2013〕182号）相关要求对全国国家级孵化器进行考评，取消考评不合格的国家级孵化器。

双创的浪潮催生了大量的孵化器，孵化器之间的竞争越来越激烈，部分科技企业孵化器服务能力较弱，难以支撑入孵企业的成长发展，面临着被淘汰的处境。近几年随着市场环境的变化，创业者、投资人越来越趋于冷静，创业公司注册的数量呈逐年下降的趋势，靠"二房东"活着的孵化器对初创企业来说越来越缺乏吸引力。

由于我国2018年度国家级孵化器考评结果尚未公布，从科技部火炬中心公布的2017年度对988家国家级科技企业孵化器考评结果来看，共有**139家评为优秀（A类），占比为14%；414家评为良好（B类），占比为42%；405家评为合格（C类），占比为41%；30家评为不合格（D类），占比为3%**。由此可见，国家级孵化器优秀科技孵化器数量占比偏少，在

988家国家级科技企业孵化器中，评为合格、不合格的数量合计为435家，两者数量占比达到44%，因此，国家级科技企业孵化器的孵化能力有待加强，孵化效益有待提升。

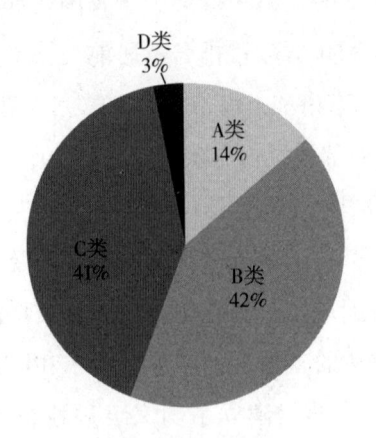

图六　国家级孵化器等级分布

五、各类创新创业载体对比

在初创圈，孵化器与众创空间、加速器经常被同时提起，甚至有些难以区分，这主要是由于三者的定位相似，都是聚焦于为初创团队及创业个人提供包括办公场地、社交空间、外包服务及资源共享等多维度的周边服务，主要职责就是助力初创公司快速成长。

但三者在软硬件条件、运营面积、资金来源、服务对象及入驻门槛等方面均有差异。孵化器服务对象为新创办的科技型中小企业，为其提供较为规整优质的办公环境，并配套政府及运营母公司优质的产业资源与资金支持，入孵门槛较高；加速器是在孵化器孵化基础上，对具备一定发展基础的初创企业进行技术与商业模式的快速升级迭代，加速其成长过程并与资本紧密对接；众创空间相对灵活，面向所有创新创业群体开放，与孵化器、加速器相比门槛更低。①

表1 孵化器、众创空间、加速器科技创新载体比较

类型	运营主体	硬件要求	运营面积	资金来源	服务对象	入驻门槛	服务阶段	功能	相同点
众创空间	独立法人（企事业单位）	较为简单	不低于500平方米	资金来源较少	所有创新创业个体及人群	较低	创立前至创立初期	帮助初创团队完成项目，创立企业	服务对象均为初创团队及个人，提供办公场地、活动空间、外包服务、资源共享平台
孵化器	独立法人（企事业单位）	优质	不低于10000平方米	政府、大企业资源及资金导入与支持	新初创期科技中小企业	相对较高	创立初期	降低企业创业成本，解决初创企业运营资金	
加速器	独立法人（企事业单位）	优质	不低于50000平方米	技术禁言支持，资本频繁介入	经过孵化器培育，有一定竞争力和发展基础的企业	很高	经过创立初期，进入加速阶段	提供专项的服务，比如商业模式梳理、产业链上下游资源的整合等	

---

① 艾瑞网.2019年中国产业创新孵化器行业研究报告. https://www.360kuai.com/pc/98feba528390c3f01？cota＝3&kuai_so＝1&sign＝360_57c3bbd1&refer_scene＝so_1

浅论孵化器行业发展

胡 晨

一、孵化器行业的本质

(一)"What"是什么？

孵化器，英文为 Incubator，本义指孵化禽蛋的设备，在被引入商业领域后，指专门为初创企业提供场地、服务、指导等的一种新型社会组织。根据科技部 2018 年新印发《科技企业孵化器管理办法》，关于科技企业孵化器（含众创空间等，以下简称孵化器），将其定义为：以促进科技成果转化，培育科技企业和企业家精神为宗旨，提供物理空间、共享设施和专业化服务的科技创业服务机构。

(二)"Who"谁参与？

从供给侧来看，我们分别围绕资本来源、运营主体等指标来进行梳理，发现目前国内孵化器的参与者主要包括政府、行业协会、高校、地方开发区、产业园区和高新区等以下几种类型，见表1。

表1 国内孵化器参与者类型

资本来源	运营主体	案例
国有资本	政府与行业协会	上海云基地
	高校	交大慧谷（上海交通大学科技园）
	地方开发区、产业园区、高新区	漕河泾国际孵化中心
民营资本	地产企业	万科云、SOHO 3Q
	科技企业	微软创投加速器
	创投媒体	氪空间（36氪）
	创投资本	创新工场
	办公租赁商	3W咖啡

从需求侧来看，孵化器主要服务对象为初创企业。通过对2018年创投行业热点领域的关键词提取分析，我们发现初创企业的行业分布主要集中在提供基于新一代信息技术的企业服务、智慧医疗、先进制造、人工智能等。

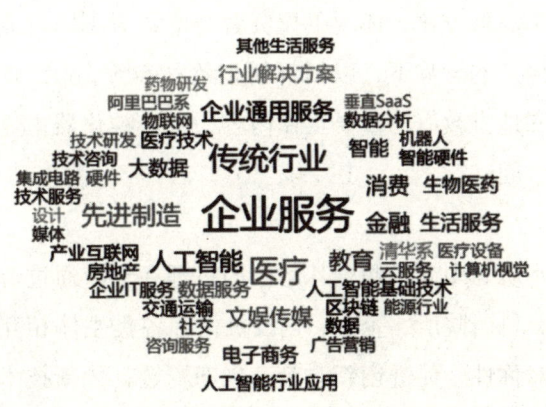

图一 创投行业热点领域画像

数据来源：烯牛数据。

（三）"How"怎么做？

1. 政策支撑

孵化器行业迎来飞跃的时间节点可以回溯到2014年李克强总理在夏季达沃斯论坛提出的"大众创业，万众创新"理念。此后，一系列关于支持孵化器行业的配套政策相继出台。直至今日，站在风口的孵化器行业仍热度不减。

表2 孵化器行业相关政策

发布时间	政策名称
2015年	《国务院办公厅关于发展众创空间推进大众创新创业的指导意见》
2015年	《国务院关于大力推进大众创业万众创新若干政策措施的意见》
2016年	《关于建设大众创业万众创新示范基地的实施意见》
2018年	《关于推动创新创业高质量发展打造"双创"升级版的意见》
2019年	《关于科技企业孵化器 大学科技园和众创空间税收政策的通知》

2. 资本扶植

除此之外，资本市场的活跃运作也成为孵化器行业的重要助推动力。2019年6月，科创板正式落地，并在7月首批公司挂牌上市。截至8月27日收盘，共有29家公司完成科创板上市，首月成交额达到5850亿元，29家公司的市盈率高低分化，体现了投资者与市场对不同行业的预期和价值判断。在多重因素的影响下，以创新创业激发市场活力，促进高质量发展成为当前中央和地方政府的重要工作内容，也为孵化器市场带来巨大的市场需求和发展空间。

3. 运作机理

孵化器的本质是中介机构，其运作的机理在于：通过孵化器的网络实现政府、高校、科研院所、企业、创投机构等各类主体相互沟通，消除信息和资源的不对称性，促进创新政策、创新资金、创新技术、人才等资源的共享和转移，从而实现成果的有效转化。

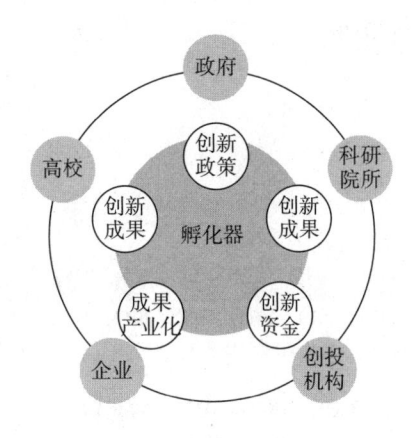

图二 孵化器的运作机理

资料来源：礼森智库整理。

孵化器培植初创企业的根本目的在于通过各类资源的配置来提高企业的存活率。数据显示，尽管经过孵化器培植的初创企业存活率普遍高于孵化器外企业，但与其他国家相比，中国孵化器的孵化成效仍然偏低。

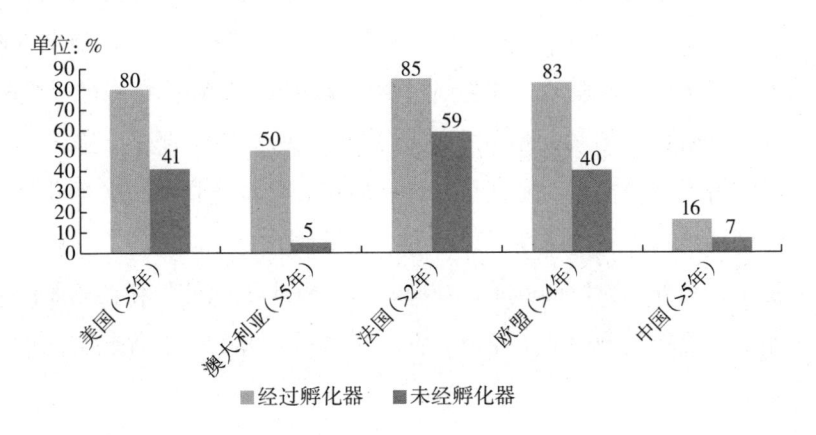

图三 各国初创企业存活率

数据来源：美国小企业署。

二、孵化器行业的痛点

从规模上看，全国的孵化器数量在2017年达到4075家，其中国家级孵化器数量为988家。而行业迎来爆发式发展则是在2015年，这一年，孵化器同比增长高达45.08%。

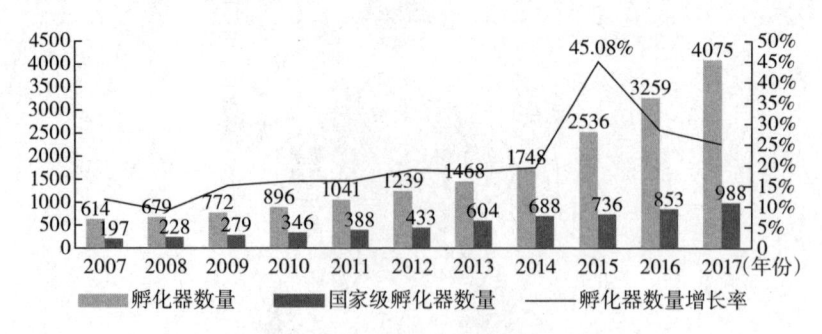

图四 2007—2017年孵化器数量

数据来源：科技部《2017年火炬统计手册》。

为了解孵化器行业的发展阶段，我们引入产业生命周期理论作为工具来进行分析。在该理论中，行业从出现到完全退出社会经济活动可分为初创期、成长期、成熟期、衰退期四个阶段。

孵化器行业的增长率从2015年起开始呈现出回落趋势，显示出目前正处在其"S"型成长曲线的整合分化关键节点，**意味着行业由前期的政策和资本驱动转向资源驱动，并将通过供给端的改革对整体结构进行重塑。**

在这一阶段，市场对孵化器的筛选标准越发趋于严格。除了资本之外，参与者的综合实力，尤其是其背后的核心资源支撑将成为孵化器在竞争中脱颖而出的决定性条件。2016年，老牌孵化器"地库""孔雀"相继倒闭退出，另外，Y Combinator、Founders Space等国外孵化器则纷纷入驻国内市场，更加充分印证了经历了资本洗牌后资源为王、优胜劣汰的整体发展趋势。

[图示：孵化器行业生命周期发展框架]

- 行业当前所处位置
  —整合分化关键节点
  —优胜劣汰回归理性

政策驱动
—多以政府单一投资建立的公益性孵化器为主

资本驱动
—行业高速成长、资本大量涌入；
—定位和商业模式逐渐明确、沿产业链并购重组事件频发

资源驱动
—资源整合、供给端改革重塑行业结构

成长曲线

利润曲线

初创期　　成长期　　成熟期　　衰退期

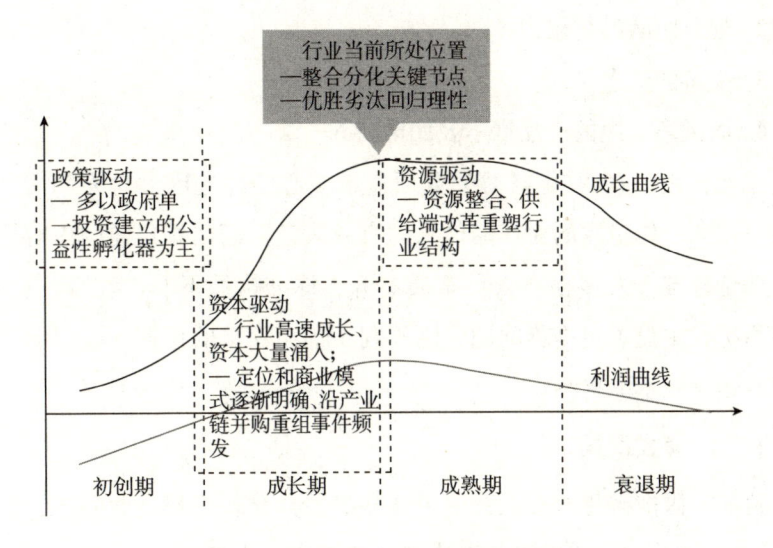

图五　孵化器行业生命周期发展框架

资料来源：礼森智库整理。

处在理性重构下的孵化器行业，主要面临三大痛点。

（一）项目参差

前期的项目筛选机制缺位是目前大部分国内孵化器面临的短板之一。由于缺乏明确的定位和盈利模式，面对申请，孵化器运营方难免抱有"捡到篮子里就是菜"的想法，试图以较高的入驻率实现租金回报，覆盖其成本。而创业大潮下，各种项目质量参差，不少团队只是空有想法，缺乏明确的盈利模式和运营规划。若不进行严谨的评估、筛选和匹配，则会造成项目存活率低、入驻率难保障、孵化器运营和盈利陷入困局的恶性循环。

当我们探究全球最知名的孵化器 Y Combinator（YC）时发现：其对创业企业的入孵筛选机制不局限于现有或未来的经济效益，而包括：

1. 准确清晰的定位（参考：在描述公司业务时，YC 孵化器的投资者、创业导师更希望听到像"一个类 wikipedia 的界面并通过图形化 UI 元素控制用户对信息显示与编辑的数据库"的具体化答案，而非"我们将颠覆用户与信息间的关系"的市场推广式的模糊表达）

2. 创业团队的凝聚力

3. 坚持的信念

4. 面试环节中的产品展示及团队协作

总而言之，YC 孵化器对创业项目最核心的筛选因素是人和团队，以及通过团队合作呈现的对产品信息的有效表达。而回看目前国内孵化器的项目筛选标准，大多存在人员素质不齐、标准执行不严、政府色彩浓郁、经济指标权重设置过高等问题，既不利于优质项目的挖掘，也限制了孵化器自身运营效率的提高。

（二）模式同质

目前，国内孵化器在运营中仍然缺少差异化。综观行业整体，参与孵化器运营的除了原有的创投机构外，地产商、咖啡馆等一旦嗅到商业机会，普遍都跟风入场，然而并没有结合自身的区域、资源优势为项目提供实质性专业服务，导致孵化器入驻率低，项目难以实现价值转化。

通过相关资料整理，我们认为目前孵化期行业主要存在 5 种模式，具体见表 3。

表 3　国内孵化器运营模式及特点

序号	模式	典型代表	模式特点
1	空间租赁型	3W 咖啡优客工场	通过提供办公空间获得物业收入
2	天使 + 孵化型	创新工场	对创业项目进行天使投资，已获得项目出孵后的股权溢价
3	媒体平台型	Bang Camp	依托媒体平台提供社群增值服务
4	垂直产业型	上海云基地	带有一定政策扶持色彩，聚焦重点产业
5	企业生态型	腾讯众创空间	依托企业自身资源，围绕企业发展战略，为未来产业布局提供创新支撑

根据资源基础理论（Resource – Based View），企业构建自身可持续竞争力的关键在于掌握有价值的（Valuable）、稀缺的（Rare）、异质性的（Imperfectly Imitable）、不可被模仿的（Non – Substitutable）资源。而从孵化器行业来看，一部分参与者在进入市场时并没有进行相关的战略定位分

析，仅仅简单地提供类似办公空间、物业服务等可复制性非常强的资源，抓不住创业企业真正的痛点和需求，也就难免日渐式微、逐渐没落了。换句话说，能够让孵化器跳出竞争红海的关键在于其基于自身的资源禀赋而提供的个性化服务。而服务的背后是人，资深的导师团队、专业的运营人才、强大的人脉与网络，这些是最难复制的资源要素，就像YC依托原有Airbnb、Dropbox等孵化项目沉淀、反哺、连接而打造的创业生态闭环，恰恰是其核心价值所在。

（三）盈利不稳

国内孵化器还面临着盈利能力较差的问题。除了其自身由于入驻率低导致的租金收入走低之外，通过增值服务实现"开源"同样比较困难。

统计发现，目前在新三板挂牌的孵化器概念股超过10家，如创新工厂、宏福孵化等。但公开财报数据显示超过80%的孵化器营业收入不足2000万元，归母净利润不足500万元。另外，创富港在2019年上半年的营收是宏福孵化的22倍，一边是超高市场占有率控制下的超强盈利能力，一边是竞争挤压下的惨淡维持，可见仍有相当一部分孵化器的经营业绩不尽如人意。

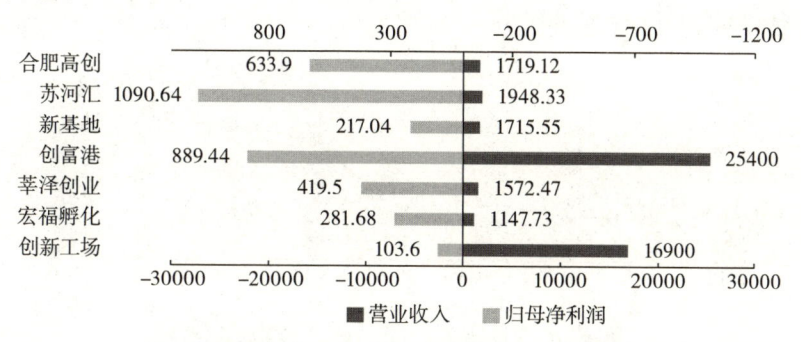

孵化器	归母净利润	营业收入
合肥高创	633.9	1719.12
苏河汇	1090.64	1948.33
新基地	217.04	1715.55
创富港	889.44	25400
莘泽创业	419.5	1572.47
宏福孵化	281.68	1147.73
创新工场	103.6	16900

图六　部分新三板孵化器2019年上半年经营情况

在这样的情况下，申请政府补贴成为孵化器弥补亏损的主要方式。一般来说，当前的政府补贴分为前端成本性补贴和后端收益性补贴两种。实际上，有超过半数的孵化器获得政府补助占净利润的比例超过50%，更有一些投机者企图放弃孵化主业，依靠"骗补"牟利。在这样的情况下，近年来政府补贴释放出收紧放缓的信号，例如建立运营评价指标体系，加强后续监管考核等。

三、孵化器行业的外部挑战

在承受转型内生压力的同时，孵化器行业也面临着投资遇冷、竞争重构等外部挑战。

（一）投资遇冷

不断升级的中美贸易摩擦、国内经济面临的下行压力和供给侧改革、去杠杆背景下的流动性风险管控趋严等一系列因素严重削弱了市场投资信心，导致融资环境恶化，包括孵化器在内的各行业普遍面临融资难的困境。

一级市场方面，2018年，国内股权投资市场投资金额为10365.03亿元，同比下降6.98%；投资案例数8333起，与上一年相比减少1488起。从投资轮次来看，A轮融资之前的早期市场情况尤其恶劣，交易数量与2017年相比锐减超过40%。数据表明，行业一级市场融资金额明显下降，融资体量较2017年显著缩小。

图七 2010—2018年股权投资市场情况

数据来源：鲸准数据。

（二）竞争重构

2016年，全美估值最高的共享办公龙头WeWork成立WeWork China，登陆中国市场。2017 年，获得软银集团及私募基金的 5 亿元融资。2017 年，公司宣布与裸心社合并，深化在华的本土化程度。

2018 年，YC 孵化器宣布正式入华，成立 Y Combinator 中国并设立首个海外业务拓展团队。YC 中国的四项核心工作包括创业投资与加速、为中国创业者定制的人才培训、科学技术研究、公益慈善事业。

通过梳理"舶来"孵化器的入华年鉴，我们发现从 2013 年硅谷创业加速器 500 Startups 设立大中华区办公室，到 2018 年 YC 的落地，**海外的创业孵化玩家已经瞄准了中国市场，并基于他们对行业的深刻洞察和未来发展的精准预判，对当前孵化器行业的竞争格局进行重构，并为国内的双创生态带来新思路、新模式。**

毫无疑问，海外孵化器的在华扩张，对国内市场而言，一方面能通过这些孵化器自身携带的孵化数量、经验、海外资源，给创业企业带来更好的服务体验，国内的双创市场有望得到进一步提升。另一方面，对孵化器产业而言，其"鲇鱼效应"① 是非常明显的。具备优秀市场经验的海外孵化器给整个行业都带来了较大压力和冲击，使本土的孵化器面临着不进则退的危机。

四、孵化器行业的转型之路

当前国内孵化器行业面临着投资遇冷、竞争同构两大"外患"。如何在激烈的外部挑战中突出重围，我们认为关键的求解思路在于**走专业化、垂直化之路**。也就是说，孵化器的运营者们要抛弃过去的复制做法，摒弃野蛮扩张的业务路径，冷静下来，客观地厘清自身掌握的优势，寻找一条资源导向型的发展之路，从而实现另辟蹊径、差异化发展的目的。

（一）运营专业化

1. 精准切入

孵化器的运营模式和孵化器自身的个性化资源禀赋有很大关系。在专

---

① 鲇鱼效应（Catfish Effect）：个体的中途介入，对群体产生的竞争作用。

业化运营过程中，**不盲目照搬，因地制宜挖掘自身潜力非常重要**。如果某个孵化器自身在生物医药领域有很深的积累，那么它会在生物医药创业企业扶持方面有得天独厚的优势，能够形成不可复制的个性化运营模式。例如，成立于 1985 的 Massachusetts Biomedical Initiatives，就是从事专门扶持生物医药领域种子期创业企业的孵化器。其运营的核心在于提供生物医药领域的专业服务。包括 27 家实验室、测试与验证设备、样品存储设备、与麻省理工等当地高校的合作机会，等等。

以行业为基础，瞄准产业链的精准细分切入，才能有效提高准入门槛，降低竞争的激烈程度，同时在细分领域抓住具有绝对优势的市场份额。

2. 风控过冬

目前国内的实体经济下行压力犹存，在悲观气氛中如何有效抵御风险、以不变应万变是孵化器行业参与者需要面临的主要挑战。强化入孵企业的筛选机制是提升存活率、入驻率、扩大孵化器影响力的根本途径。那么在此情况下，**在准入阶段，孵化器需要严格控制创业项目的前置申请门槛**。其次，**在运营过程中，建立实时跟踪和淘汰机制，了解创业企业的运行状况，加强对企业的熟悉程度和对企业的绑定能力**。

二十世纪 80 年代，美国学者 Lumpkin 和 Ireland 对孵化器企业进行分类研究后，发现 84.8% 的孵化器依据管理团队的经验（领导者特质、团队协作）、财务能力、市场特征等筛选机制去选择企业进入孵化器[1]。而根据《上海市科技企业孵化器管理办法》，对潜在的入孵企业在成立时间、营业收入上限、实际缴纳的注册资金、创业项目等方面进行规定。从上述条件可以发现，当前国内的孵化器筛选机制构建的出发点更加着眼于对创业企业的扶植和刺激，偏重于企业的规模和其产品对地方产业的创新作用，具备较强的行政性干预特征。

---

[1] Lumpkin J R, Ireland R D. *Screening Practices of New Business Incubators: The Evaluation of Critical Success Factors*[J]. *American Journal of Small Business*, 1988, 12(4):59-81.

表4　上海市科技企业孵化器入孵标准

1	企业注册地和主要研发、办公场所须在本孵化器场地内
2	成立时间一般不超过24个月,其产品(或服务)尚处于研发或试销阶段
3	上年营业收入不超过200万元人民币
4	实际缴纳的注册资金,扣除"知识产权出资"后,现金和实物出资部分一般不超过300万元人民币(属生物医药、集成电路设计等特殊领域的创业企业,一般不超过1000万元人民币)
5	在孵企业从事研发、生产的主营项目(产品),应符合国家及上海市战略性新兴产业的发展导向,并符合国家及上海市节能减排标准
6	在孵企业团队具有开拓创新精神,对技术、市场、经营和管理有一定驾驭能力

提升孵化器的运行效率,很大程度由孵化企业的存活率决定。建立科学、平衡的孵化机制,可以有效地把稀缺资源集中于真正优质的潜力企业,从而促进科技创新和社会新旧动能转换。

(二) 盈利多元化

1. 适度资本

不论是创投行业,还是孵化器行业本身,都是对资金渴望程度很高的行业。数据显示,68.8%的创业企业在选择孵化器时考量的主要因素为其资本资源,65.5%的创业者希望孵化器为自身项目提供融资上的辅助,包括在融资策略的指导以及资本对接渠道上能有更强力的支撑[①]。因此,适度资本化是决定孵化器盈利模式是否健全的重要环节。

资本化意味着孵化器需要探索**孵化+金融**的运营模式。例如YC孵化器,将申请成功的项目分为YC Fellowship(YC协会,首次创业人群)和Acceleration Program(加速计划,更加成熟的团队)两种。针对YC Fellowship,孵化器每次的投资金额为2万美元;针对Acceleration Program,每次投资金额为12万美元,换取企业小部分股份。

为什么说适度资本化对孵化器来说是必要的呢?因为可以通过对初创企业的投资,用前期最少的投入来获得创业项目成功后的最大的利益,实

---

① 数据来源:艾媒咨询。

现最高的收益。就像 YC 孵化器，它目前所有投资项目估值总和达到 650 亿美元，其中包括 Airbnb、Dropbox，等等。

适度资本化的另一关键词在于"**适度**"。而国内的资本投资往往具有一定的短视性，倾向于选择可以预见的、短期内能获得大量投资回报的项目。并且容易在短时间内导致大量"热钱"流入，形成泡沫与行业震荡。相反，像 YC 孵化器这样的世界顶级孵化器，往往对其孵化的企业可以显示出更大的包容心和耐心，**更注重项目在未来的成长性和潜力**。

2. 合理持续

一个行业的商业模式要长远发展下去，必须有一个合理而持续的盈利水平。通过整理我们发现，**目前国内孵化器的盈利方式可以分为 4 类：物业收入（租金等）、服务收入、政府补贴、投资收益（股权收益、投资收益）**。另外，我们分别从风险、可持续性、前期资本投入、投资回报率、汇报周期等角度对 4 项盈利方式进行了评估。例如像物业收入，包括房租、物业管理费、出售型物业等，是孵化器最"初级"的盈利方式，也是目前国内大部分孵化器的收入来源之一。

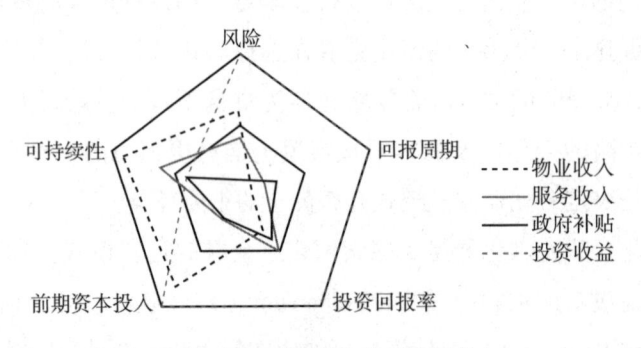

图八　孵化器盈利方式综合评估

为了解孵化器盈利结构的合理性，我们统计并分析了部分新三板挂牌的孵化器企业财报数据。例如像创新工场，创业服务和技术服务收入占营业总收入的 56.9%；而在 2019 年上半年营业收入超过 1900 万元的苏河汇，其物业收入在营业收入中占比达到 29.39%，服务收入为 1375 万元，所占比例为 70.61%。

创新工场 > 公司资料 > 主营业务

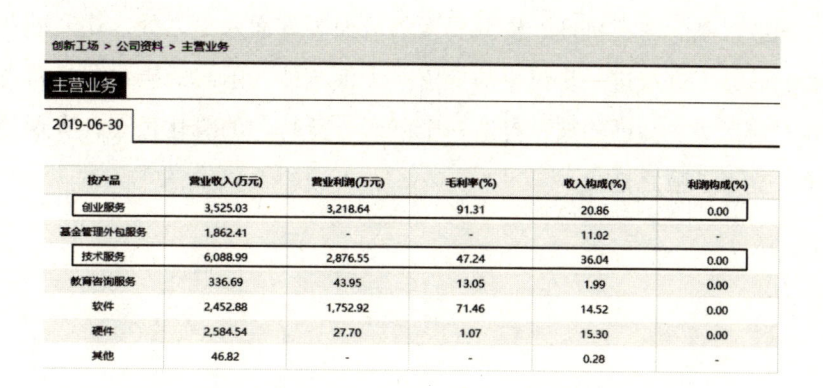

主营业务

2019-06-30

按产品	营业收入(万元)	营业利润(万元)	毛利率(%)	收入构成(%)	利润构成(%)
创业服务	3,525.03	3,218.64	91.31	20.86	0.00
基金管理外包服务	1,862.41	-	-	11.02	-
技术服务	6,088.99	2,876.55	47.24	36.04	0.00
教育咨询服务	336.69	43.95	13.05	1.99	0.00
软件	2,452.88	1,752.92	71.46	14.52	0.00
硬件	2,584.54	27.70	1.07	15.30	0.00
其他	46.82	-	-	0.28	-

图九　2019 年上半年创新工场主营业务收入结构

苏河汇 > 公司资料 > 主营业务

主营业务

2019-06-30

按产品	营业收入(万元)	营业利润(万元)	毛利率(%)	收入构成(%)	利润构成(%)
房屋租赁收入	572.61	-	-	29.39	-
技术咨询、企业管理服务收入	1,375.72	-	-	70.61	-

图十　2019 年上半年苏河汇主营业务收入结构

基于以上的数据讨论，分析各类收益来源的特性，我们认为对孵化器来说，**构建合理、可持续的盈利结构重点在于抓住租金的现金流这一关键**。在收取租金实现基本的运行保障后，再进一步与创业团队进行技术合作、培训辅导、增值服务等，以此实现运营目的，即对产业服务负责、个性化问题的解决，这样，孵化器、创业团队和外部的高校、投资机构等多方才能实现共赢，赢的就是充分激活了物业的价值，盘活了低值资产。最后，处于长远发展的考虑，适当地进行资本投资，把"鸡蛋"放在多个篮子，增强总体抗风险能力。

综上所述，从发展概况，到目前的行业痛点，再到转型之路的求索，我们站在一个整体的角度对孵化器行业进行了论述。篇幅有限，关于孵化器的筛选机制、内在机理、资源要素的流通等方面未尽之处，欢迎同业们与我们联系，进行进一步讨论与交流。大浪淘沙，国内的孵化器运营者们更需看清形势、知己知彼，打造一个基于自身特色的孵化生态，实现品牌溢价，立于不败之地。

企业创新生态系统的演变机制

张腾飞

一、引言

习近平总书记在党的十九大报告中强调,创新是引领发展的第一动力,是建设现代化经济体系的战略支撑。按照党中央的决策部署,把加快建设创新型国家作为现代化建设全局的战略举措,坚定实施创新驱动发展战略,强化创新第一动力的地位和作用,突出以科技创新引领全面创新,具有重大而深远的意义。要建立创新型国家,最根本的是要形成综合性的创新能力,而衡量综合性创新能力的主要标准则是是否具备有效的创新生态系统。我国要在2020年进入创新型国家行列,进而把我国建设成为世界科技强国,在建立创新生态系统方面必须走出坚实的步伐。

二、企业发展的四个阶段

要创建创新生态系统,提高创新生态系统效率,我们必须从初创企业的角度出发,看清三螺旋主体行为在企业成长的每一个阶段所扮演的角色。根据企业在各个阶段的发展特征,我们将企业发展分为四个阶段。

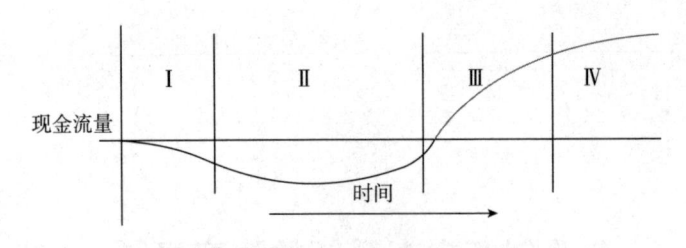

图一 企业发展的四个阶段

图片来源于国际科技园区论文集，下同。

1. **创始阶段**。这一过程始于创始人承诺要建立一个全新的商业组织，在此期间，寻找资本占据了创始人大部分时间，资金将用来定义概念，建立团队，确定客户，分析竞争对手和构建原型。当产品或者服务的原型销售给顾客，产生收入时，这个时期就结束了。

2. **启动阶段**。第二个时期始于企业获得了第一笔销售收入时，团队不断壮大，并专注于根据客户的反馈改进产品或者服务，并将企业重点从创意转向纪律，成立董事会，并且聘用有经验的管理团队。营销和销售推广工作不断扩大，业务体系得到扩展。随着这一进程的加快，现金流开始变为正数，为这一时期画上了一个完美的句号。

3. **增长或构建系统**。一旦产品的可扩展性得到验证，企业就能够成功地与老对手竞争，这是一个改进组织结构，扩展管理技能以及与供应商和客户建立稳定关系，获取资本推动企业快速增长，扩大规模的时期。

4. **成熟化企业管理阶段**。到了这个时期，机构投资者通常都想收回他们的投资。退出战略通常包含首次公开募股（IPO）或者并购。此时财务监管和信托责任全部落在企业的董事会和高管身上。

在企业成长的各个阶段，都离不开投资，为了清楚地展示这个场景，我们将每个阶段与风险资本家针对每个投资阶段所设的最常见里程碑目标进行一一对应，具体如下。

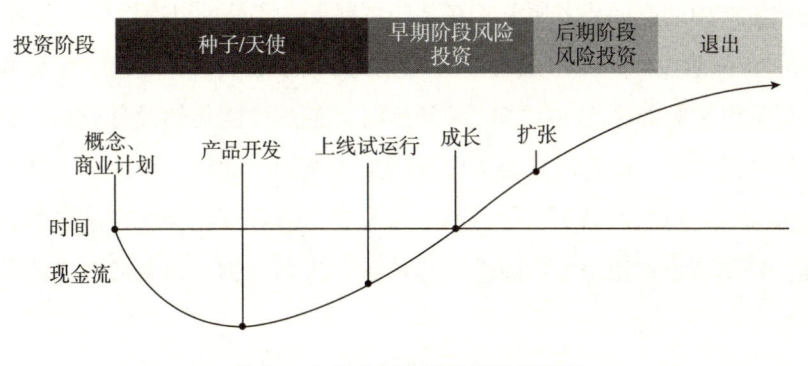

图二 企业成长与风险投资的阶段

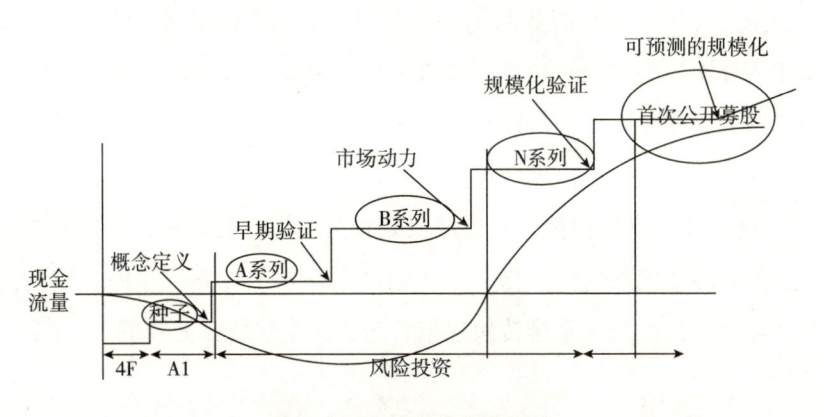

图三 风险投资的阶段划分

1. 种子阶段。最早阶段的风险投资被称为种子轮，通常涉及较少的股本和较低的估值。种子阶段融资通常是向创业者提供相对少量的资本，用于资助新产品或服务的早期开发。这些早期的融资可能针对产品开发、市场研究、建立管理团队或制定商业计划书。这是一个市场营销和推广之前的阶段，因此不涉及商品的生产。种子轮或者天使轮都属于种子阶段。

2. 早期阶段。专指一些已经能开始运营但尚未处于商业制造和销售的企业。此时新企业可能会消耗大量资金。在早期风投轮，会有较成熟的风投公司和企业进行投资，而种子投资者通常也会继续发挥作用。风投轮次通常分类为 A 系列。在这个阶段，企业通常尚未在市场销售产品。第一阶段资本被用来启动商业制造和销售。大多数第一阶段的企业都有处于测试或者试生产中的产品或者服务。在某些情况下,产品可以在市场上流通。

3. **扩张阶段**。扩张阶段或者成长阶段包括企业启动和成长所需的 B 系列、C 系列等融资轮。在扩张阶段开始时,企业可能仍然没有盈利,但在这个阶段结束时,企业可能会考虑启动退出机制。此时,企业已经在生产产品并向客户运送产品了,尽管不要求盈利,但很可能会获得市场的真正反馈。这笔资金将用于工厂的进一步扩建、市场营销、运营或改进产品的开发。

4. **后期阶段**。各融资轮常被归类为 D 系列或者更高系列。在这一阶段,资本的提供发生在商业制造和销售之后,在任何首次公开募股之前。它用于实体工厂的扩展、产品的改进和市场营销等大型扩张手段。此时产品或者服务正在生产中,可以在市场上流通,该企业的收入明显增长,但不一定盈利。

5. **夹层(桥梁)阶段**。夹层阶段是在为上市进行融资,是企业扩张和首次公开募股之间的桥梁。当一家企业计划在六个月到一年内上市,但在此期间需要更多的资本来维持快速增长时,这个阶段是必需的。

三、三螺旋模型

三螺旋模型将创新生态系统定义为由大学、产业和政府这三个相互关联的部分所组成的系统,由埃兹科维茨和雷德斯多夫(2000 年)提出,是被引用次数最多的模型之一。该模型认为作为经济社会中的三大组织主体,大学、政府、产业之间的互动、交叉、重叠构成了知识经济的发展基础和动力源泉,大学、政府和产业的交叠才是创新系统的核心单元,三方互动是推动知识生产和传播的重要因素。

三螺旋理论假设产学政之间的互动是改善知识社会创新条件的关键:(a)产业是生产中心;(b)政府是保证互动和交流契约关系的关键;(c)大学是新技术和新知识的来源。三螺旋体制结构通常始于产学政之间的互惠关系,在这种关系中,每一方都试图提高另一方的绩效,然后各方均会扮演好自己的传统角色,在一些涉及创新的领域开展合作。

三螺旋模型的大学、政府、产业三个行为主体在企业成长期间的角色不断在发生演变,其具体如下。

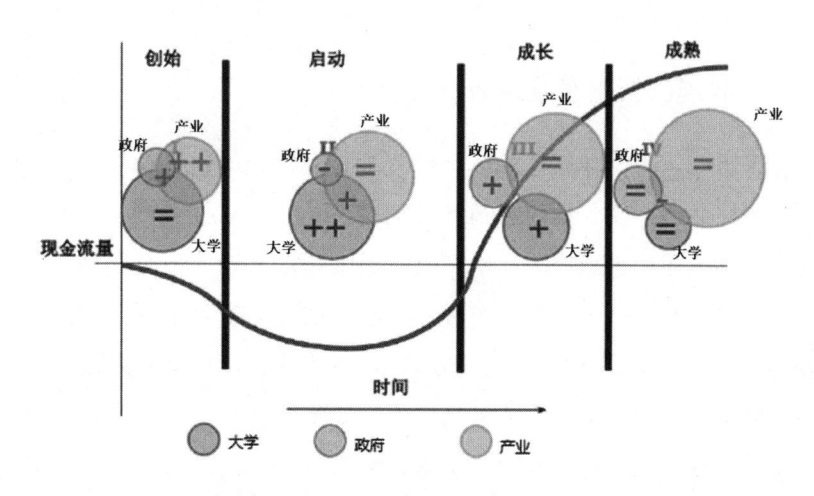

图四 三个行为主体在企业发展中的相对重要性

创始阶段。这一阶段初创企业主要是创意的落地,产品或者服务原型的构建,而大学作为新知识和新技术的来源,不断地将技术和知识转化为产品或者服务,在这一阶段处于主体作用,在企业创始过程中发挥着重要作用。同时加速器等行为主体的出现以及商业天使投资在企业创始阶段提升了产业的作用,使产业也发挥着近乎主体的作用。与此同时,政府正试图进一步向大学和产业靠拢,扩大合作领域。

启动阶段。在这一阶段,产品或服务已经向消费者销售,并且不断地需要资金注入,以此来根据客户的反馈改进产品服务、扩大营销和推广、拓展业务体系,所以产业行为主体影响力不断扩大。与此同时,大学和产业正在加强联系,而政府在这一阶段的作用相对较小。

成长阶段。随着企业的成长,企业的必然需求发生了变化,法规开始对其产生影响。公共行政管理部门在这一阶段的影响力略有增加:允许企业通过政策法规在城市展示其解决方案。在这个阶段,大学失去了部分影响力。

成熟阶段。企业发展走向成熟，产业仍然是现阶段最重要的行为主体。行政部门保持着监管的角色，而大学却失去了重要性，三者之间的联系更少了。

四、我国创新生态系统的发展

礼森智库认为，在以往的机构设置中，大学处于次要地位，是隶属于政府或者产业的组织，仅仅承担教育的责任。而在知识经济下，知识成为创新中日益重要的组成部分，从三螺旋模型角度来看，一个区域创新系统包括三个主要的主体：大学、企业和政府。区域创新系统中还有一个重要的参与主体是国家研究机构。在美国，科研机构在区域创新系统中的作用显得不是十分重要。从中国实际情况看，大学作为科研机构的作用不像发达国家那样突出，因此，在对三螺旋模型进行应用时，可以将科学院等国家科研机构纳入大学进行讨论。与此同时，在知识经济时代，创新活动的三个主体——大学、企业和政府在区域创新系统总的建设中具有同等重要的地位和作用，应加强联系和合作。政府应为区域创新系统提供必要的支持和创造良好的环境；企业应与大学加强联系，进行广泛的合作，为区域经济的发展做出更大的贡献。